Werner Bäcker

# Nur der Tod kann dich befreien ...

## Mein Leben als Fremdenlegionär und Fluchthelfer

ARES VERLAG

**Umschlaggestaltung:** DSR – Digitalstudio Rypka/Thomas Hofer, Graz
**Umschlagfoto Vorderseite:** Ullstein-Bilderdienst

**Bilder Innenteil:** S. 65 Archiv des Autors;
alle anderen Bilder: Ullstein-Bilderdienst

Bibliografische Information Der Deutschen Bibliothek
Die Deutsche Bibliothek verzeichnet diese Publikation in der Deutschen
Nationalbibliografie; detaillierte bibliografische Daten sind im Internet unter
http://dnb.ddb.de abrufbar.

**Hinweis:** Dieses Buch wurde auf chlorfrei gebleichtem Papier gedruckt. Die
zum Schutz vor Verschmutzung verwendete Einschweißfolie ist aus Polyethylen
chlor- und schwefelfrei hergestellt. Diese umweltfreundliche Folie verhält sich
grundwasserneutral, ist voll recyclingfähig und verbrennt in Müllverbrennungs-
anlagen völlig ungiftig.

ISBN 978-3-902475-54-1

**Layout:** Jörg Ascher, DI (FH)
**Gesamtherstellung:** CPI Moravia Books, Pohorelice

# Inhalt

# DANK

Dieses Buch widme ich meiner Ehefrau Angelika.

Ein besonderer Dank geht an meinen Verleger, Herrn Mag. Dvorak-Stocker, sowie an den Programmleiter des Ares Verlages, Herrn Hans Becker v. Sothen, ebenso an einen „alten Soldaten", meinen Lektor Martin Benz.

# Vorwort

FALLEN oder STEIGEN
LEIDEN oder TRIUMPHIEREN
AMBOSS oder HAMMER sein

Sechs Worte!

Worte, die auf Goethe zurückgehen und zwei Jahrzehnte mein Leben bestimmten. Worte, die ich lebte. Worte, die nicht den kleinsten Kompromiss zuließen.

Menschen, denen ich gewollt oder ungewollt Bruchstücke aus meinem Leben erzählte, waren einhellig der Meinung: Schreib es auf!

Die Aufforderung zum Schreiben erfolgte meist aus Sympathie. Persönlich ging es mir auch darum, mir selber vor Augen zu führen, welch ein Glück ich trotz allem gehabt habe.
Denen also, die staunend zugehört hatten und auch denen, die mich zum Teufel wünschten, sei nun gesagt: Ich habe es aufgeschrieben!

Alles erscheint nun in einem anderen Licht oder so, als wenn man nach langem, kräftezehrendem Schwimmen im Meer durch seichtes Wasser wieder an Land geht.
Wunden schmerzen schon längst nicht mehr.
Wut und Verzweiflung, die einst meine Lebensberater waren, sind heute Resignation oder – besser gesagt – Einsicht gewichen.
Das Geschehene lässt sich nicht mehr ändern. Ich lebe damit.
Mit nun mehr als 70 Lebensjahren entferne ich mich immer mehr von dem, was sich vor mehr als 45 Jahren ereignete, passiert ist.
Eine lange Zeit.
Verlorene Zeit?

Nachahmern sei aber versichert, diese Zeiten sind Geschichte.
Unwiderruflich vorbei.
Mit einem weinenden und einem lachenden Auge blicke ich zurück.

*Ihr Werner Bäcker*                                              *Im Dezember 2007*

# Teil I

# FREMDENLEGIONÄR

# Rückblende

## Sidi-bel-Abbès

Nordafrika, Algerien, Sidi-bel-Abbès, Hauptquartier der Fremdenlegion, 22. März 1962.

*„Au drapeau!"*

Auf dem Kasernenhof des 1er RE[1] in Sidi-bel-Abbès stand alles stramm. Offiziere und Unteroffiziere, die rechte Hand gestreckt am Mützenrand, die linke an der Hosennaht. Der Blick zur Flagge. Unter den Klängen des Regimentshornisten wurde die französische Trikolore Hand um Hand vom Flaggenmast eingeholt.

Die präsentierten Gewehre der Wache gingen auf Befehl des diensthabenden Sergeanten mit einem Zischen, hervorgerufen durch die zackigen Armbewegungen, und einem Knall beim Aufsetzen auf den Boden wieder in ihre Ausgangsstellung zurück.

In diesem Augenblick endete eine Epoche. Unwiderruflich. Der Krieg in Algerien war zu Ende!

Auch die riesige Weltkugel auf ihrem Sockel im Kasernenhof, das Gefallenenehrenmal der Fremdenlegion, bewacht von vier bronzenen Legionären in historischen Uniformen, konnte die Zeit nicht zurückdrehen.

Der Spruch am Kasernentor konnte nun keinen von uns mehr nervös machen: „Legionär, du bist gekommen, um zu sterben!"

Trotzdem Scheiße. Scheiße für alle weiteren Pläne und Vorhaben. Für mich und im Moment auch für meinen vor mir stehenden Kameraden. Dem kroch nämlich die ganze Zeit über, in der die Flagge eingeholt wurde, eine Wanze über die Schulter. Genau von einem Schulterstück zum anderen. Diese Viecher hatten vor nichts Respekt, waren sie doch ein Teil unseres Lebens. Schließlich lebten sie von unserem Sold und soffen sich auf unsere Kosten die Hucke voll. In den Kasernen fielen sie nachts wie „Paras" auf uns nieder. Daher auch der Name *„Bérets rouges"* – „rote Barette" –, in Anspielung auf die regulären Fallschirmjäger Frankreichs. Aber von der Spezies „Para" wird noch zu berichten sein.

Nachdem nun der Tagesdienst vorbei war, ging für alle das große Rätseln los. Wer, wann und was, wohin und warum, wieso nicht so und nicht anders und so weiter. *„Ruhe"*, sagte ich mir und sagte sich der größte Teil des Regiments. Zuerst einmal die plötzlich aufmüpfigen neuen Landesherren flach halten. Denen ging

---

[1] 1er RE = *1er Régiment Étranger* = 1. Fremdenregiment oder 1. Regiment der Fremdenlegion.

natürlich alles nicht schnell genug, verständlich. Auch der täglich wachsende Hass auf Frankreich und die Legion insbesondere war nachvollziehbar. Jedenfalls wurden die Spekulationen immer fantastischer. Dabei fragte ich mich auch, was aus Sidi-bel-Abbès werden könnte.

Vielleicht ein zweites Zeralda? Richtig, Zeralda! Der ehemalige Stützpunkt des 1er REP[2], das ehemals höchstdekorierte Regiment der Fremdenlegion.

Dem geneigten Leser wird im Zuge der folgenden Schilderungen auch dieser Zusammenhang noch klar werden.

Noch stand bel-Abbès, das Hauptquartier der Legion, Drehscheibe und Umschlagplatz für Menschen, Waren und Waffen. Egal, was aus diesem Fleck werden würde – du bist Legionär und machst deinen Dienst, wo man dich hinstellt. *Ça va? Ça va!*

Da ich nun zu jener Spezies Mensch gehörte, die das Wissen nicht mit goldenen Löffeln verabreicht bekommen hatte, interessierte mich nichtsdestoweniger – oder gerade deshalb –, wie so ein Moloch wie die Fremdenlegion funktioniert. Ich habe es am eigenen Leib erfahren – und auch fast begriffen. Die Fremdenlegion war zu meiner Zeit trotz aller Dementis und Zerrederei ein einziges riesiges, gut organisiertes Wirtschaftsunternehmen. Allerdings mit der Lizenz zum „Plattmachen" im Bedarfsfall. Von außen wurde die Legion permanent mit gemischten Gefühlen betrachtet, und zwar nicht nur von Berbern und Arabern. Ob in Tunesien, Marokko oder Algerien: Ein Großteil der im Lande wohnenden Europäer sah sie nicht unbedingt als Freundin.

In Sidi-bel-Abbès machten wir uns noch Sorgen ganz anderer Art, näherte sich doch in Kürze der 30. April. Wie und wo würden wir den feiern? Ob überhaupt? Echte Sorgen. Denn auf die mit diesem Tag verbundenen Annehmlichkeiten wollte kein echter Legionär verzichten. Der 30. April ist nicht irgendein Geburtstag oder x-beliebiger Feiertag. Der 30. April ist der große Gedenktag der Fremdenlegion. Viele Jungs dachten nach dem 30. April sogar darüber nach, ob der Tod durch Saufen nicht auch ehrenvoll sein könne, ganz ehrlich. Aber zuerst die Fakten.

## Camerone in Mexiko, 1863

Bei der Verteidigung der Hazienda Camerone gegen mexikanische Aufständische wird eine Kompanie der Fremdenlegion in tagelangen Gefechten vollkommen aufgerieben. Übrig bleiben schließlich nur noch der Kompaniechef, *Capitaine* Danjou, und wenige Legionäre. Der Anführer der zehnfach überlegenen

---

[2] 1er REP = *1er Régiment Étranger de Parachutistes* = 1. Fallschirmjägerregiment der Fremdenlegion.

Mexikaner bietet den Überlebenden freien Abzug. Aus welchen Gründen auch immer, Hauptmann Danjou und seine Legionäre lehnen das Angebot ab und werden daraufhin bis zum letzten Mann niedergemacht. Nur wenige überleben schwer verwundet. Unter den Toten auch Hauptmann Danjou, der aufgrund einer früheren Verwundung eine hölzerne Handprothese trägt.

Diese Hand wird vom Schlachtfeld geborgen und von der Legion seitdem als Reliquie in einem kleinen Schrein aufbewahrt. *„La Main"* – „die Hand" – wird bei der jährlichen Gedenkparade am 30. April von einem hoch dekorierten Unteroffizier feierlich zum Gefallenenehrenmal der Fremdenlegion im Kasernenhof des 1er RE getragen – früher in Sidi-bel-Abbès, heute im südfranzösischen Aubagne.

Von Camerone an wurde das Verhalten der Fremdenlegion im Gefecht derart glorifiziert, dass sie letztlich den Mythos der Unbesiegbarkeit verinnerlichte.

Es gab in der Legion keine Planspiele für „Absatzbewegungen". Wenn andere nicht mehr „mit dem Arsch hochkamen", wenn nach menschlichem Ermessen keine Chance auf Rettung bestand, wenn andere sich vor einer Übermacht absetzten oder sich ergaben: In solchen oder ähnlichen Situationen stand einer bei der Legion auf – ob Offizier, Unteroffizier oder einfacher Legionär –, und der Rest folgte zum Sturm.

Beispiele ohne Ende zeugen in den Annalen der Legion von dieser mit reiner Logik nicht nachvollziehbaren Tapferkeit. Sicherlich dichtete man den Legionären auch Todessehnsucht an, von wegen namenlos und staatenlos, kein Zuhause, keine Zukunft und so weiter und so fort. Die einzig stichhaltige Erklärung für mich ist der Korpsgeist. Männer, die aufeinander eingeschworen sind, die bedingungslos aufeinander bauen. Die intensiven letzten Momente des schon verlorenen Lebens, das unverbrüchliche Zusammengehörigkeitsgefühl und sicher noch einige andere psychologische Momente, nur sie können der Schlüssel zum heroischen Verhalten der Fremdenlegion sein. Deshalb steht über allen Sprüchen und Parolen in ehernen Lettern oder mit Tausenden von Nadelstichen auf den Armen der Legionäre tätowiert:

Legio Patria Nostra – Die Legion ist unser Vaterland

Sicher können Außenstehende nun besser verstehen, warum der 30. April ein solch wichtiger Tag für die Fremdenlegion ist.

### Die Legion

Der französische König Louis Philippe gründete 1831 die Fremdenlegion. Männer aus aller Herren Länder verdingten sich in der Legion, freiwillig und auch unfreiwillig. Frankreich bediente sich dieser Truppe im 19. und 20. Jahrhundert, um seine Eroberungsgelüste überall auf der Welt zu befriedigen. Der Clou an der Gründung der Legion war jedoch der, dass niemals und zu keiner Zeit die Fremdenlegion dauerhaft im Mutterland Frankreich stationiert sein durfte. Die edle *Grande Nation* wollte sozusagen nicht das eigene Nest beschmutzen. Zu meiner Zeit als Legionär, am Ende des Algerienkrieges, hatte die Fremdenlegion bereits in 138 Ländern der Erde gekämpft. In seinem Kontrakt mit der Legion erklärt sich der künftige Legionär damit einverstanden, überall dort für die Interessen Frankreichs zu kämpfen, wo man ihn hinschickt. Egal wohin. Die Fremdenlegion hat in Spanien, Russland, Südamerika, Zentralafrika und Südostasien gekämpft; während des Zweiten Weltkriegs sogar in Norwegen zusammen mit englischen Verbänden. Die 13e DBLE[3] trägt heute noch als Insignie das *Croix Lorraine* auf weißem Untergrund. Im Klartext, das freifranzösische Lothringer-Doppelkreuz auf den weißen Schneefeldern Norwegens.

In Nordafrika haben Einheiten der Fremdenlegion an der Seite der Engländer gegen das Afrikakorps unter Feldmarschall Rommel gekämpft. Und gegen ihre eigenen Kameraden auf Vichy-französischer Seite. Dort kämpften praktisch Deutsche gegen Deutsche und Legionäre gegen Legionäre. In der Nähe der algerischen Hafenstadt Oran, oberhalb von Mers-el-Kébir, befindet sich ein Soldatenfriedhof mit Tausenden gefallenen Briten, Franzosen, Legionären und deutschen Soldaten.

Im April 1945 sind Einheiten der Fremdenlegion in amerikanischen Uniformen unter dem Befehl des General Leclerc in Stuttgart einmarschiert. Die Legion war immer dabei, wenn es für Frankreich etwas zu erledigen gab. Ihre Männer kamen aus den Krisenherden der Welt, würde man heute sagen. So floss nach der Oktoberrevolution 1917 und nach dem blutigen Bürgerkrieg in Russland zu Beginn der 20er Jahre ein Strom zarentreuer und antibolschewistischer Offiziere und Soldaten in die Legion. Die Namen jener von so genanntem edlen Geblüt in der Legion sind allein schon Legion. Jeder große Schwung an Zuwachs brachte Traditionen mit, die die Legion übernahm und auf ihre Belange zuschnitt – mochte es das deutsche Liedgut sein, das sie nach 1918 und nach 1945 übernahm, mochten es russische Eigentümlichkeiten sein, nach Nordafrika exportiert mit den Garderegimentern des Zaren. Noch aus dem beginnenden 19. Jahrhundert stammt der legendäre Paradeschritt der Legion. Dennoch erinnert die *Cadence*, der Gleichschritt in seinen ausgeglichenen, langsam fließenden Bewegungen, zusammen mit den Texten der dazu gesungenen Lieder an die wehmütigen Lieder Russlands, wenn auch die Ursprünge dieses Paradeschritts bei den stehenden Heeren des 18. Jahrhunderts liegen.

Wie aber war es möglich, aus einem Haufen Menschen unterschiedlichster nationaler und sozialer Herkunft, Glaubensrichtung, Intelligenz und mit verschiedensten Interessen, aus Snobs, Kriminellen und Deserteuren und aus wem sonst noch immer, einen Verband zu schmieden, der allen Vorhersagen zum

---

[3]  13e DBLE = *13e Demi-Brigade de la Légion Étrangère* = 13. Halbbrigade der Fremdenlegion.

Trotz über alle Maßen tapfer, treu und aufopferungsvoll kämpft, der einen einmaligen Korpsgeist und einen unbändigen Stolz entwickelt?

Im Handbuch für französische Offiziere steht unter anderem zum Thema „Geheimnis & Mythos Legion":

*„Ein Mann, der mit seiner Vergangenheit, seiner Gesellschaft und seiner Familie gebrochen hat, wird sein Bedürfnis nach Idealen und seine Zuneigung auf die Legion lenken. Schon bald wird er die Idee der Legion mit der Idee des Vaterlandes identifizieren und ihr alles mit einer Hingabe opfern, über die die Welt erstaunt. Es ist ein Veredlungsvorgang, ein langer, eiserner und schmerzlicher Weg bis zum Legionär!"*

Im März 1962 hatten wir jedenfalls andere Sorgen. Unsere Hauptsorge – nach dem Camerone-Fest – gipfelte in die Frage: „Was wird nun mit uns, wohin werden wir verlegt?" Das 1er RE war zugleich die Hauptverwaltungsstelle der Legion und Durchgangsstelle für sämtliche Legionäre aus allen Regimentern. Von hier aus ging es beispielsweise auch nach Colomb-Béchar in der westlichen Sahara – und zurück. Ein wenig ruhmreiches, eher verschwiegenes Kapitel der Legionsgeschichte, aber eines, das ihre Rücksichtslosigkeit gegenüber den eigenen Reihen beleuchtet. Und ein weiterer Mythos.

Gründe gab es genug, weshalb ein Legionär nach Colomb-Béchar kommen konnte: Desertion, Sabotage, Befehlsverweigerung, Angriff auf Vorgesetzte oder ähnlich schwere Vergehen. Hatte er die Strafe verbüßt, wurde er nach einem bestimmten Prozedere meist unehrenhaft aus der Legion ausgestoßen – falls er das Straflager in der Wüste überlebt hatte; die grauenhaften Zeiten in der *Compagnie discipline*, der Strafkompanie. Eine Festung des Grauens und eine Folterkammer für Männer, die glaubten, der Legion in die Suppe spucken zu können. Ein Anachronismus abseits des gültigen Militärstrafrechts, am ehesten noch zu vergleichen mit den menschenverachtenden Zuständen auf den Teufelsinseln des „Papillon".

## Colomb-Béchar – der Vorhof zur Hölle

Von dem, was nun berichtet wird, weiß ich nur aus zweiter Hand. Ich habe niemals einen aus der *Compagnie discipline*, der Strafkompanie oder dem Strafbataillon der Fremdenlegion, persönlich kennen gelernt. Jene, die mir davon berichteten, waren Kuriere, Kraftfahrer und solche, die bis zum Vorhof der Hölle gelangten, ohne sie jedoch zu betreten. Was also berichtet wurde, war vage, meist auch noch ungern erzählt. Aber so, wie ich die Legion kenne, traf das Geschilderte mehr als nur wahrscheinlich zu. So viele Zeitzeugen können nicht gelogen haben. Die Berichte waren zudem immer deckungsgleich. In der *Compagnie discipline* zu landen, war nicht einmal so schwer. Persönlich brachte ich selbst gute Voraussetzungen mit. Ich war ja bereits in Marseille verdächtig geworden. Dazu dann der Umstand, dass ich vor meiner Legionszeit Polizist gewesen bin, also einer, der zumindest denken gelernt hat oder gelernt haben sollte. Dann der Vorfall mit meinem *Caporal* in der Ausbildungszeit. Provoziert von mir? Warum erhielt ich nicht mit den ersten Gruppen *Permission* – Ausgang? Ich erhielt erst zwei Wochen nach allen anderen zwei Tage Urlaub; ständig kontrolliert durch Einsichtnahme in den Dienstausweis. Ob im Puff, in Hotels oder sonst wo, man wusste immer, wo man mich findet. Warum wurde ich nicht auf einen *Peleton*, einen Lehrgang geschickt? *Caporal* wurde ich nach einem Gefecht, als mir der *Colonel* die Korporalstreifen in die Hand drückte, wegen Tapferkeit vor dem Feind.

Also hatte ich doch irgendwo Punkte? Um das Fass zum Überlaufen zu bringen, hätten allerdings gewichtigere Dinge wie Subordination, Feigheit, Sabotage, Diebstahl oder Mord zu Buche stehen müssen. Eben ganz schlechte Karten, um in der *Compagnie discipline* zu landen. Zuvor hätte man einige Militärgefängnisse durchlaufen, täglich Stunden mit dem Gesicht zur Wand stehend, Nase platt an die Wand gedrückt. Wer sich rührte, dem wurde die Nase gebrochen, indem der Kopf gegen die Wand gestoßen wurde. Frisch gewaschene Betonpisten trocken laufen. Auf engstem Raum mit vier Männern in einem verwanzten Loch hausen. Der Witz war jedoch, dass auch hier noch alle Auszeichnungen an die Zellentür gehängt wurden. Wer hoch dekoriert war, durfte nicht zu jeder Arbeit herangezogen werden.

Aber selbst die schlimmsten Militärgefängnisse waren nichts gegen Colomb-Béchar, das Straflager in der Sahara an den Ausläufern des Großen westlichen Erg, der Sandwüste.

Nach stundenlanger Fahrt von bel-Abbès nach Süden auf staubigen Pisten zeichnet sich langsam ein weißer Strich am Horizont ab. Eine haushohe Mauer, unendlich lang und schneeweiß, erhebt sich aus der Wüste. Sie umspannt ein riesiges Gelände mit zahlreichen Wachtürmen. Du stehst vor den Toren der *Compagnie discipline* in Colomb-Béchar, dem Eingang zur Hölle. Ein Bild wie auf einem Urlaubsprospekt. Der Boden nur Sand, weißer Sand der Sahara; vielleicht noch Palmen, Kamele und ein Brunnen mit glasklarem Wasser. Sand, der immer in Bewegung ist. Die Körner reiben sich aneinander, und in der Stille hört es sich an wie Sphärenmusik. Du stehst vor der Mauer mit Augen, Nase und Mund voller Staub, aufgewirbelt von der Piste. Trotz Schutzbrille, trotz *Dschellaba* (Wüstenumhang), die für den Sand fast undurchdringlich ist. Du stehst dort und wartest, kein Laut, kein Hallo, kein Zeichen von anwesenden Menschen. Kein Fenster

öffnet sich, keine Fragen, nichts. Tatsächlich aber wirst du genauestens ge-
mustert und fixiert, schon lange, bevor du vor den Toren der Anlage stehst.
Man weiß genau, wer da kommt. Wozu gibt es Funk? Vor dem Tor wird
die Fracht abgeladen. Menschen, vormals Legionäre. Der Wagen dreht und
fährt los. Nichts, nicht einmal eine Empfangsbestätigung. Die Männer stehen oder liegen vor dem Tor und harren der Dinge. Weglaufen? Wohin?
Sinnlos. Hinter dem Tor wird dein Lebenslicht so weit heruntergefahren
werden, dass selbst eine Ameise eine Brille braucht, um dich zu erkennen.
Für dich gibt es keine Zukunft. Für dich zählt nur das Jetzt. Du bist in
einem anderen Jahrhundert gelandet. Du musst deine Lebensform der von
Tieren angleichen. Du musst stark sein und auch unsichtbar für deine Pei-
niger; unscheinbar, ja nicht auffallen. Du wirst zu einem Überlebenskünst-
ler in Perfektion oder du verreckst ganz einfach. Hinter der Mauer arbeiten
unter unsäglichen Leiden die Gefangenen in einem Steinbruch. Sprechen
verboten. Alles, aber auch alles wird im Laufschritt erledigt, auch gegessen.
Dazu ständig einen Sack auf dem Rücken mit 10 bis 20 kg Sand gefüllt.
Keine Gurte, nein Telefonkabel dienen als Trageriemen; eine echte Qual.
Die Unglücklichen bauen dort mit der Akribie von Geisteskranken Brücken. Brücken, fugenlos aus Steinen zusammengesetzt. Jeder Stein trägt
die eingemeißelte *Matricule* desjenigen, der den Stein gemeißelt hat, mit
„mikroskopisch" kleinen Hämmern. Diese Brücken, filigran anzusehen,
zieren nach unbestätigten Angaben die Gärten reicher Leute in Amerika.
Der Preis? Keiner weiß es. Bis heute noch hat kein Mensch recherchiert,
wer genau die Käufer waren oder wo man sie findet. Haben die überhaupt
eine Ahnung, was sie in ihren Gärten stehen haben? Man sollte es einmal
erforschen. Mehr weiß ich dazu nicht zu sagen. Nicht einmal nach Kriegs-
ende in Algerien hat man noch etwas von dem Schicksal der Gefangenen
von Colomb-Béchar gehört.

## Wohin mit der Legion?

Die Spekulationen wucherten dermaßen, dass jede neue Variante des „Wohin
mit der Legion" tausendfach diskutiert und analysiert wurde. Fakt schien jedoch zu sein, dass wir auf keinen Fall nach Frankreich verbracht würden. Erinnern wir uns daran, dass schon bei ihrer Gründung festgeschrieben wurde,
dass die Fremdenlegion nicht im Mutterland stationiert sein durfte. Tahiti war
noch die angenehmste Version. Auch Madagaskar wurde gehandelt. Wir gehen
nach Kuba und verjagen Fidel Castro! Warum nicht nach Französisch-Guayana?
Südamerika kann doch bestimmt einige Leute gebrauchen, die Krummes wieder
gerade biegen oder auch umgekehrt. Verdächtig lang hielt sich eine Version, die

allerdings den Älteren unter uns so gar nicht schmecken wollte. Dabei standen ihnen gleich die verstümmelten Veteranen vor Augen, die im Versehrten- und Altenheim der Legion im südfranzösischen Puyloubier in den Betten lagen oder sich auf Händen fortbewegten, weil ihnen der *Vietminh* die Beine weggeballert hatte. Jene, die täglich nur darauf warteten, endlich in der Hölle oder sonstwo zu landen. Selbst bei den mit Morphium vollgepumpten Krüppeln machte das Gerücht die Runde, die glorreiche *Légion Étrangère* solle komplett an die Amerikaner verkauft werden. Ein echter Hammer, aber nicht ohne Logik. Die Herren im Pentagon bekamen zunehmend Schwierigkeiten in Vietnam – und welch großartige Gelegenheit bot sich ihnen jetzt! Hatte die Legion doch „gewisse Erfahrungen" im Dschungel Indochinas gesammelt. Erfahrungen, die mit Tausenden von Gefallenen erkauft worden waren.

Das Debakel von Dien Bien Phu war noch in lebendiger Erinnerung. Dass Indochina für die Legion in die Hose ging, hatte nichts mit fehlender Motivation oder Mangel an Tapferkeit zu tun. Nein, bestimmt nicht. Dies würde auch das Andenken an die vielen Toten beflecken. Indochina und Dien Bien Phu waren – zumindest nach Ansicht vieler, die dort gekämpft hatten – das Ergebnis verfehlter Strategien und absichtlicher logistischer Fehlplanungen. Böse Zungen behaupteten, das Fiasko in Indochina sei gewollt gewesen. Einige leicht überspitzte, aber gar nicht so wirklichkeitsfremde Beispiele: Verlangte die Artillerie Granaten, erhielt sie Verbandszeug. Forderte die Infanterie Waffen, flog man Adventskalender ein. Diese Beispiele ließen sich beliebig fortsetzten. Wie sagten schon die alten Römer: *Qui bono?* Wem nützt das Ganze?

Auf alle Fälle erklärten sich für uns Legionäre die verdächtig häufigen Besuche von Amerikanern in Stützpunkten der Legion; in Algier, Oran und im französischen Kriegshafen Mers-el-Kébir. Immer cool, die Jungs der *Navy* und der *Army*. Eines Tages erhielt ich Gelegenheit, den Flugzeugträger „Independence" zu besuchen, und genoss die stete Bewunderung der Amis. Klar, die Legion wäre für „Uncle Sam" ein fetter Braten gewesen. Aber wie sagt das Sprichwort: Erstens kommt es anders und zweitens als man denkt.

Durch das Interesse der Amerikaner kamen einige Strategen im französischen Verteidigungsministerium wohl auf die zündende Idee mit der neuen Heimat. Indirekt brachte sie wohl die Invasion in der Normandie auf den Trichter. Direkt neben Marseille liegt doch das wunderschöne Aubagne. Klar doch. Ein noch perfekt eingerichtetes Invasionslager der Alliierten aus dem Zweiten Weltkrieg. Dort könnten wir den Großteil der Legion platzieren. Unerklärlich waren für mich und andere Kameraden die völlig veränderte Sichtweise, besagte doch ein Dekret, dass – verdammt noch mal – die Legion im Mutterland nichts zu suchen hätte. Man wollte sich doch nicht wirklich mit diesen zwar gloriosen, aber trotzdem wenig repräsentativen Elementen umgeben. Man brach sich echt einen ab. Es soll in den oberen Riegen zu sehr kontroversen Auseinandersetzungen gekommen sein. Diese neue Art der französischen Gastfreundschaft war damals für uns ein echter Affront. Klar war die Legion gut genug, für die Interessen der

Grande Nation zu sterben. Aber war sie der auch gut genug, um ihr eine neue Heimstatt zu bieten? Hier im Mutterland? Willkommen waren wir eben nur bei Paraden, nur zum Repräsentieren. Beispielsweise am 14. Juli, dem französischen Nationalfeiertag. Wie wurden wir da in Paris gefeiert. Man stelle sich Hunderttausende Menschen auf den Straßen vor; Millionen an den Fernsehgeräten, wie sie die große Militärparade verfolgen. Tausende Soldaten defilieren die Champs Elysées hinab, Regiment um Regiment, Heer, Marine, Luftwaffe, Spezialeinheiten, die *Garde Républicaine*. Am Himmel Mirage-Staffeln mit blau-weiß-roten Kondensstreifen.

Ein farbenfrohes Bild, das sich in den stolzen Augen der vielen Zuschauer und Veteranen spiegelte. Als all diese Truppen die Champs Elysées passiert hatten, als die kilometerlange Paradestraße leer gefegt war und die Zuschauer in feierlicher Andacht den Atem anhielten, dann – ja dann sprach General de Gaulle folgende und nie vergessene Sätze, die uns allen in die Knochen fuhren:
*„Mesdames et Messieurs, ich präsentiere Ihnen nunmehr das Beste, das Frankreich an Soldaten zu bieten hat. Die besten Soldaten der Welt. Meine Damen und Herren: Hier ist die Légion Étrangère!"*

Das hat er tatsächlich gesagt. Dann marschierte Regiment um Regiment unter den Klängen der legionseigenen Militärmusik – wahre Meister auf ihren Instrumenten, besonders die Tamboure – an der begeisterten Menge vorüber. Dann marschierte die Legion in ihrem unverwechselbaren Marschtritt; gemächlich, raumgreifend mit weit nach oben schwingenden Armen. Eine Symphonie von Disziplin und Schönheit, unvergleichlich. Dann am Ende der Legionsverbände kamen die „Paras", die Fallschirmjäger. Die *Parachutistes de la Légion Étrangère*. Männer dermaßen dekoriert mit Orden, dass Metallwarenhändler bei ihrem Anblick neidisch werden mussten. Mit einem *Drapeau*, einer Fahne, die so mit Auszeichnungen behängt war, dass ein wahrer Athlet von Para seine liebe Mühe hatte, das Feldzeichen vorschriftsmäßig zu halten.

Hier nun muss der Verfasser dem Leser eine Enttäuschung bereiten, eine Enttäuschung, die ihn heute noch mehr schmerzt: Dieses Regiment, das *1er Régiment Étranger de Parachutistes* (1er REP), wurde aus dem Gewissen und den Annalen Frankreichs gestrichen. Aufgelöst, *punitié* (bestraft) und wissentlich verleugnet. Heute spricht man eben nur noch vom Schwesterregiment, dem 2e REP.

Das Regiment, das es nicht gab, hatte in einem unguten Moment gezögert und dafür teuer, sehr teuer bezahlen müssen.

*„Eh, Caporal"* – eine fremde Stimme rüttelte mich wach, übertraf noch das Dröhnen der GMC-Motoren der LKW, die uns nach Oran bringen sollten. Es war entschieden. Wir sollten nach Frankreich und ein Teil nach Korsika. Andere Teile sollten wiederum nach Djibouti ans Horn von Afrika verlegen; darunter die 13e DBLE – jener Verband mit dem Lothringerkreuz auf weißem norwegischen Schnee. Die Kerle konnten einem schon jetzt leid tun. Ein Stück Land so arm und trocken, dass es einem die Sprache verschlug. Und die Frauen erst einmal.

Alice Schwarzer möge mir verzeihen. Lange Hälse und Hintern so groß wie die Bodenplatte eines 120-mm-Granatwerfers. Frauen waren ein Dauerthema bei der Legion und ihre Militärbordelle ein fester Bestandteil ihres Gefüges. Komisch, der Weg zum Schiff nach Oran ließ sofort die Erinnerung wach werden, wie ich vor einigen Jahren mit ziemlicher Beklemmung diesen Weg in umgekehrter Richtung gefahren war. In Richtung Mascara und dann weiter in einen Brutofen namens Thierville. Ein ehemaliger Flugplatz der deutschen Luftwaffe. Nun verfallen, unkrautübersät mit scharfkantigem Rollsplitt auf der Rollbahn. So richtig dafür geeignet, um sich darauf mit kurzen Hosen und Hemden in tiefster Gangart zu bewegen. Beklemmend auch deshalb für mich, weil ich schon nach kürzester Zeit meine Entscheidung, in die Fremdenlegion einzutreten, lauthals bereut hatte. Was natürlich ein gravierender Fehler war und mir einige Sonderbehandlungen und Spezialausflüge zwecks Sinneswandels bescheren sollte. Bestimmt aber auch einen entsprechenden Vermerk im *Livre matricule*, dem Stammbuch, Ausweis, der Versicherungskarte und was weiß ich noch in einem.

Wir waren jedenfalls in Oran gelandet, in einem Tohuwabohu unbeschreiblichen Ausmaßes. Ein solches Durcheinander, eine solche Anhäufung von Menschen, Material und Waffen hatte ich noch nie gesehen. Umso verwunderlicher, dass dieses Chaos offensichtlich von unsichtbaren Händen gelenkt wurde und schließlich irgendwann alles an seinem vorbestimmten Platz landete. Unnötig zu sagen, dass die fanatischen Algerien-Franzosen und die Angehörigen der OAS[4] so manchen LKW, so manche Kiste Munition und Waffen gleich auf die Seite brachten. Hatten diese ehemaligen Feudalherren doch alles verloren, was sie – nicht zuletzt dank der Fremdenlegion – in Besitz genommen, kolonisiert, erwirtschaftet und ergaunert hatten. Riesige Ländereien und Farmen; Flächen, deren Ausmaß das bloße Auge nicht erfassen konnte. War doch Algerien dreizehn Mal größer als die alte Bundesrepublik Deutschland.

In der ersten Hälfte des 19. Jahrhunderts lag das osmanische Reich, unter dessen Herrschaft das spätere Algerien stand, darnieder. Eine einmalige Gelegenheit für die aufstrebende Kolonialmacht Frankreich, neues Territorium – sozusagen in Nachbarschaft jenseits des Mittelmeeres – in Besitz zu nehmen. Nebenbei eignete sich das Land mit seinen steilen Küsten und wegen des schroffen Klimas auch gut dazu, unliebsame Störenfriede loszuwerden. Die Kämpfe waren nicht leicht, aber 1847 nahm die damals noch frisch gebackene Fremdenlegion das Heft in die Hand. Man versuche sich einmal vorzustellen, wie es um diese Zeit in diesem Teil Nordafrikas ausgesehen haben mag. Die Bevölkerung bestand überwiegend aus Berbern, die sich in zwei große Gruppen teilten. Die Kabylen in den Küstengebirgen waren großteils Fischer, Seefahrer und Seeräuber; die Stämme

---

[4] OAS = *Organisation de l'Armée Sécrète*, Untergrundorganisation aus den Reihen der französischen Streitkräfte und der *Pieds noirs* („Schwarzfüße", Spitznamen der Algerien-Franzosen), die für den Verbleib Algeriens bei Frankreich kämpfte und dabei vor Anschlägen und Terrorakten nicht zurückschreckte.

im Landesinneren vorwiegend Nomaden, die von der Schafzucht lebten; während die eigentlichen Beduinen für das so genannte Transportwesen zuständig waren. Nur wenige Orte hatten den Status von Städten; die meisten entstanden erst nach der Kolonialisierung. Die ländliche Bevölkerung in den tieferen Lagen sah sich einer ständigen Bedrohung durch räuberische Bergstämme ausgesetzt. Ebenso die Karawanenwege von Ost nach West und durch die Sahara. Dort lauerten die ebenso räuberischen Tuareg, einst die wahren Herrscher der Region. Landwirtschaft? In den Oasen ja, sonst Fehlanzeige. Eben bis die Legion kam.

Schluss mit Mord und Totschlag überall. Es war nun Sache der Legion, für Ordnung und Ruhe zu sorgen. Der Auftritt der Legion begann bald Früchte zu tragen, als sich Handel und Wandel nach den Gesetzen Frankreichs ausrichteten. Nachdem zuerst einmal alles niedergemacht worden war, was sich in den Weg gestellt hatte, alle und alles befriedet worden waren, begann die Kolonialisierung.

Die ersten Truppen, die ihren Fuß an die Küste Nordafrikas setzten, waren Söldner.

Zusammengetrommelt aus allen Ländern Europas. Bücher könnte man schreiben über die Gründe, die diese Menschen in die Legion getrieben hatten. Mit hoher Wahrscheinlichkeit waren es vor allem Arbeitslosigkeit und Armut, dann auch politische Verfolgung. Sicherlich zur damaligen Zeit auch ein hoher Prozentsatz von Leuten mit „Dreck am Stecken", denen die Legion Anonymität und Unterschlupf bot. Was lag näher, als diese Leute in den Dienst der kolonialen Expansion zu stellen und auf Eroberungszüge zu schicken?

Die Männer mussten schon damals unterschreiben, dorthin zu gehen, wohin man sie auch schickte, allerdings für wenig Sold. Mit Hunger und Ungeziefer im Gepäck, aber mit der Garantie für völlig neue Krankheiten. Dazu war die Fremden-Kolonialtruppe erbärmlich schlecht ausgerüstet. Der Haufen wurde in die Kabylei geschickt. Vielleicht wurden sie zuerst noch als Befreier begrüßt und freundlich aufgenommen. Doch die Freundlichkeit schlug schnell in Hass um. Die neuen Herren stellten keine Fragen, sie handelten. Zeigte sich Widerstand, wurde alles kurz und klein gehauen. Die Frauen vergewaltigt, notfalls auch so mancher Esel. Die Männer, so sie nicht in die Berge fliehen konnten, wurden zu Zwangsarbeitern. Den Muezzin des Dorfes hängte man an seinem Minarett auf – und über allem wehte dann die Trikolore.

Es folgte die Phase der Kolonialisierung und des Aufbaus in einer zuvor nie da gewesenen Form. Soldaten wurden zu Arbeitern. Zusammen mit einheimischen Zwangsarbeitern schufteten Tausende von Söldnern im Straßenbau. Tausende von Kilometern Piste in glühender Hitze, unter unvorstellbaren Bedingungen, manchmal rund um die Uhr. Viadukte und Bergpässe mussten geschaffen werden. Knochenarbeit über Jahrzehnte. Schweiß und Tränen und ein karger Sold. Abwechslung gab es so gut wie keine. Namenlose Gräber. Gewehr und Bajonett waren längst eingetauscht gegen Schippe und Hacke. War das die Wiege der Legenden, die sich heute um die Legion ranken? Jahrzehntelang hatte die Legion geschuftet. Es ist wesentlich ihr zuzuschreiben, dass in Algerien schließlich eine funktionierende Infrastruktur entstehen konnte. 1962 war Algerien ein blühendes Land aus Sicht der Kolonialherren. Dabei waren die gewaltigen Erdgas- und Ölvorkommen bzw. ihre Förderung und Nutzung noch gar nicht voll in Angriff genommen worden. Dies sollte erst nach der Unabhängigkeit folgen. Ich erwähnte bereits, dass die Fremdenlegion auch ein florierendes Wirtschaftsunternehmen war. Die größten Ländereien für Gemüse- und Getreideanbau in Algerien gehörten der Legion, dazu riesige Weinbaugebiete. Die größten Schiffe im Mittelmeer, alles Eigentum der Legion. Handel und Wandel wie überall, nur alles etwas größer, viel größer. Es gab nichts, bei dem die Legion nicht ihre „Finger in der Butter" hatte. Jede Patrone, jedes Hemd, jede Waffe, kurz alles, was ein Legionär besaß, war von der Legion erwirtschaftet und bezahlt. Darüber hinaus wurden riesige Summen an das Mutterland Frankreich abgesteckt. Geleitet wurde alles von zivilen Wirtschaftsmanagern. Versteht sich von selbst, dass jene, die im Schatten der Legion ihre Geschäfte machten, 1962 dann alles andere als erfreut über den französischen Rückzug aus Algerien waren. Viele schlossen sich der OAS an. Doch alle noch so gut geplanten Versuche, das Unabänderliche zu verhindern, scheiterten letztlich an einem Befehl der französischen Armeeführung, hinter dem de Gaulle stand. Er drohte ultimativ damit, alle Städte, Hafenanlagen, Verkehrswege und wichtigen Gebäude von der französischen Luftwaffe bombardieren zu lassen. Dagegen war kein Kraut gewachsen.

Damit war in Algerien politisch wie militärisch der Weg frei für die FLN[5], und ihr Anführer Ben Bella wurde Staatspräsident. Im Zuge des Machtwechsels verließen mit der Fremdenlegion rund eine Million Menschen das Land.

Im Mai 1962 wurden wir auf einen alten Pott nach Korsika verladen. Stickige Enge und der typische Modergeruch von Brackwasser und rostendem Metall, verbunden mit den Ausdünstungen übernächtigter und gereizter Männer. Es war nur eine Frage der Zeit, bis die einzelnen Truppengattungen aneinandergeraten würden. Endlich, so schien es für einige, endlich konnte man als anständiger regulärer Soldat der französischen Armee diesen wie Götter über allen schwebenden Legionären die Meinung sagen und dann vielleicht, wenn die Übermacht groß genug war, diesen Helden so richtig auf die Schnauze hauen. Wenigstens könnte man es ja versuchen. Wie im richtigen Leben. Sitzt man erst einmal richtig im Schlamassel, wird ein Ablassventil gesucht. Bedauerlicherweise für die Regulären gingen die Auseinandersetzungen an Bord, wie schon

---

[5] FLN = *Front de Libération Nationale*, Nationale Befreiungsfront. 1954 gegründete politische Organisation zur Befreiung Algeriens von französischer Herrschaft und Gründung eines unabhängigen Staates. Der militärische Flügel der FLN nannte sich ALN, *Armée de Libération Nationale*. Da FLN weitaus bekannter als ALN ist, wird im Folgenden auch bei militärischen Aktionen der ALN von der FLN die Rede sein. Man sprach in der Truppe eher von FLN- als von ALN-Rebellen.

regelmäßig zuvor, für sie in die Hose. Die *Police Militaire* (PM), die Militärpolizei, an Bord hatte alle Hände voll zu tun und bekam gelegentlich auch noch selbst eins auf die Mütze. War die PM doch für alle der Mistbock, an dem man sich reiben konnte. Angehöriger der PM zu sein, konnte man als Ehre empfinden, aber selbst abgebrühte Legionäre bekamen Magenkrämpfe, wenn die PM im Einsatz war. Ihnen ging ein gewisser „Leichengeruch" voraus. Fragt man einen gebildeten Menschen, was 2 x 2 ergibt, ist die Antwort klar: vier! Für die PM nicht. Die Befragten mussten wohl immer etwas Falsches gesagt haben. Schließlich endeten die Raufereien an Bord in einem gewaltigen Besäufnis mit gegenseitigen Treueschwüren unverbrüchlicher Waffenbrüderschaft. Für einige war diese sentimental-trunkene Stimmung der Auslöser, um ihrem so unglücklichen Leben, wie sie meinten, ein Ende zu setzen. In irgendeiner Ecke wurde eine Handgranate gezündet ... Natürlich eine riesige Sauerei. Besonders für die unmittelbar danebenliegenden Kumpels, die dann auch noch gratis einiges abbekamen. Die Zahl der Suizidfälle wurde nie bekannt. Selbst das Offizierskorps blieb nicht verschont.

Das Offizierkorps der Legion. Ein eigenes Thema. Egal welcher Herkunft, ob begütert oder weniger betucht – um Offizier in der Legion zu werden, musste man zur Elite des jeweiligen Jahrganges auf der Militärakademie St. Cyr gehören. Nur die Besten erhielten das Privileg, in der Fremdenlegion zu dienen, und legten dort – wenn sie nicht gerade alles falsch machten – mit großer Sicherheit eine Blitzkarriere hin; Orden und Auszeichnungen inbegriffen. Die Legion konnte sich also rühmen, mit einer elitären Führung ausgestattet zu sein. Natürlich war diese Karriere auch mit gewissen Risiken verbunden. Die Scharfschützen der FLN kannten ihre Ziele. *C'est la vie.*

Ausländer als Offiziere? Vor dem Zweiten Weltkrieg waren sie keine Seltenheit, darunter illustre Namen aus namhaften Adelsgeschlechtern. Aber nach 1945 und mit der Neustrukturierung der Legion eher selten. Aus Algerien sind dem Verfasser keine bekannt. In der Regel waren alle Offiziere gebürtige Franzosen. Bei Unteroffizieren und Mannschaftsdienstgraden lagen die Verhältnisse eher umgekehrt; hier waren Franzosen die Ausnahme. Waren es Franzosen, wurden sie zu Monegassen „umgetauft". Somit kämen wir zu einem anderen Phänomen.

Die Zusammensetzung der Legion. Will damit sagen, woher nahm die Legion ihre Männer und was waren das für Menschen? Eigentlich ganz einfach. Man muss nur immer die jeweilige politische Lage in Europa betrachten, dann wird schnell klar, woher der Zulauf zur Legion kam. Aus verständlichen Gründen gibt die Legion keine genauen Zahlen an, aber zu Zeiten des Indochinakrieges soll die Stärke der Legion zwischen 80.000 und 150.000 Mann gelegen haben. In Indochina war die Nachfrage wegen hoher „Ausfallquoten" besonders stark und wurde vorwiegend aus deutschen Kriegsgefangenenlagern und in den 50er Jahren aus Westdeutschland befriedigt. Auch in Algerien gab es Verluste, wenn auch mit etwa 1.800 Gefallenen weit weniger als in Südostasien. Heute gibt die Fremdenlegion ihre Kopfstärke mit etwa 8.000 Mann an. Die Verhältnisse haben sich grundlegend geändert, das französische Kolonialreich ist längst passé und die *Grande Nation* zur Mittelmacht herabgestutzt. Mittlerweile verfährt die Legion nach dem Grundsatz: Klasse statt Masse. Zudem liegt vielen Franzosen immer noch schwer im Magen, dass die Truppe ihr Hauptquartier in Frankreich hat.

Wie bereits erwähnt: Einen sehr starken Zulauf bekam die Legion zwischen dem Ersten und Zweiten Weltkrieg. Politische Wirren, Arbeitslosigkeit und miserable wirtschaftliche Verhältnisse in den Heimatländern trieben viele Menschen in die Arme der Legion. Besonders Russland war nach der Oktoberrevolution und dem sich anschließenden Bürgerkrieg zwischen Roten und Weißen ein einziges Tollhaus, aus dem Flüchtlingsströme in alle Welt fluteten. So war es nicht verwunderlich, dass damals Russen und Deutsche den Grundstock der Legion bildeten. Hinzu kamen Belgier, Schweden, Schweizer, Spanier, Griechen und Italiener. Die Russen prägten sehr stark das Bild der Legion in den 1920er Jahren.

Nach dem Zweiten Weltkrieg landeten sehr viele ehemalige Wehrmachtsoldaten in der Fremdenlegion. Das Land war zerstört, viele Deutsche gewaltsam ihrer Heimat beraubt und verfolgt; kein Zuhause und keine Familie mehr, keinerlei Perspektiven. Sicherlich sind in dieser Zeit auch einige Leute untergekommen, deretwegen die Legion als Auffangstätte für so genannte NS-Kriegsverbrecher in Verruf geriet, wiewohl dieser Begriff von den Alliierten sehr dehnbar und willkürlich angewandt wurde. Oft genügte allein die Zugehörigkeit zu bestimmten Truppenteilen, um als „Kriegsverbrecher" zu gelten. Sie hätten diese Maßstäbe am besten auch an den eigenen Truppen anlegen sollen.

Die Masse der Deutschen bestand jedenfalls aus fronterfahrenen Soldaten, die die Franzosen mit Handkuss aufnahmen. Manchmal halfen sie den „Freiwilligenmeldungen" aus Kriegsgefangenenlagern sogar ganz massiv nach.

Grundsätzlich muss sich die Legion auch heute noch mit dem Vorwurf herumschlagen, sie würde Kriminellen Unterschlupf gewähren. Die Wahrheit liegt in einer nicht zu erhellenden Grauzone. In allen Gesellschaften gab und gibt es Schattenexistenzen. Deren Abtauchen in die Legion war früher möglich, vielleicht sogar gewünscht. Die Legion begünstigte Freiwilligenmeldungen, indem sie jedem Legionär durch Namenswechsel Anonymität garantierte und immer noch garantiert. Es gilt jedoch klarzustellen, dass Mörder und Schwerkriminelle, deren Identität festgestellt wurde, an Interpol oder andere zuständige Polizeibehörden übergeben wurden. Ende der 50er Jahre verlief die „Durchleuchtung" des Legionäranwärters wie folgt: Der Bewerber wurde zuerst in ein Auffanglager gesteckt, meist eine ziemlich isoliert liegende Kaserne, die keine Kontaktmöglichkeiten zur Außenwelt bot. Dort stellten sich dann die Fahnder des *2e Bureau*[6] ein,

---

[6]  Als *Deuxième Bureau* – „Zweites Büro" – bezeichnet die Fremdenlegion ihren internen Nachrichten- und Sicherheitsdienst.

die immer freundlich Protokolle aufnahmen und scheinbar jeden Mist glaubten, den ihnen die Leute so erzählten. Für einige ging es dann ziemlich rasch. Sie wurden zur Landesgrenze gebracht und – im Falle der Deutschen – meist bei Kehl den bundesdeutschen Behörden übergeben. In den Rekrutierungsstätten sorgten inzwischen ergraute Legionäre mit blau-rot geäderten Suffnasen (vom *Pinot*, dem billigen Rotwein), dafür, dass den künftigen Legionären nicht die Lust an ihrem Vorhaben, nämlich einen ehrenvollen Tod zu sterben, verging und sie eventuell noch die Fliege machen wollten. Diese Altvorderen der Legion, meist mit 10 bis 15 Jahren Dienst auf dem Buckel, erzählten den „blauen Säcken" – so die Bezeichnung für den Nachwuchs – die haarsträubendsten Geschichten. Geschichten von Reichtum, orientalischen Frauen, unermesslichen Schätzen und dass man immer eine Kugel mehr dabei hatte, als man benötigte.

Die zweite Phase der Durchleuchtung folgte auf Fort Isabelle. Eine alte Festung, direkt in der Hafeneinfahrt von Marseille gelegen, malerisch anzusehen. Oder im Château d'If, dem ehemaligen Staatsgefängnis auf der gleichnamigen Felseninsel vor Marseille, bekannt aus Alexandre Dumas Welterfolg *Der Graf von Monte Christo*.

In Fort Isabelle oder im Château d'If begann die Sache dann langsam Form anzunehmen. Hier war die Gefahr für einen „Kopfschuss" am größten. Vielen sah man an den verängstigten Blicken an, dass sie etwas zu verbergen hatten. „Kopfschuss" – das war die Bezeichnung dafür, wenn am Tor des Forts einige Herren standen, die die Gescheiterten in Empfang nahmen.

Auf Isabelle wartete man auf die Einschiffung nach Afrika und die damit verbundene Sicherheit vor dem Gesetz, so glaubten jene, die Grund dazu hatten. Denn erst nach der Überfahrt nach Algerien, genau gesagt nach Oran, erst wenn die Legionskaserne erreicht war, konnten sie davon ausgehen, es geschafft zu haben.

Was gab tatsächlich den Ausschlag, in die Fremdenlegion einzutreten? Der Verfasser weiß es bei sich, ehrlich gesagt, auch nicht. Sicher gab es mehrere Gründe. Einer davon war bestimmt Abenteuerlust. Da musste man allerdings sehr naiv sein. Aber warum nicht? Oder aber Ärger mit der Frau. Klingt ebenso glaubhaft wie die Unterschlagung der Portokasse der Firma, wie die Benachteiligung bei der Erbteilung, wie der Sturz in die Schuldenfalle, wie das Sichdrücken vor den Alimenten – und so weiter. Kleine Ursachen, um sich auf ein riskantes Abenteuer einzulassen. Aber sie wurden von den Männern des *2e Bureau* akzeptiert. Kam es jedoch zu dick, flog der Bewerber raus.

# ALGERIEN – DER WEG ZUM LEGIONÄR

## Marseille

Das Jahr 1959/60, Marseille, Fort Isabelle. Für uns Bewerber der Anfang ungeheurer Qualen und Torturen. Auf Fort Isabelle sammelte die Legion die von allen Werbeposten im In- und Ausland angeworbenen Freiwilligen. Dort fing das Filtern und Durchleuchten an. Wer warst du? Dort fielen die ersten durch das Raster. Dort lagen wir nun tagaus, tagein in den Kasematten und auf den Festungswällen. Meist in der Sonne. Spartanisch eingerichtete Quartiere. Eben alles auf Durchgang eingerichtet. Mit Verpflegung wurden wir sehr knapp gehalten, bewirkten doch die vielen Medikamente und Spritzen ein permanentes Unwohlsein. Eine Art Lethargie, die viele vor sich hindümpeln ließ. Kein Blick mehr über den Hafen. Keine laut gedachten Träumereien. Kein Blick mehr auf Sacré Cœur, die wunderschöne Kirche oberhalb der Festung.

Dann kam es. Was machte ich denn ausgerechnet hier? Ich hatte doch wahrlich keinen Grund, mich auf solch ein Unterfangen einzulassen. Bin ich denn blöd? Wie konnte ich bloß meinen Dienst bei der Polizei schmeißen?

Richtig. Ich war Polizist gewesen. Schon vier Jahre dabei. Planstelle beim E-Kommando in Berlin. „Weiße Maus" wollte ich werden. Alles in die Tonne geklopft, und warum?

Ich habe gekündigt und bin einfach gegangen. Später habe ich erfahren, dass mein Vorgesetzter die Kündigung noch über ein Jahr zurückgestellt hat. Er hat die Hoffnung nicht aufgegeben, dass ich eines Tages wieder auftauchen würde.

Der Grund für meine Kurzschlusshandlung: Meine Verlobte bekam ein Kind. Die Eltern waren gegen die Verbindung. Meine Verlobte war ein Mama-Papa-Kind. Mein damaliges Gehalt entsprach nicht den Vorstellungen der zukünftigen Schwiegereltern. Zudem war meine Verlobte in der Modebranche tätig, verdiente damals entsprechend gut. Man erhoffte sich für die Tochter einen betuchteren Herrn aus der Branche. Somit war ein großes Spannungsfeld gegeben.

Zum endgültigen Eklat kam es in einem Stundenhotel. Wir durften nicht im Hause der Schwiegereltern „verkehren". In dieser unserer letzten Nacht in der Absteige sagte ich zu meiner Verlobten sinngemäß: *„Wenn das alles so weitergeht, dann lande ich noch in der Fremdenlegion!"* Die Antwort meiner Braut: *„Dazu bist du bestimmt zu feige!"* Das dadurch entstandene Desaster lesen sie gerade. Der Franzose sagt dazu: *„Vingt-deux"* – zu Deutsch: „Zweiundzwanzig", mit der Bedeutung: *„Du traust dich nicht!"*

Es war die Initialzündung für alles, was folgte.

Das ging mir nun alles durch den Kopf. Langsam machte sich ein immer stärker werdender Gedanke breit. Noch bist du nicht in Afrika. Warum soll man nicht von so einer alten Festung türmen können? Mit einem Riesensprung von der Mauer ins Hafenbecken. Zu laut, zu riskant? Auch die Wassertiefe schien äußerst problematisch zu sein. Zu flach, nicht tief genug. Auf die Idee, von der Festung stiften zu gehen, mussten schon einige vor mir gekommen sein. Dazu später mehr.

Der beste Gedanke, wie ich meinte, aber kam mir, als ich die auf dem Hof abgestellten LKW des Typs GMC sah. Deren Ladeflächen waren mit Planen verschnürt. Was war leichter, als solch ein Seil zu klauen? Anseilen, abseilen, abhauen. Ab über die Grenze und daheim zu Kreuze kriechen. Langsam, langsam. Erst mal abhauen, danach sehen wir weiter.

Nachts stand ich dann zwischen den LKW. Eine radebrechende Stimme zischte mir in gebrochenem Deutsch zu: *„Fais attention, blauer Sack. Du willst stiften gehen? Alles, aber nicht mit meinem Seil von die Camion!"* Leugnen hatte keinen Zweck. Bestimmt zehn Meter Seil hatte ich schon aufgerollt. Dann eben ein anderes Mal, dachte ich. Hier nun entschied sich mein Schicksal. Nicht zum Positiven, nein! Soviel schon jetzt. Fortan würde man mich bei allem, was ich tat

*Drei eingefangenen Deserteuren der Legion werden die Haare geschoren (um 1961). Im Hintergrund von links nach rechts: der Unteroffizier vom Dienst, der Spieß, ein Sergent-chef und ein Legionär als Friseur*

und äußerte, genauestens beobachten. Erstaunlicherweise wurde positiv bewertet, dass ich versucht hatte, die Legion vorzuführen. Ich müsste also mutig sein, und dies zu beweisen sollte ich noch Gelegenheit erhalten. Noch aber war es nicht so weit. Zuerst sollte ich die ganze Härte der Legion zu spüren bekommen.

Schnell waren einige Knochenbrecher der PM auf dem Hof. Ruckzuck ging es zum Polizeiposten der Festung. Zuerst Rhabarber, Rhabarber. Alles Französisch, ich verstand kein Wort. Der Chef des Postens betrachtete mich nicht sonderlich interessiert. Ich erwartete nun die Frage: Warum willst Du desertieren? Desertieren! Welch unheilvolles Wort.

Nein. Er sagte nur ganz simpel: „*Aus der Fremdenlegion desertiert man nicht!*" Außerdem sei meine Idee so ziemlich die blödeste überhaupt. Diese Art des vorzeitigen Abschieds hätten schon viele versucht. Dabei griff er in eine Schublade, entnahm einen Stapel Fotos und warf sie mir zu.

Mir war schon kalt. Hatte ich doch nur eine kurze Khakihose und ein kurzärmliges Hemd an. Dazu hohe ausgetretene Schuhe. Ich fror schon erbärmlich. Zu den Bildern sage ich nur so viel – sie waren grauenhaft. Tote, Strangulierte, Zerplatzte und Aufgespießte. Alles Männer, die von der Festung hatten fliehen wollen.

Dass alles noch zu steigern war, sollte ich später in der Ausbildung erfahren. Da zeigte die Legion ihr wahres Gesicht. Bestialisch, grausam! Du hattest einen Kontrakt unterschrieben, diesen brauchtest du nur einzuhalten, dann konntest du Karriere machen. So die Denkweise. Dich naturalisieren lassen, also Franzose werden. Alle Möglichkeiten standen offen. Aber wehe, man respektierte seinen Kontrakt nicht …

Ich gab die Bilder zurück. Ich stand und wartete. Am liebsten hätte ich mir in die Hosen gemacht. Irgendetwas Unheilvolles kam auf mich zu. Klar, sagte ich mir, nun haben sie dich auf dem Zettel. Vielleicht bekommst du eine Tracht Prügel vor allen anderen Kumpels. Es sollte schlimmer kommen.

Dass die alte Festung nun taghell erleuchtet war, konnte ich nicht wissen. Sämtliche „blauen Säcke" waren von ihren Pritschen gejagt worden und standen nunmehr seit Stunden in der Morgenkälte auf dem Hof. Anwesenheitsappell. Die Wut der Männer auf mich war nachvollziehbar. Nur war ich in der Zwischenzeit in ein Verlies gebracht worden. Grimmig aussehende Wachleute hatten mich Treppe für Treppe tief unter die Festung gebracht. Der widerliche Gestank von altem Brackwasser stieg in die Nase. Die Feuchtigkeit nahm zu. Schließlich eine rostige Tür. Modrig alles. Hinter der Tür ein schmales Podest. Sonst nichts zu sehen. Man schob mich auf das Podest. Kein Licht, nichts. Die Tür fiel hinter mir zu. Das letzte Licht verschwand mit den Wachleuten. Ich war allein. Totenstille. Nur das gleichmäßige Rollen der Dünung war zu hören. Der Zellenboden musste in etwa auf Wasserpegelhöhe liegen. Zuerst tastete ich die Wände ab. Glitschig, voller Moos und einem undefinierbaren Schleim bis in Hüfthöhe. So hoch konnte das Wasser steigen! Wie war das noch mal mit den Gezeiten? Im

Moment stand ich auf dem Trockenen. Wie lange noch, war die Frage. Ich hatte Angst, richtige Angst. Trotzdem musste ich grinsen. Die Friesen sagen: *„Hochwasser ist, wenn da. Niedrigwasser ist, wenn wech!"*

Hoch oben auf dem Hof wuchs inzwischen meine Anhängerschaft von Minute zu Minute. Alle wären nur zu gerne bereit gewesen, mir in den Arsch zu treten. Ich sollte aber keinen von ihnen mehr wiedersehen. Schon am nächsten Tag wurden sie verschifft, ab nach Afrika. Der Moloch Legion würde sie verschlingen.

Ich jedenfalls hockte auf dem Boden, umschlang meine Knie und fror fürchterlich.

In welchem Jahrhundert leben wir eigentlich? Ist so etwas überhaupt möglich? Ich fand keine Antwort ... Zeit. Die Zeit musst du irgendwie überwinden. Die gluckernden Geräusche des Wassers interessierten mich im Moment noch nicht. Sie sollten jedoch bald zu einer frustrierenden Situation führen. Ich versuchte, gegen die Kälte anzukämpfen. Kniebeugen, Stützen an der Wand. Das Gurgeln des Wassers wurde immer lauter. Nun noch 100 Liegestützen. Ich fiel nach vorne. Es platschte, und ich lag bis zu den Handgelenken im Wasser. Mein Gott, das Wasser. Mir fiel alles Mögliche ein. Dumas, das Château d'If. Der Graf von Monte Christo. Ertrinkende Galeerensträflinge. Nun mach mal halblang, Alter. Die kommen gleich wieder und holen dich hier raus. Machen die doch, oder? Die lassen doch keinen ersaufen. Oder vielleicht doch? Plötzlich schien auch die Luft knapp zu werden. Das Wasser hatte inzwischen Kniehöhe erreicht. Ich sprang mit angezogenen Knien in die Luft. Das Wasser spritzte immer höher. Ich schlug mit den Armen um mich. Es wurde trotzdem kälter. Ich war nun bis zum Hosensaum durchnäßt. Das Herz fing an zu rasen. Eine Faust schien meinen Hals zu umklammern. Konzentriere dich auf etwas! Aber worauf, verdammt? Ratten hatten hier auch noch ihren Spaß. Bewege dich, tu etwas. Ich war zu keinem klaren Gedanken mehr fähig.

„Fremder, der du hier einkehrst, lass alle Hoffnung fahren!" hatte ein Unbekannter in die Wände seiner Zelle auf dem Château d'If eingeritzt. Tröstlich, sehr tröstlich. Eine der Ratten dachte wohl schon, das Büfett sei eröffnet. Es klatschte hässlich, als sie gegen die Wand flog. Nun merkte ich, dass das Wasser nicht mehr stieg. Direkt unter dem Hosengürtel hielt es inne. Nun musste es auch bald wieder ablaufen. Die Gezeitenströmung setzte ein. Immerhin war ich 192 cm groß. Kleinere Typen hätten echte Probleme bekommen. Ich litt wie ein Hund. Ich schwor mir: Wenn du hier wieder heil raus kommst, dann bist du ein ganz liebes Kerlchen. Noch aber stand ich in der stinkenden Brühe. Immer in Bewegung. Nach einer halben Ewigkeit drang von oben fahles Licht in das Verlies. Nach Stunden dröhnten Tritte die Stufen herunter. Licht durch ein Gitterloch. Eine quietschende Verriegelung. Dort standen sie, die Grimmigen. Nun allerdings kamen sie mir vor wie Rauschgoldengel. Ich hätte sie knutschen können. Nur jetzt keine Schwäche zeigen. Demutsvoller Blick nach unten. Schnauze halten. *„Ça va?"* Sag ich dir doch nicht, du Arsch. Die Versuchung, ihn für diese Frage in die Fresse zu hauen, war übermenschlich. Jedoch ich tat und sagte – nichts. Ich stolperte die Treppe nach oben. Nach oben ans Tageslicht. Die Lungen saugten die frische Luft in gierigen Zügen ein. Das Herz beruhigte sich langsam. Der Blick schweifte über den Hof, und mir wurde übel. Wo waren die anderen? Weg waren sie. Verschifft. Die Festung wartete auf neue Kandidaten. Bestimmt werden wieder welche versuchen abzuhauen. Ich würde sie warnen, wenn ich etwas bemerken würde. Nahm ich mir jedenfalls vor. Jedem Psychologen hätte ich auf die Frage, ob ich nun schon angepasster sei und mich auf dem Wege zum guten Legionär befände, geantwortet: *„Leck mich!"* Es war aber keiner da.

Ich bekam auch keine Gelegenheit, mit meinen Erfahrungen zu protzen. Ohne Wieso und Warum landete ich mit meiner wenigen Habe auf der Pritsche eines LKW. Keine Extrabewachung. Nur der Fahrer und ein Begleiter. Kauzige, mundfaule Legionäre, die ihren Garnisonsdienst schoben, um irgendwann irgendwo in Frankreich ihre Legionärsrente zu versaufen. Der Beifahrer allerdings hatte seinen Rückspiegel so eingestellt, dass er mich ständig beobachten konnte. Seine Maschinenpistole war auch nicht zu übersehen. Nach einigen Stunden langweiliger Fahrt auf staubigen Straßen und Wegen erreichten wir ein *Vallée*, ein Tal, sehr schön anzusehen. Wie das große, hellgelb gestrichene Gebäude, vor dem wir hielten. Seitlich erstreckten sich kleinere Wirtschaftsgebäude. Vor dem Haus auf einem großen Podest ein riesiger Mast, von dem im lauen Wind die Trikolore wehte.

# Puyloubier

Puyloubier, das Veteranen-, Pflege- und Altersheim der *Légion Étrangère*.

Gefüllt mit Menschen, von denen viele kaum noch etwas Menschliches an sich hatten. Menschen, für die es trotz aller ärztlichen Bemühungen keine passenden Ersatzteile mehr gab.

Lebewesen, die nur noch ihre Betäubungsmittel wollten und sonst nichts. Weiter nichts als nur Ruhe, Ruhe und nochmals Ruhe. Keinerlei Störungen. Wie sollte man sonst das Trommelfeuer der Artillerie, der Granat- und der Raketenwerfer verkraften. Hier vegetierte vor sich hin, was Indochina hinterlassen hatte.

Zur Ehrenrettung Frankreichs sei gesagt, dass es diesen Kreaturen an nichts fehlte, an gar nichts. Jedenfalls, wenn sie die ausgezeichnete Versorgung noch wahrnehmen konnten. Hier, so erklärte mir ein *Adjudant*[7], hier nun sollte ich erst einmal helfen. Der *Adjudant* hatte eine Ordensspange so breit und lang wie ein Frühstücksbrett. *Légion d'honneur*, *Medaille militaire*, silberne und bronzene Sterne, Palmen aus x Ländern, in denen er gekämpft hatte. Trotzdem ein

---

[7]  *Adjudant* = Hauptfeldwebel.

gebrochener Mann. Nun die Ruhe selbst. Stets bemüht, keine Geräusche zu erzeugen. Von ihm sollte ich einiges über die Fremdenlegion erfahren. Er war Deutscher und wollte wissen, was aus seinem Deutschland geworden war. Wir sprachen manchmal viele Stunden.

Hier nun sollte ich helfen, hatte dabei Zeit und Muße zum Überlegen. Überlegen, ob mein Verhalten falsch gewesen war. Welch ein Theater, dachte ich zuerst. Ich sollte aber begreifen, was Ehre und Pflichterfüllung in der Legion bedeuten. Zu diesem Zeitpunkt wusste ich selbst noch nicht, wie tief der Stachel der Enttäuschung in mir saß. Die Demütigung. Ich fühlte mich in der Ehre verletzt. Vertrag hin, Vertrag her.

Ich half, wo ich konnte. Wusch und pflegte bein-, arm- und gesichtslose Männer. Patienten, die den ganzen Tag schrieen, wenn nicht schnell genug neue Schmerzmittel in sie gepumpt wurden. Trotz des herrschenden Elends sollten es für mich gute Tage werden. Gut, um mit mir ins Reine zu kommen.

Ich wollte meinen Kontrakt mit der Legion erfüllen, so gut ich nur konnte. Allerdings konnte ich zu diesem Zeitpunkt auch nicht ansatzweise erahnen, was auf mich zukommen sollte. An einem dieser langen Abende erzählte mir der *Adjudant* so einiges aus seiner Zeit *au combat*, vom Kampfeinsatz in Indochina. Darunter folgendes Erlebnis.

In Südostasien hatten viele Operationen den Charakter von Kommandounternehmen. Beide Seiten verfeinerten ständig ihre Taktik im Angriff wie in der Verteidigung. Der Krieg wurde zum Katz- und Mausspiel. Dabei kam es vor, dass Legionäre in Gefangenschaft des *Vietminh* gerieten. *„Diejenigen von uns, die dem Gegner in die Hände fielen, hatten keine Gnade zu erwarten.“* Der *Adjudant* nahm einen tiefen Zug aus der Pinardflasche, steckte sich eine neue Troupe-Zigarette an und erzählte weiter. *„Bei einem Embuscade* (Hinterhalt) *gingen wieder einmal einige Jungs dem Gegner in die Netze.“*

Was er nun berichtete, ist nur sehr schwer zu glauben. Sicher, auch ich sollte später die Schmerzensschreie von Legionären hören. Schreie, die dann wieder einen Vergeltungsakt herbeiführten, bei dem die Gegner keine Gnade zu erwarten hatten. Im Schutze der Nacht, so der *Adjudant*, hätten die „Schlitzaugen“ Legionäre, an Händen und Beinen gefesselt, nackt auf lockeren feuchten Boden gelegt und derart angepflockt, dass sie sich keinen Millimeter mehr rühren konnten. Unter ihnen war zuvor Bambus eingepflanzt worden. Gut gewässert und bei tropischen Temperaturen wächst der Bambus in einer Nacht gut 15 bis 20 cm, mit dolchartigen Spitzen, langsam und unaufhaltsam. Durch die Bauchdecke, die Innereien. Die Schreie der Gefolterten wurden mittels Megafon und Verstärker den erstarrt in ihren Erdlöchern kauernden Kameraden auf der anderen Seite zugespielt. Später sollte ich erfahren, dass diese Methode auch in Algerien nicht unbekannt war.

Der Adjudant berichtete weiter. *„Ratten, hungrige Ratten, in einem kleinen Holzkäfig gesperrt. Dieser Käfig wurde dann einem gefangenen, bewegungslos fixierten Legionär auf den Bauch gebunden. Unter unsäglichen Qualen für den*

*Betroffenen fraßen sich die ausgehungerten Ratten durch Bauch und Därme. Du selber stehst gerade irgendwo auf Wache. Nachts. Du liegst in einem feuchten Erdloch. Da! Egal wo, du hörst es. Dann verfällst du in eine dumpfe Wut und schwörst zähneknirschend Rache. Spätestens da fingen einige an, über ihr Tun hier nachzudenken. Zu spät, mein Freund."*

Furchtbare Beispiele menschlicher Grausamkeit gab es auch in Algerien. Gefangenen Legionären wurden in die zuvor zur Erektion gebrachten Geschlechtsteile Glasröhrchen eingeführt. Dann wurde mit der Handkante auf das Glied geschlagen. Das Glas zersplitterte in der Harnröhre. Der Penis wollte sich nun zusammenziehen. Wahnsinnsschreie der so Geschändeten. Man fand sie dann an Straßenrändern. Sie sollten ja gefunden werden. Prompt folgte dann ein Gegenschlag. Gefesselte Gefangene der FLN wurden an langen Seilen hinter Panzern durch die Dörfer und zu Tode geschleift.

Nun lag die Frage auf der Hand: Wer hat mit den Grausamkeiten angefangen? Wir einigten uns schnell auf das Alte Testament. Warum? Kain erschlug seinen Bruder Abel. Seitdem gibt es Mord, Totschlag und Folter auf der Welt. Gerne auch von der Kirche praktiziert. Man denke nur an die Inquisition. Das finstere Mittelalter schien wieder auferstanden zu sein.

Obwohl diese Dinge nun über 40 Jahre zurückliegen, krauchen sie mir nachts immer wieder über die Bettdecke. Kann man mit dem Erlebten in ein normales Leben zurückkehren? Aber für mich sollte erst nach der Legionszeit die Achterbahn des Lebens erst so richtig in Fahrt kommen; im negativen Sinne.

Was würde noch alles auf mich zukommen? Nachdenklich, sehr nachdenklich verließ ich Puyloubier und den *Adjudant*.

# Oran

14 Tage war ich ein guter Mensch mit Hilfestellungen und Krankenpflege gewesen; eine Art Legions-„Zivi". Dann ging es zurück nach Marseille. Der nächste Truppentransporter sollte bald den Hafen verlassen. Der Mief der Festung widerte einen nun an. Erst als die Seeluft beruhigend um die Nase strich, bekam man einen klaren Kopf. Unter Deck war der Transporter jedoch ein echter Schweinedampfer. Es roch nach Diesel, Urin und Erbrochenem. Einzige Abwechslung waren die Delphine, die vor dem Bug des Schiffes ihre Späße trieben. Erste Landvögel zeigten an, dass das Ziel der Reise unmittelbar vor uns lag.

Von Weitem sichtbar erhoben sich die Berge des Atlas-Gebirges. Zuerst tiefblau, dann immer rötlicher werdend. Lag wohl am Sand der Sahara. Überhaupt sollte dieses eigentümliche Rot auf allem liegen und lasten, was zu diesem Land gehörte. Selbst die Haare und die Haut der Berber und Kabylen zeigten diesen rötlichen Ton. Und dann die Frauen mit Handflächen und Füßen in schickem

Hennarot. Tätowierungen im Gesicht und Henna-Bemalung auf den Händen. Rot schien die absolute Modefarbe zu sein. Eines jedoch war noch merkwürdiger. Der Geruch. Die Wohlgerüche Arabiens hatte ich mir etwas anders vorgestellt. Ein undefinierbares Gemisch unterschiedlichster Düfte. Der Geruch von Eseln, Kamelen, Schafen und Ziegen, vermischt mit dem Gestank ihres Kots. Dazu der Rauch von Lagerfeuern, die ebenfalls mit getrocknetem Dung in Gang gehalten wurden. Über allem dann noch der Singsang des örtlichen Muezzins. Der erfahrene Afrikaner wusste nun, er ist zu Hause. Ich gebe zu, später hat einem der Geruch richtig gefehlt.

Erstaunlich, was in einem solchen maroden Truppentransporter gelagert und gebunkert worden war. Endlich wurden wir ausgeschifft. Streng von der PM der Legion bewacht, ging es in eine Kaserne. Komisch, erst hier wurde der Vertrag mit der Fremdenlegion unterzeichnet.

Alles ging sehr schnell. Keine Zeit zum Überlegen. Einkleiden, wie auf jeder Kleiderkammer der Welt. Gebrüll, Gelächter. Passt, wackelt und hat Luft. Der Nächste. Da stand man nun in Khaki mit Seesack, Rucksack, Stahlhelm, Spaten, Feldflasche, Koppelzeug und einer Unmenge an Dingen, deren Bedeutung noch nicht klar war. Ein guter Rat eines älteren Legionärs: *„Hüte alles, aber auch wirklich alles, als sei es ein Teil von dir!"* Wie Recht sollte der gute Mann haben.

Ach ja, eine Durchschrift des Vertrages mit der Legion gab es nicht. Hätte ja auch doof ausgesehen, wenn eine Riesenhorde von Rekruten neben der Ausrüstung auch noch mit Verträgen in der Hand auf dem Hof gestanden hätte. Wozu auch? Konnte sowieso kaum einer lesen. War doch alles in Französisch. Auffällig war, dass von Stunde an keine Sau auch nur noch ein einziges Wort Deutsch mit uns sprach. Wie abgehackt. Auch nicht Italienisch, Spanisch, Griechisch, Suaheli oder was auch immer.

Bis hierher war alles ruhig gelaufen. Richtig locker und interessant. Manche hofften nun auf die tollen Zeiten, die ihnen von den Werbern versprochen worden waren. Diese Schwärmer sollten bald unsanft aus ihren Träumen gerissen werden. Es war die sprichwörtliche Ruhe vor dem Sturm.

## Thierville

Nachdem zuerst ein furchtbares Durcheinander herrschte, kamen langsam und mit viel Gebrüll so etwas wie Kompanien und Züge, sprich *Sections*, zusammen. Auf einem LKW verfrachtet, ging es dann endlich los in Richtung Berge. Bald schon verschwanden die Kraftfahrzeuge in verschiedene Richtungen zu den verschiedenen Ausbildungslagern. Es ging nun auf die Piste. Kein Beton und kein Asphalt mehr, sondern Geröll und Staub, rötlich natürlich. Ich ahnte noch nicht, dass Hunderte, wenn nicht Tausende Kilometer zu Fuß auf diesen Pisten vor mir liegen sollten. Wir merkten schon nach wenigen Kilometern, was

„Piste" bedeutet. Durchgerüttelt und geschüttelt; Augen, Nase und Mund voll mit feinem roten Staub. Es brannte und juckte furchtbar in den Augen. Keiner konnte sich auf seinem Platz halten. Alles flog auf den Pritschen hin und her. Unser Begleitpersonal trug natürlich Staubschutzbrillen, die absolut dicht auf dem Gesicht saßen. Über Mund und Nase hatten sie Tücher geschlungen, so genannte *Cheiches*, Beduinenschals. Die hatten es gut. Der Schweiß klebte unsere Hemden am Körper fest. Rinnsale durchzogen unsere Gesichter. Man beäugte seinen Nachbarn. Was ist das für ein Landsmann? Gesprochen wurde aber nicht. Jeder taxierte jeden. Plötzlich hielt der Konvoi. Die Begleiter sprangen vom LKW. Maschinengewehre wurden in Stellung gebracht. Kurze, leise Befehle. Dann herrschte Ruhe. Kein Laut war zu hören. Wir saßen zu Salzsäulen erstarrt auf den LKW. Die Legionäre des Begleitkommandos schwärmten aus. Sie verständigten sich nur mit Handzeichen. Wir bekamen trockene Kehlen. Was war hier los?

Dann fiel ein einzelner Schuss. Schluss war es mit der Ruhe da draußen. Ein Gejodel und Gelächter setzte ein und irgendein Typ zerrte ein Schwein auf die Piste. Erste Nervenprobe? Mir kam langsam der Verdacht, wir sollten wohl verarscht werden. Später, muss ich gestehen, beteiligte ich mich auch an solchen Späßen. Wie dem auch sei, wir wussten nun, dass wir nicht in den Urlaub fuhren. Schließlich erreichten wir die Garnisonsstadt Mascara; örtliches Zentrum und wiederum Verteilerstelle der Legion. Hier schrumpfte der Konvoi auf vier LKW zusammen. Wir fuhren weiter in eine unwirtliche, heiße Bergwelt hinein. Jeeps mit MG auf den Dächern und einige zusätzliche Legionäre verstärkten den Konvoi. Bald schon verlor man die anderen Fahrzeuge aus den Augen. Der Staub wurde noch dicker und alle kauten den Sand zwischen den Zähnen. Wir saßen nun schon seit mehr als sechs Stunden auf den Pritschen. Das Verlangen nach einer Dusche, Essen und einem Bett war übermächtig. Genau in diesem Zustand erreichten wir ein *Vallée*. Ein riesiges Tal inmitten zerklüfteter Berge.

Wir hockten ziemlich apathisch und teilnahmslos auf den harten Bänken, als der Konvoi hielt. Vor uns zwei im rechten Winkel zueinander angebrachte Flachbauten. In einiger Entfernung zeichneten sich die Konturen eines Hangars ab. Dahinter wieder Flachbauten. Ein riesiger Wachturm an anderer Stelle, ebenfalls von Flachbauten umgeben, rundete das Ganze ab. Mitten durch das Areal zog sich eine Rollbahn. Diese war von allen Seiten von üppig wuchern-den Disteln umgeben. Unser neues Zuhause. Nachdem sich nun auch der letzte Staub verzogen hatte, sahen wir sie. Mit „sie" meine ich unsere Ausbilder. Welch ein Anblick. Noch beäugten wir sie von den LKW herab. Bei mir und sicher bei einigen anderen waren inzwischen alle Sinne aufs Äußerste gespannt.

Hier muss ich vorweg etwas erklären. Auch in der Fremdenlegion gab es Posten, die keiner gerne machen wollte. Meist wurden dafür Männer herangezogen, die „in Verschiss" geraten waren und sich nun bewähren sollten. Ein Ausbildungslager war ein gefundenes Fressen für solche Leute. Die wussten es. Wir nicht, zu unserem Glück. Eigentlich hatte ich keinerlei Vorurteile, was Aussehen oder Bildung anging. Hier aber standen apokalyptische Reiter. Einfach nur zum Fürchten. Alter, sagte ich mir, hier wird es noch sehr rau werden. In diesem Augenblick explodierten die Typen aus dem Stand. Man stelle sich vor, man sitzt nach einem langen Arbeitstag müde und kaputt auf dem Sofa und ist gerade am Abschalten. Da stürzt eine Horde Verrückter ins Zimmer, brüllt und schmeißt alles durcheinander und hat einen Höllenspaß dabei. Ich weiß nicht mehr, in wie vielen Sekunden wir mitsamt Ausrüstung von den LKW geschmissen waren, begleitet von kräftigen Ohrfeigen und Tritten in den Allerwertesten. Im Umkreis von 50 Metern lag alles verstreut. Ein chaotischer Anblick. Für die Ausbilder ein Heidenspaß.

Ohrfeigen und Tritte? Richtig. Wir waren in der Ausbildung. „Blaue Säcke" nannte man uns. Säcke sind nicht einmal annähernd so was wie Menschen, geschweige denn Legionäre. Erst nach der Ausbildung, erst wenn man das *Képi blanc* tragen durfte, erst dann war man Legionär. Dieses Ziel zu erreichen, erschien mir in diesen Augenblicken völlig utopisch.

48 Mann lagen flach auf dem Boden. Jeder hatte Ausrüstungsstücke um sich geschart. Egal, ob sie einem gehörten oder nicht. Das Gebrüll auf Französisch war infernalisch. Gut, ich hatte bereits einmal eine paramilitärische Ausbildung hinter mich gebracht. Die war aber kein Vergleich zu dem hier. Dagegen war der Viehauftrieb auf einer Schweinefarm die reinste Erholung. Einfach abstoßend. Aber es war Bestandteil eines festen Programms. Ein Programm, an dessen Ende die „blauen Säcke" gestählt und geläutert als vollwertige Legionäre hervortreten. Damit Legionäre besser sind als alle anderen. Zum eigenen Schutz. Damit du überlebst. Eine Philosophie, die uns im Moment nicht im Geringsten interessierte.

Ein ziemlich deutsch aussehender Mitdreißiger mit leichtem Bauchansatz, der sich später als *Sergent-chef* [8] Böller vorstellte, übernahm das Kommando. Aus seinen Gesten und seinem deutsch-französischen Kauderwelsch entnahmen wir, dass wir nun mit unserer ganzen Habe in eine bestimmte Richtung kriechen sollten. Wie die Wilden sprangen die Handlanger unseres Zugfeldwebels auf uns herum wie auf einem Trampolin. Welch ein beschissener Tag, und nun das auch noch. Wir hatten die richtigen Klamotten zum Robben an: kurze Hosen und ärmellose Hemden. Die linke Hand umklammerte den Rucksack mit dem aufgeschnallten Stahlhelm und das Koppelzeug mit Spaten und Wasserflasche. Die rechte Hand schleifte den Seesack hinter sich her. Wir krochen nun auch nicht auf einer fetten Tiroler Wiese, sondern auf der mit Split bestreuten Piste eines Militärflugplatzes. Langsam ging es in Richtung Rollbahn. Ein halbes hundert Menschen kroch der untergehenden Sonne entgegen. Freiwillig. Nicht anders gewollt. Durch Vertrag abgesegnet. Reklamationen werden nicht akzeptiert. Nach wenigen Minuten waren Knie und Ellenbogen durchgescheuert. Der Schweiß brannte in den Augen. Die Zunge klebte am Gaumen. Die Lunge pfiff

---

[8] *Sergent-chef* = Feldwebel.

aus dem letzten Loch. Selbst die Tritte der Ausbilder waren leichter zu ertragen. Augen zu und robben, robben. Selbst die Hosen fingen an zu rutschen. Unsere Bäuche wurden geschliffen und Stofffetzen auf Brust und Bauch gingen zum Teufel.

Es war eine Demütigung erster Sahne mit zukunftsträchtigen Aussichten, eventuell als Krokodil oder Kormoran zu fungieren. Plötzlich und unerwartet endete der Begrüßungsspaß. Wir standen nun mehr oder weniger gerade oder vor Schmerzen gekrümmt; nach Luft japsend. Apathisch harrten wir der Dinge, die nun kommen sollten.

Es war inzwischen dunkel geworden. Mit weiteren Tritten und Schlägen wurde die Quartiereinteilung vorgenommen. Ruhe in den Baracken. Oder hörte ich da etwa jemand heulen?

Dieser Tag blieb allen im Gedächtnis haften. Unsere Ausbilder wussten nicht, dass sie sich schon einige Freunde geschaffen hatten. Diese würden nun auf eine Gelegenheit warten, es ihnen heimzuzahlen. Oder glaubten die vielleicht, dass sich ein Spanier oder Korse ungestraft derart erniedrigen ließe? Weil aber diese Dinge nun mal zur Ausbildung gehören – zumindest bei der Legion –, verpufften mit der Zeit die heißesten Racheschwüre.

Von einem etwas abseits gelegenen kleinen Steinbau betrachtete uns die ganze Zeit über, in der wir nächste Bekanntschaft mit dem algerischen Boden schlossen, eine Person ohne jede Regung. Der *Chef de section*, der Zugführer, ein *Sous-lieutenant* (Leutnant).

Erst später erfuhren wir, dass diese Herren sich aus den Jahrgangsbesten der Militärakademie St. Cyr rekrutierten. Oft aus insolvenzgefährdeten und etwas degenerierten Familien und daher mit dem unbändigen Willen ausgestattet, in der Fremdenlegion Karriere zu machen. Wie sich noch herausstellen sollte, lag ich bei ihm mit dieser Einschätzung völlig daneben. Dieser Mann entpuppte sich als echter Haudegen und dazu mit überragender Intelligenz gesegnet. Hätte jemand in sein Inneres blicken können, hätte er bemerkt, wie sehr dem Leutnant das Gebaren seiner Ausbilder manchmal zuwider war. Die Art der Ausbildung ging ihm ziemlich gegen den Strich. Keiner von uns ahnte damals, was unseren Leutnant wurmte. Er leitete den Sprachunterricht. Erstaunlich, wie locker das alles bei ihm ging. Es wurde sogar gelacht. Kein physischer Druck. Hatte der Leutnant doch ein eigenes Sprachvertiefungssystem erdacht. Kostproben aus seinem Unterricht nannte ich bereits. Leider fiel er schon neun Monate später in einem Hinterhalt der FLN.

Nach diesem Willkomm durften wir nun auf die Liegen kriechen und unsere Wunden lecken. Mit schmutzigen Fingern pulte man die Hautfetzen von Armen und Beinen. Man half sich, so gut es eben ging. Jod oder Verbandsmittel gab es nicht. Keiner von uns traute sich vor die Tür, um danach zu fragen. Die Angst war einfach zu groß, dass diese Hyänen wieder über uns herfallen könnten. Scheiß egal, wir brauchten Wasser. Dazu kam, dass einige unbedingt auf den „*Robert*" mußten.

Wir entdeckten die Toiletten hinter der Unterkunft. Seltsame Abtritte. Ein Viereck mit abgebildeten Fußabdrücken. Dahinter ein Loch. Fast unmöglich, immer ins Schwarze zu treffen. Selbst diese Latrine sollte eine nicht unerhebliche Rolle in unserem künftigen Leben spielen. Rückseitig an der Unterkunft befanden sich auch die *Lavabos*, die „Waschräume". Mindestens 20 Wasserhähne nebeneinander, darunter steinerne Wassertröge. Dort würden wir uns und unsere Wäsche waschen. Das Wasser kam aus großer Tiefe, war glasklar, eiskalt und wurde von uns eimerweise getrunken.

Mein Etagenbett stand an einem Fenster, durch das ich mich auch nachts am Wasserhahn bedienen konnte, ohne gesehen zu werden. Die erste Nacht verging wie im Fluge. Keiner konnte ruhig schlafen. Alle hatten ihre Wehwehchen. Viele fluchten leise vor sich hin. Allmählich machte man sich miteinander bekannt.

Auf der Stube lagen sechs Mann. Der Raum war geteilt, weitere sechs Mann waren in einer Art Vorraum untergebracht. Drei Deutsche, ein Ungar, ein Italiener und ein Monegasse. Franzosen durften nicht in die Legion. Deshalb hatte man dem Anwärter die monegassische Staatsbürgerschaft angedichtet. Für uns ein Riesenvorteil auf der Bude, sprach der Mann doch als Muttersprachler fließend Französisch und auch etwas Deutsch, so dass er übersetzen konnte. Trotzdem durfte er nicht immer gleich alles übersetzen, woran ihn die Ausbilder regelmäßig mit knallenden Ohrfeigen erinnerten. Aber so mancher Befehl, von ihm nur gezischt, verhinderte doch so manches Desaster für uns.

Eine schrille Trillerpfeife und ein unüberhörbares *„Dehors!"* – raustreten also. Wie an diesem bot sich nun an jedem Morgen immer das gleiche Bild: Tritte, Ohrfeigen und Gebrüll. An diesem, unserem ersten Morgen bei der Fremdenlegion brauchte es Stunden, bis wir unsere Ausrüstung wieder vollzählig beisammen hatten. Die Armee überlässt bekanntlich nichts dem Zufall, und so gelangte dank der *Matricule*, der persönlichen Dienstnummer eines jeden Rekruten und Legionärs, alles wieder an seinen Platz. Die *Matricule* stand auf den Seesäcken und anderen Ausrüstungsstücken. Wo sie nicht eingezeichnet war, nähten oder malten wir sie im Laufe der Zeit ein bzw. auf. Die *Matricule* begleitete jeden durch Ausbildung und Dienst, bis zur Entlassung und – wenn es sein musste – bis ins Grab. Sie war auf einem perforierten Stück Blech eingraviert und wurde an einer Kette um den Hals getragen. „Hundemarke" heißt sie beim deutschen Militär; offiziell „Erkennungsmarke". Diese *Matricule* war zu meiner Zeit sechsstellig. In der Ausbildung wurde diese Nummer bei jeder Meldung den Vorgesetzten ins Gesicht gebrüllt. Zuerst Name, Dienstgrad und dann die *Matricule*.

Das Regiment, die Kompanie und der Zug. Immer und überall hörte man tagaus tagein das Gebrüll irgendeines Rekruten, der aus welchem Grunde auch immer seine Identität durch die Gegend brüllte. Brüllen ist nicht übertrieben. Denn eine leise oder undeutliche Aussprache hatte sofort die üblichen Schikanen zur Folge. Nach der Begrüßung vor den Baracken kam das Frühstück. Jeder hatte einen Becher auf der Feldflasche. Mit diesem Becher traten wir in langer Reihe vor dem *Refectoire*, dem Speisesaal, an. Unwirsch schüttete ein Ausbilder kochend heißen Kaffee in die Becher. Dass einige dabei Verbrühungen abbekamen, muss wohl am frühen Morgen gelegen haben oder am Umstand, dass der Ausbilder noch nicht ganz nüchtern war. Vielleicht war er auch nur ein Schwein. Der nächste Ausbilder drückte dann jedem ein Stück pechschwarze Blockschokolade in die Hand. Das war's. Keiner traute sich etwas zu sagen. Der Kaffee hätte Tote wieder zum Leben erwecken können. Die Schokolade war bitter und löste sich nur widerwillig im Mund auf. Dafür war die Wirkung dieser Kombination umso stärker. Es dauerte keine zwei Minuten, da meldete sich der Erste.

„*Oh Schjot!*" Nichts wie zur Toilette. Mit Höchstgeschwindigkeit bahnte sich der Kaffee seinen Weg. Innerhalb weniger Minuten stand die halbe *Section* vor dem WC. Unnötig zu sagen, dass für einige der Weg zu lang war.

Das Frühstück in dieser Form erhielten wir nun jeden Morgen. Viele konnten sich nicht daran gewöhnen. Nur, hatte man sich erst daran gewöhnt, konnte das frugale Mahl wahre Wunder wirken. Überhaupt, das Klima, diese Umstellung. Dazu täglich immer wieder Medikamente. Tabletten in allen Farben und Größen. Schluck runter! Ist alles erprobt und hilft dir, gesund zu bleiben. Fakt ist: Ich wurde nicht einmal krank in der Ausbildung. Selbst Jahre später nicht.

Jedenfalls hatten jene immer einen Vorteil, die davon Durchfall kriegten. Doch die Ausbilder begriffen schnell, dass mancher den Durchfall nur als Vorwand nahm, um eine „taktische Auszeit" zu nehmen. Bei Geländeübungen und dergleichen. Wer erwischt wurde, durfte die Toiletten putzen.

Obligatorisch war der morgendliche Geländelauf. Mit Springerstiefeln, kurzer Hose und kurzärmeligem Hemd ging es mindestens fünf Kilometer durch die Disteln auf dem Rollfeld und quer durch die Botanik. Die Beine bekamen das meiste ab; sie waren immer voller Schrunden und ständig am Eitern.

Mittags hielten wir Siesta – das war Pflicht! Dazu zogen wir uns aus und umwickelten den Körper mit einem ca. 50 cm breiten und ungefähr 3 m langem Baumwolltuch. Peinlichst achteten die Ausbilder darauf, dass jeder dieses Tuch anlegte. Die Mittagsruhe dauerte in der Regel von 13.00 bis 14.30 Uhr. Zuvor gab es Essen im Speisesaal.

Dann kam der Tag, an dem wir unsere Waffen erhalten sollten. Gewehrständer waren bereits auf unseren Stuben installiert. Jeder bekam ein Gewehr. Schießprügel war noch untertrieben. Diese Dinger hatten eigentlich schon im Zweiten Weltkrieg ausgedient. Karabiner MAS 36 war die Bezeichnung. 36 stand für das Einführungsjahr 1936 und MAS für den Hersteller, die *Manufacture Nationale d'Armes de Saint Étienne*. Ein Repetierer mit Nadelbajonett im Vorderschaft. Vierkant. Längst schon geächtet nach den Kriegskonventionen. Fünf Schuss in einem Kammermagazin plus eine Patrone 7,5 mm x 54 im Lauf.

Dagegen hatten unsere Ausbilder alle Maschinenpistolen MAT 49. Fixe Dinger mit einem klappbaren Stangenmagazin. Dieses natürlich immer gefüllt mit Patronen. Die Enttäuschung war uns anzusehen. Dies hatte gleich zur Folge, dass unser *Sergent-chef* Böller sofort antreten ließ, um mit uns eine halbe Stunde Übungen mit dem Karabiner zu machen. Auch nichts Neues, dachte ich. Nur war Böller Spezialist und hörte nicht eher auf, bis allen die Knarren fast aus den Händen fielen. Diese „Flinten" brachten wir nun erst einmal auf Vordermann, um sie dann im Waffenunterricht in allen Einzelteilen kennen zu lernen. Alles bekannt. Praktiziert in allen Armeen der Welt. Den Karabiner konnten wir schließlich so schnell zerlegen und wieder zusammensetzen, dass es eine wahre Freude war – mit offenen und verbundenen Augen. Auch unsere Maschinengewehre FM 24 waren alles andere als modern und stammten aus der Vorkriegszeit. So nun ausgerüstet, erhielten wir dann auch unser Barett. Grün mit einer explodierenden Kanonenkugel als Abzeichen, offiziell als *Grenade à sept flammes* (siebenflammige Granate) bezeichnet. Matt golden glänzte diese Insignie, ein Symbol der Legion, das auch auf Schulterklappen und Schulterstücken prangte. Des Weiteren ein Abzeichen, das an der Brust getragen wurde. Ein auf die Spitze gestelltes Viereck. Weißer Untergrund. Darin stilisiert ein Adler mit einer Schlange in den Fängen. Das Ganze in den Farben schwarz, rot, grün. Das Regimentsabzeichen des 1er RE, Standort Sidi-bel-Abbès. Nachdem die Karabiner verschlossen waren, ging es zum Mittagessen. Nun zeigte die Legion Erbarmen.

Das Essen war echt in Ordnung. Anfänglich gewöhnungsbedürftig, wegen der vielen kleinen Extraspeisen. Aber man gab sich die größte Mühe.

Die Ausbildung nahm ihren geplanten Verlauf. Innerhalb weniger Wochen stießen einige von uns an ihre Leistungsgrenzen. Diese Kameraden zogen die Aufmerksamkeit der Ausbilder auf sich und wurden besonders drangsaliert. Klar war, dass wir uns gegenseitig unterstützten. Vor allem in den Mittagspausen, die immer mehr dazu genutzt wurden, um Ausrüstung und Bekleidung in Schuss zu halten. Waschen, Knöpfe annähen und, und, und. Immer landeten Kameraden auf den Zetteln der Ausbilder. Oft wegen Kleinigkeiten. Ein Löffel vergessen oder dieses oder jenes nicht sauber genug. Es gab immer etwas zu monieren.

Dann kam der Tag, an dem jeder Rekrut erstmals fünf scharfe Patronen erhielt. Generell wurde Munition nur vor dem Schießen, und wenn man auf Wache zog, ausgegeben. Ich meinte in den Augen unserer Ausbilder ein unstetes Flackern zu erkennen. Einbildung? Angst? Könnte doch einer auf die Idee kommen, schon jetzt seine Rechnung mit den verhassten Schindern begleichen zu wollen, denn die waren für die Munition gegenüber ihren Vorgesetzten verantwortlich. 50 Mann fünfmal fünf Schuss, 250 Patronen. Welch eine Möglichkeit für die Geschundenen! Peinlich genau wurden die Patronen abgezählt. Immer wieder. Keine Bange, auch diese Situation eskalierte nicht. Auffallend war nur, dass die Ausbilder stets ihre gefüllten Magazine in den MPs hatten. Nicht angeklappt, nein, für sofortige Feuerbereitschaft arretiert.

15 Kilometer lag der Schießplatz entfernt. Dieser Weg wurde, immer zur „Jagdstrecke", die meist im Laufschritt zurückgelegt wurde mit Einlagen wie Ausschwärmen, Sammeln, volle Deckung, Tiefflieger von rechts, Tiefflieger von

*Legionäre bei einer Schießübung mit dem Karabiner MAS 36 (Algerien, Ende der 50er Jahre)*

links. Dabei gab es überhaupt keine Flieger hier. Egal, es bereitete unseren Ausbildern immer große Freude. Wir hingegen waren stets bemüht, ihnen die Freude nicht zu vergällen. Natürlich schwor sich ausnahmslos jeder im Stillen, seinen „Lieblingsausbilder" im Sinn: Irgendwann leg ich dich um! Dachte …

Unnötig zu sagen, dass unsere Schießergebnisse unter aller Sau waren. Das wussten die Ausbilder von vornherein. Selbst sie erzielten mit den alten Prügeln nur mäßige Trefferergebnisse, die uns zum Schmunzeln brachten. Die Folge: Kakteen ausgraben. Auf den Nacken damit und ab auf den Nachhauseweg. Sand, Würmer und Sonstiges krochen mit dem Schweiß den Rücken herunter. Die Kakteen schmückten dann in großer Zahl ein Areal um den Flaggenmast mit der Trikolore. Dazu gab es dann immer 50 Liegestützen. Im weiteren Verlauf des Textes wird der Einfachheit halber nur noch von *Cinquante* (Fünfzig) die Rede sein. Jeder weiß dann, was gemeint ist.

Diese *Cinquante* wurden derart perfektioniert, dass wir sie später auf Handgranaten und über senkrecht stehenden Messerklingen machten. Nicht bestätigen kann ich allerdings die Schilderungen von Ex-Legionären, diese Liegestützen wären auf entsicherten Handgranaten vollzogen worden, also Handgranaten, bei denen der Splint gezogen war und deren Sicherungsbügel nur noch von den Handinnenflächen gehalten wurden. Natürlich genossen unsere Ausbilder diese Bestrafungen. Schnell hatten wir heraus, dass sie sich oft selber uneins waren in vielen Dingen. Einige wollten diese Funktion gar nicht ausüben. Es gab Spannungen unter den Korporalen und Unteroffizieren. Den daraus resultierenden Frust durften wir ausbaden. Allerdings sei zu ihrer Ehrenrettung eingeflochten: Die Ausbildung war hart, sehr hart. Die vorgegebenen Ziele aber wurden mit Sicherheit erreicht. Ziele? Man wurde geschliffen, um zu überleben! Dazu bläuten sie einem soldatische Tugenden wie Kameradschaft, Ehrlichkeit, Tapferkeit, Opferbereitschaft und Ehre ein.

Höchste Zeit, die elitäre Clique vorzustellen. Einzeln.

Zuerst *Caporal*[9] Lott, ein drahtiger Ungar mit O-Beinen, auffallend schlechtem Mundgeruch und listigen Augen. Da ich mit 1,92 m Flügelmann der *Section* war, also der vorderste rechte Mann beim Antreten in Linie und in Marschordnung der vorderste linke, hatte ich das Vergnügen, Caporal Lott beim Marschieren direkt neben mir zu haben, sozusagen als Leitfigur. Das hatte den eklatanten Nachteil, dass ich bei jeder Kleinigkeit den Kolben seiner MP in die Rippen bekam. Meine Abschlussprüfung auf dem Parcours (Hindernisbahn) legte ich mit zwei angebrochenen Rippen hin, dank Lott. Lott war mein persönliches Waterloo. Kommt später noch zu Papier.

*Caporal* Kathul, Monegasse. Ein kleines untersetztes Kraftpaket, das uns Spottlieder auf die Araber beibrachte. Immer bemüht, Mensch zu bleiben. Kam aber wie ein Teufel aus den Stiefeln, wenn ihm was gegen den Strich ging.

*Caporal* Desmont sah mit seiner Triefnase immer beleidigt aus. Schrie mit einer Eunuchenstimme, war saulink, klein und dünn, aber verdammt zäh.

Das Quartett vervollständigte *Caporal* Linga. Ein Deutscher, hochgewachsen, großmäulig, auch seinen Kollegen gegenüber, erhebliche Denkdefizite wegen intensiven Alkoholgenusses. Wurde später abgesägt und sogar degradiert. Aber noch war es nicht so weit.

Dann war da noch *Sergent-chef* Böller, undurchschaubar und Indochinaerprobt. Die „Schlitzaugen" hätten seine Frau und seine Kinder umgebracht, erzählte man. Immer in makellos sauberer Uniform. Er hatte sich zwei Ordonnanzen zum Wäsche waschen, Bügeln usw. zugelegt. Die armen Hunde mussten neben ihrem Tagesdienst den *Sergent-chef* bedienen. Taktisch hatte der richtig was drauf. Unser Leutnant legte großen Wert auf sein Urteil.

Unser Leutnant. „*A vos ordres, mon Lieutenant!*", hörte er am liebsten. Der Name? Leider vergessen. Irgendetwas Unaussprechliches. War ja auch vollkommen egal, der spielte sowieso in einer anderen Liga. Richtig – Offiziere waren für uns grundsätzlich suspekt. Die sahen uns, und sie sahen uns trotzdem nicht. Ein Manko in der Legion, das in entscheidenden Gefechtssituationen oft zu großen Missverständnissen führte. Es gab aber Ausnahmen, zu denen auch er gehörte. Eine ganz besondere Ausnahmeerscheinung darf in diesem

---

[9] *Caporal* = Gefreiter. In der französischen Armee oft mit den Befugnissen eines Unteroffiziers. Insofern ein Dienstgrad zwischen Mannschaften und Unteroffizieren ohne Portepee. *Caporal-chef* = Obergefreiter.

Zusammenhang nicht unerwähnt bleiben: *Colonel* Jeanpierre. Haudegen und Kommandeur des später geschassten 1. Fallschirmjägerregiments der Fremdenlegion, des berühmten *1er Régiment Étranger de Parachutistes* (1er REP). Mein späterer Regimentskommandeur.

Diese Herren sollten nun Legionäre aus uns machen. Vertragstreu, notfalls bis in den Tod. Einer der Altvorderen der Legion hatte einmal gesagt: *„Du gehörst der Legion. Kein Widerspruch. Keiner kann dir helfen. Nur der Tod kann dich befreien."*

Bezeichnenderweise stand über dem Torbogen am Haupteingang der Legionskaserne in Sidi-bel-Abbès in Großbuchstaben:

LEGIONÄR, DU BIST GEKOMMEN, UM ZU STERBEN

So weit war es aber noch lange nicht. Obwohl die Schläge und die permanenten Erniedrigungen einem ziemlich zu schaffen machten. Dass sie den einen oder anderen in den Freitod treiben konnten, ahnten wir nicht, noch nicht. Unsere Ausbilder triezten uns also nach Herzenslust. Einen ruhigen Posten gab es nur bei unserem Leutnant. Der war für den Sprachunterricht in Französisch zuständig, der wie folgt ablief: Die Gruppe stand locker in Linie zu einem Glied vor dem Leutnant. Hinter ihr lauerte wie ein Damoklesschwert *Sergent-chef* Böller. Scheinbar unbeteiligt. Der Leutnant zeigte dann beispielsweise auf einen Stein: *„C'est un caillou."* Das ist ein Kieselstein. Wiederholen! Das ist ein Haus und das ist ein Baum. Und schon ging es los. Jeder, der nicht gleich alles behalten konnte, wurde nach den obligatorischen *Cinquante* von *Sergent-chef* Böller auf den nächsten Baum gejagt, auf ein Dach oder sonst wohin. Die Gescheuchten brüllten dann einer lauter als der andere: *„Ich bin ein Idiot!"* Der nächste antwortete: *„Ist nicht wahr, ich bin der größte Esel der Section!"* So schrieen zeitweilig mehrere Sprachschüler, was das Zeug hielt. Dazwischen dann die Hilferufe derjenigen, die auf die Toilette mussten.

Die anderen Gruppen im Sprachunterricht übten derweil Zielansprache. Lautstark natürlich. Wäre eine Gaudi gewesen, wenn es nicht immer Ohrfeigen und *Cinquantes* dazu gegeben hätte. Natürlich wurde nur noch Französisch gesprochen. Bei allem behielt der Leutnant *Contenance*. Feingliedrig mit hoher Stirn. Die Adern an den Schläfen traten hervor, wenn er laut reden musste. Stets wippte er auf den Fußballen. Er schien über uns zu schweben. Er hatte etwas, das man vielleicht am besten mit Charisma umschreibt. Wir lernten Französisch in einem Höllentempo. Größter Wert wurde auf die korrekte Benennung aller Waffenteile gelegt; bis ins letzte Detail. Nachts fragten wir uns gegenseitig ab. Auch hier schieden sich schnell die Geister. So war es nach einiger Zeit normal, dass sich die Ausbilder auf jene stürzten, die etwas hinterherhinkten. Mein Glück, dass ich einigermaßen mitkam. Mein Handicap war der *Caporal* an meiner Seite. Sonst ging es. Dann kam der Tag, an dem wir andere Waffen bekamen. Das Gewehr MAS 49, ein Selbstlader mit Zehnschuss-Magazin. Nachdem wir auch hier in Blitzesschnelle das Zerlegen und Zusammensetzen gelernt hatten, folgte die Übung „Präsentieren mit der Waffe". Wir kloppten Griffe, bis die Hände schmerzten. Hatte man uns doch versprochen, dass derjenige, der es schaffen würde, beim Präsentiergriff den Kolben abzuschlagen, einen Tag Sonderurlaub bekäme. Wir haben mit der Hand wie auf kaltes Eisen geschlagen. Die Dinger hielten. Wenn der ganze Zug präsentierte, hörten sich die Griffe „echt geil" an. So sagt ja man wohl heute. Einfach perfekt.

Überhaupt machten wir große Fortschritte und trugen nun auch olivfarbene Kampfanzüge. Den 15 km entfernten Schießplatz erreichten wir in Rekordzeiten.

*Fremdenlegionäre präsentieren das Gewehr anlässlich eines Ausrüstungsappelles in Mascara (Ende der 50er Jahre)*

Nur unsere Ausbilder waren der Ansicht, Schildkröten im Rückwärtsgang seien schneller als wir.

Auf der Schießbahn wurde der Umgangston merklich freundlicher. Viele kleine Dinge, der Ausbilder gab einem Feuer für die Zigarette, kleine Witzchen und so. Eben so, als sei man Kumpel. Keiner von uns traute dem Braten. Als es wieder einmal zum Schießplatz ging, achteten die Antreiber besonders darauf, wie wir mit unserem Wasservorrat in der Feldflasche umgingen. Einige tranken nach Ankunft unbeirrt ihre Flaschen leer, wie üblich. Das Ergebnis waren

Unmengen Schweiß. Die Kampfanzüge begannen vom ausgeschwitzten Salz silbern zu glänzen. Bisher hatten wir immer die Möglichkeit gehabt, aus einem kleinen Rinnsal auf dem Schießplatz Wasser nachzutanken. Das sollte sich nun ändern. Bullenhitze auf dem Schießgelände. Einzelne Kakteen spendeten dürftigen Schatten. Von einem Hügel mit einer verfallenen Grabstätte machten einige Legionäre Purzelbäume mit der Waffe den Hügel hinunter; begleitet von den Flüchen der Ausbilder. Immer noch beobachteten sie argwöhnisch, wie wir mit dem Wasser umgingen.

Mittagspause. Die Ersten wollten sich nun an der etwas versteckt liegenden Wasserstelle erfrischen und ihre leeren Feldflaschen füllen. Denkste! Ein scharfer Befehl: *„Kein Wasser fassen!"* Das Essen zuvor war schon recht scharf gewesen. Die Mittagssonne brannte unbarmherzig vom Himmel. Das Schießen wurde zur Tortour. Die Zunge klebte am Gaumen. Der Schädel dröhnte. Die Farben veränderten sich, die ganze Gegend schien unwirklich zu werden. Jetzt zeigt es sich was es heißt, Legionär zu sein. *„He, Kamerad, hast du einen Schluck Wasser?"* Es stank einem wirklich, aber was wollte man machen. Einige gaben widerwillig, andere fluchend, aber das Wasser wurde geteilt. Unsere Obrigkeit beobachtete die Szenen ohne Kommentar. *Hachmet*, die Sonne, wechselte ihren Standort nur langsam.

Durst, Durst! *Sergent-chef* Böller gab den Tipp: *„Nehmt Kieselsteine in den Mund."* Das half, jedenfalls für den Moment. Dann kam die Sauerei. Diesmal von unserem Leutnant. 24 Kakteen sollen ausgegraben werden. Je zwei Mann mussten einen Kaktus nach Hause tragen; mit Wurzeln, Sand und Würmern. Du stehst gebeugt und ringst nach Luft. Der Schweiß läuft in Strömen. Das Marschtempo geben die Ausbilder vor. Fünfzehn Kilometer. Trotz Androhung der fürchterlichsten Strafen zog sich die Kolonne schnell auseinander. *Caporal* Lott sauste nach hinten und wieder nach vorn, um mir in den Hintern zu treten. Da ich vorn lief, bremste ich so gut es ging. Immer wieder bekam ich dafür eines auf den Stahlhelm. Es sollte eine unvergessliche Lehrstunde für alle werden. Alles Fluchen half nichts. Schließlich war auch der letzte Tropfen Wasser verbraucht. Dann fing man an, diejenigen zu verfluchen, die in der Mittagszeit genüsslich ihre Flaschen geleert hatten. Du gibst trotzdem noch etwas ab. Genau der neben dir könnte dir ja vielleicht einmal das Leben retten. Weiß man das? Scheiße, Scheiße, Scheiße auf die Legion. Eben auf alles.

Am Ende der Kolonne fiel der Erste um. *Caporal* Linga setzte sich an den Straßenrand und betrachtete die nach Luft ringende Gestalt teilnahmslos. Über Funk hatte man einen Sanka gerufen. Da die *Infirmerie* (Sanitätsrevier) informiert worden war, was heute auf dem Programm stand, war sie vorbereitet. Noch zwei weitere Männer gaben auf bzw. fielen um. Dann erreichten wir unsere Unterkunft. Die Kakteen ablegen, dann antreten. Verdreckt und kaputt standen wir da. Nur ein Ziel, so schnell wie möglich an die Wasserhähne zu kommen. Dann aber kam der Moment, den ich in meiner Legionszeit und bis heute nicht vergessen sollte.

Achtung! Stillgestanden!

Unser *Sergent-chef,* umgeben von seinen Korporalen, erklärte nun lang und breit wie wichtig es sei, mit dem kostbaren Nass sinnvoll umzugehen. *„Leck mich doch am Arsch!",* dachte jeder.

Dann nahmen der *Sergent-chef* und sämtliche Ausbilder ihre Wasserflaschen von den Gürteln, öffneten sie und gossen zu unserem Erstaunen und Entsetzen den gesamten Inhalt auf den Boden. Niemals mehr in meinem Leben war der Wunsch, jemanden zu töten, größer als in diesem Moment. Und trotzdem sage ich heute nur: *„Chapeau!* – Ich ziehe den Hut!" Denn nun taten wir etwas völlig Verrücktes: Wir applaudierten unseren Vorgesetzten wie einer gefeierten Sängerin. Das hatte es in der Legion noch nicht gegeben. Lange wurde darüber gesprochen nach dem Motto: Die vierte *Section* ist völlig durchgeknallt. Der Vorfall führte jedoch dazu, dass wir Schulterschluss genommen hatten. Deutsche, Ungarn, Spanier, Italiener und sonstige Nationalitäten hatten begriffen, dass sie eine Einheit waren. Auch der Letzte schien zu kapieren, dass das alles doch einen tieferen Sinn haben musste.

Das Leiden war damit längst nicht vorbei. Die Ausbildung wurde noch härter. Die Tage schienen jedoch schneller zu vergehen. Man verstand nun einigermaßen, was gesagt wurde. Man wusste, wie man nachts, ohne von den Wachposten bemerkt zu werden, aus dem Fenster schleichen konnte, um Wäsche zu waschen. Die Scheißerei hatten wir auch langsam in den Griff bekommen. Schon zählte man die noch verbleibenden Tage und Wochen bis zum Ende der Ausbildung.

Da unterlief mir ein Fehler. Ein Fehler, wie er schlimmer nicht sein konnte. Ich bekam zum ersten Mal den Kopf *carré* (viereckig) gehauen. Wie konnte dies ausgerechnet mir passieren?

Ich hatte während des Exerzierens ein Kommando falsch verstanden. Es ging irgendwie um die Seitenrichtung in der Marschordnung. *Caporal* Lott führte das Kommando. Er ließ den Zug halten und brüllte mich an. Nichts Neues also. Ich weiß nicht, wer oder was mich dann geritten hat. Jedenfalls sagte ich laut und unüberhörbar: *„Lêche mon cul!"* – „Leck mich am Arsch." *Caporal* Lott wurde aschfahl im Gesicht; wahrscheinlich nicht nur dort. Es herrschte Grabesstille. Jeder hatte es gehört. Ganz klar ein Fall von Insubordination. In der Legion gleichgestellt mit Königsmord. Ein hinter mir stehender Landsmann von Lott zischte ihm auf Ungarisch noch zu, dass es von mir ein Versehen gewesen sei. Vergebens. Lott drehte sich wortlos um und ging zu den anderen Ausbildern. Offensichtlich berieten sie sich.

Zur Verteidigung kann ich anführen, dass ich mich tatsächlich versprochen hatte. Zu viele Worte, Begriffe, Namen, Bezeichnungen und sonst noch alles. Ich bekam als Flügelmann ja auch immer extra in die Rippen. Es rutschte mir einfach so raus. Wir haben im Glied, will sagen in der geschlossenen Ordnung der *Section,* immer leise gesprochen. Tipps, Hinweise, achte auf das, achte auf dies, um uns gegenseitig zu warnen und zu helfen. Ich weiß wirklich nicht, welcher

Teufel mich da geritten hatte. Doch es war ausgesprochen. Vor der Unterkunft hieß es wegtreten und Abendessen fassen. Keine Reaktion. Der ganze Zug spürte, da kommt noch was. *Caporal* Lott war beim Essen im *Refectoire* (Speisesaal) nicht dabei. Wir lungerten vor unserer Unterkunft herum und warteten auf das Unausweichliche.

Dann kam es.

Aus ihren Unterkünften traten die Ausbilder, einschließlich *Sergent-chef* Böller. Der hatte seine MPi auf dem Rücken mit eingeführtem Magazin. Alle wollten wir uns schnell verdrücken. Dann fiel mein Name. *Caporal* Lott hatte ihn gerufen. Ich stellte mich vor ihn, nahm vorschriftsmäßig Haltung an, brüllte Namen und *Matricule*. Strammstehen war nun einmal oberstes Gebot. Konnte man dem Strammstehenden doch problemlos in die Schnauze hauen. Lott hatte sein Barett auf.

Dann schlug er zu. Ich durfte mich nicht wehren. Ohne Barett, vielleicht hinter der Unterkunft, ja da hätte ich mich verteidigen können. Aber so? Ich bezog die schlimmsten Prügel, die ich je in meinem Leben bekommen habe. Ich ging auf die Knie, stand auf, Hände an der Hosennaht. Mein Kopf flog in alle Richtungen. Lott schien richtig zu explodieren. Irgendwann konnte ich keine Spannung mehr aufbauen, um Lotts Schlagkraft zu mildern. Ich versuchte nur, so dicht wie möglich an ihm zu bleiben. Er hatte inzwischen Schaum vor dem Mund. Sein Speichel legte sich wie Glibber auf mein Gesicht. In seinen Augen flackerte blanke Mordlust. Ich fiel gegen ihn vor Schwäche. *„Bring mich um Lott, sonst tu ich es irgendwann!"* Lott nahm wieder Fahrt auf. Er prügelte mich über den ganzen Hof, die sorgsam angepflanzten Kakteen gingen alle in die Brüche. Dann merkte ich, wie seine Schlagkraft nachließ. An Strammstehen war nicht mehr zu denken. Mein Mund war voll Blut. Ein Backenzahn war weg, ein anderer gespalten. Die Ohren kamen mir tatsächlich vor wie Blumenkohl. Die Augen waren zugeschwollen, die Sicht nahezu gleich Null. Die Zeit aber war noch nicht gekommen, um die Schmerzen zu spüren.

Früher hatte ich im Schwergewicht geboxt; mit 94 kg auf der Waage bei 192 cm Körperlänge. Geholfen hat es mir insofern, dass Lott mich nicht k. o. schlagen konnte. Ich weiß nicht wann, aber ein schneidender Befehl stoppte nun auch den rasenden *Caporal*. Ich hörte nur noch, wie unser Leutnant, bekleidet mit einem Bademantel, *„Schluss jetzt!"* sagte. Das war es. Lott und ich, nachdem ich mein Barett aufgesetzt hatte, grüßten unseren Leutnant. Rechte Hand am Barett, Handfläche nach vorn zeigend. Man hätte mich vors Kriegsgericht gebracht, wenn ich zurückgeschlagen hätte, das stand fest. Was ein Kriegsgericht bei der Legion bedeuten konnte, darüber möge man im Abschnitt über Colomb-Béchar nachlesen. Bevor ich noch wegtreten konnte, rief mich *Sergent-chef* Böller zu sich. Schwer atmend betrat ich seine Stube. Angenehme Kühle umfing mich. Der hatte doch tatsächlich einen Ventilator an der Decke hängen. Böller öffnete seinen Kühlschrank, entnahm zwei Flaschen *Bao* (Bier) und gab mir eine davon. Schweigend prosteten wir uns zu. Gierig versuchte ich das Bier zu trinken. Die verschwollenen Lippen ließen es nicht zu, und die Hälfte ging daneben. Der *Sergent-chef* betrachtete mich eine Weile, während ich versuchte Luft zu bekommen und wieder Fassung zu gewinnen. Schließlich fragte er mich, ob ich noch immer Legionär werden wolle. Trotz der Schmerzen schoss mir blitzartig durch den Kopf: Aufgepasst, der weiß was. Der hat sich über dich informiert.

Ich bejahte. Er bewunderte meine Nehmerqualitäten. Er hätte gerne gesehen, wie es gelaufen wäre, hätte ich mich wehren dürfen. Das sei aber eben nicht möglich. Vielsagend deutete er auf seine MPi und meinte so ganz nebenbei, er hätte mich umgelegt, falls ich Widerstand geleistet hätte. Einfach so. O. K., ich hatte Scheiße gebaut. Aber solch eine Reaktion von Böller? Etwas *très fort*, fand ich. In meinem Innersten fing der Keim an zu quellen, der Keim der Rache. Rache, so hatte ich einmal gehört, Rache ist ein Gericht, das kalt gegessen werden muss. Als ich endlich zum Waschen durfte, standen meine Stubenkameraden schon bereit. Jemand hatte Salbe besorgt. Salbe, die bestialisch stank, die aber Wunder wirkte. Sogar Pflaster hatten sie parat. Agrico, ein Italiener, hatte alles in der *Infirmerie* gemaust bei einer der vielen Impfungen. Ich schlief wie ein Toter. Selbst die Wanzen ließen mich in Ruhe, was etwas heißen will. Dass die Kameraden im Schlaf meine Beulen kühlten, merkte ich nicht mehr.

Der nächste Tag war ein Sonntag. Leichter Dienst. Französisch beim Leutnant, allerdings mit dem ewig gleichen Prozedere des Kletterns auf Bäume und Dächer.

Der Dienst in den nächsten Wochen ging ohne große Überraschungen weiter. *Caporal* Lott tat so, als sei nichts gewesen. Nur in die Augen blicken konnte er mir nicht mehr. Von Leuten anderer Züge erfuhr ich dann, dass diese Angelegenheit auch anders hätte ablaufen können. Ich hätte unseren Leutnant bitten sollen, die Auseinandersetzung ohne Kopfbedeckung hinter der Latrine von Mann zu Mann stattfinden zu lassen. Auf Augenhöhe sozusagen. Natürlich hatte sich das Ganze schnell herumgesprochen. Mein *Capo* war den ganz sicheren Weg gegangen. Unter diesem Vorzeichen zurückzuschlagen, hätte das sichere Ende für mich bedeutet. Auf alle Fälle wäre ich nach Durchlaufen der *Compagnie discipline*, der Strafkompanie, unehrenhaft aus der Fremdenlegion ausgestoßen worden. Um allen weiteren Anfechtungen aus dem Weg zu gehen, legte ich mir nunmehr äußerste Zurückhaltung auf.

Neben dem Dienst und der Ausbildung wurden wir nun regelmäßig zur Wache eingeteilt. Diesen Dienst taten bisher Legionäre, die von anderen Ausbildungszentren kamen. Auch hier warteten gemeine Fallen. Fallen, die den Wachdienst zum Nervenkitzel werden ließen. Von Aufständischen, von uns nur abwertend *Bonjouls* genannt, brauchten wir keine Überfälle zu befürchten. Dafür ließ sich die Umgegend viel zu gut überschauen. Natürlich war bekannt, dass uns die FLN beobachtete. Die Gefahr kam jedoch von den eigenen Leuten. Im Nahkampfunterricht wurde auch das Überwältigen und Ausschalten von Wachen geübt. Zur praktischen Umsetzung wurden Kommandos gebildet, die nachts einen Posten überwältigen sollten. Pech, wenn der es nicht rechtzeitig merkte. Ein Riesentheater gab es auch, wenn der Posten auf Zack war und von der Schusswaffe Gebrauch machte.

Auf dem rund fünf Quadratkilometer großen Ausbildungslager waren vier Ausbildungszüge in weit auseinanderliegenden Quartieren untergebracht. Den Mittelpunkt des Lagers bildete ein riesiger Wachturm. Direkt um den Turm gruppierten sich das Quartier einer *Section*, die Unterkunft für die Kraftfahrer, die Küche und das Lazarett. Im Gelände verstreut lagen einzelne Erdbunker und Unterkünfte für die Wachen. Alle Postenstände waren über Funk miteinander verbunden. Nur der einzelne Wachposten war auf sich alleine gestellt. Wache schieben war notwendig, aber an sich stinklangweilig. Auf dem Gelände gab es auch ein Unteroffiziersheim, in dem die *Caporal-chefs, Sergents, Sergent-chefs* bis zum *Adjudant-chef* nach Dienst verkehrten. Typen, die alles gesehen und erlebt hatten und die, wenn sie besoffen waren, auch zu allem fähig waren.

Das Unglück nahm seinen Lauf, als in stockfinsterer Nacht zwei Unteroffiziere, angeblich nur angeheitert, den Nachhauseweg antraten. Hätte der Mond geschienen, wer weiß; aber es war trotz eines sternenklaren Himmels so dunkel, dass man die Hand nicht vor Augen sah. Nun liegt es wohl in der Natur des Menschen, dass er sich unter bestimmten Umständen fürchtet; Legionäre nicht ausgenommen. Zudem stand wohl ein Mann Posten, der etwas nervös war. Die Späße der Unteroffiziere waren in der Regel derart laut, dass man sie schon von Weitem kommen hörte. Sie wollten ja auch keinen aufgebrannt bekommen, also immer schön Geräusche gemacht. Meist wurde dann der Posten *(Sentinelle)* aufgefordert, seine Waffe auszuhändigen. Widerstand er dieser Aufforderung, waren die Unteroffiziere meist zufrieden und gingen ihrer Wege. Jeder wusste, dass er um Himmelswillen nicht die Waffe aus der Hand geben durfte. Das hätte ein Strafverfahren übelster Art nach sich gezogen. Es wurden immer Parolen ausgegeben. Erkennungsworte, die täglich gewechselt wurden. Passwörter, die allen Personen abverlangt wurden, die sich einem Posten näherten. Die Parole war auch den Unteroffizieren bekannt. Subversive Elemente hatten keine Chance auf diesem Gelände.

Gegen Mitternacht machten sich die beiden Unteroffiziere auf den Weg zu ihrer Unterkunft. Wie üblich mit viel Trara und Gelächter. Jeder Posten hätte nun schon gewusst, aha, da kommen Unteroffiziere. Auch besagter Posten muss es gehört haben. Er stand am Kreuzweg zu zwei Unterkünften vor einem Olivenbaum. Wenig Sichtschutz für ihn, aber dennoch nicht sofort auszumachen. Legionär Letschkow stammte von der Krim und war als zuverlässig und sehr guter Schütze bekannt. Die beiden Unteroffiziere kannten die Postenstelle. Träumte er? Stand er in Gedanken am Ufer des Schwarzen Meeres oder in den wogenden Weizenfeldern der Ukraine? Was auch immer. Als die zwei sich bis auf 50 m Meter genähert hatten, hallte unmissverständlich und klar der Ruf durch die Nacht: *„Halte là! Parole?"* – Die beiden blieben weder stehen noch gaben sie die Parole. Vielleicht wollten sie dem Legionär die Waffe abnehmen. Einige Zeugen, die die

Rufe des Postens gehört hatten, sagten später aus, dass die letzte Aufforderung des Legionärs ziemlich verzweifelt geklungen habe. Ratsch, ratsch. Ein Schuss. Ratsch, ratsch der zweite. Aus der Hüfte, denn die beiden Unteroffiziere waren schon ziemlich nah. Das belegten auch die Fotos, die später gezeigt wurden. Beide Schüsse waren sofort tödlich.

Dann ging ein Theater los, das bis zum Morgen anhielt. Sofort wurden die Wachen verstärkt, damit keiner auf die Idee kam, stiften zu gehen. Diese Gefahr bestand immer noch. Einige warteten tatsächlich nur auf den richtigen Zeitpunkt, wie sie meinten. Natürlich waren wir alle schlauer geworden, nur nichts anmerken lassen. Schön in der Suppe mitschwimmen, nicht auffallen. Der Wachposten kam in Arrest. Die Untersuchungen begannen. Wie auch immer, Legionär Letschkow erhängte sich im Arrestraum. Kaum anzunehmen, dass man ihm dabei behilflich war, wie es ein Gerücht wissen wollte. War vielleicht doch alles ganz anders gewesen? Auch die, die angeblich etwas gehört haben wollten, verstummten schnell. *C'est la guerre.* Das ist der Krieg.

Was für ein Krieg. Die Stimmung war in allen Ausbildungszügen auf null gesunken. Die Ausbildung wurde wieder um ein paar Grade härter. Der Vorfall lieferte den Ausbildern einen schönen Grund, ihr Mütchen zu kühlen. Besonders auf dem *Parcours combatant*, der Hindernisbahn, von uns Affenbahn genannt. Jedem Rekruten und in allen Armeen der Welt hinlänglich bekannt.

Unser Parcours aber unterschied sich gewaltig von den allgemein üblichen Hindernisbahnen. Er hatte etwas Besonderes, etwas Brutales. Etwas, was einem die Ohnmacht gegenüber den Ausbildern ganz besonders bewusst machte. Egal, ob sie nun mit ihren Springerstiefeln den in der Mistbrühe Krauchenden die Köpfe runterdrückten, dass sie fast ersoffen, oder dass man uns mit zehn Kilo Steinen Extra-Ballast im Rucksack über glatt geschliffene, drei Meter hohe Eskaladierwände jagte. Der scharfe Bandstacheldraht, auch als NATO-Draht bekannt, zerfetzte so manchen Rücken und so manches Gesäß. Die Hindernisse ließen sich variabel verstellen. Verließ man sich leichtsinnigerweise auf die Anordnung beim ersten Mal, flog man beim zweiten Mal auf die Schnauze, weil alles verändert worden war.

Natürlich wurde den „Schwachen und Bedürftigen" geholfen. Die Ausbilder prügelten sie über die Hindernisse. Die so „Geförderten" geisterten am Rande der Verzweiflung über die Affenbahn; zur Freude der Ausbilder.

Brüche, Verstauchungen, Prellungen und Zerrungen – alles kam vor. Nach der Affenbahn schlichen die einen ins Quartier, die anderen in die *Infirmerie*, das Sanitätsrevier. Doch zuerst wurde nach kurzer Verschnaufpause wieder angetreten. Dann kam der Befehl: *„Chanter!"* („Singen!") Mit dem schönen deutschen Volkslied *„Es steht eine Mühle im Schwarzwäldertal"*, gesungen auf Französisch, ging es dann mit geschultertem Gewehr im langsamen Paradenmarschtempo in Richtung Unterkunft. Zuvor wurden die Karabinerschlösser geöffnet, so als wollte man eine Patrone ins Patronenlager einführen. Dann wurde der Karabiner auf die rechte Schulter genommen. Die rechte Hand umfasste die Kolbenplatte und balancierte die Waffe. Steil nach oben stand das Gewehr, streng nach französischem Zeremoniell. Nur dass die geöffnete Kammer des Karabiners höllisch aufs Schlüsselbein drückte. (Bei Paraden oder dergleichen wurde natürlich auch bei der Legion mit geschlossener Kammer marschiert.)

Die schaukelnden Waffen, die abgeschundenen Legionäre und das laute Singen bereiteten den Ausbildern viel Spaß. Kippte die Flinte, gab es die üblichen *Cinquante*. Der Weg von der Affenbahn zur Unterkunft konnte zur Qual werden, zur *Infirmerie* sowieso. Besonders wenn es zum Impfen ging.

Das Gesundheitswesen der Fremdenlegion – für alle Neuen ein Buch mit sieben Siegeln. Schluckten und fraßen wir doch blind alles, was man uns verabreichte. Fragte einer nach, gab's einen Schlag aufs Maul. *„Pour la santé.“* Für die Gesundheit. Gesund wollten zwar alle bleiben, aber nicht immer was aufs Maul bekommen. Risiken und Nebenwirkungen der Arzneien? Übelkeit und zeitweise Schwindel. Klar war, dass Abwehrkräfte und Immunsystem auf Vordermann gebracht werden sollten. So weit in Ordnung. Nur diese verdammten Spritzen. Sie waren gefürchtet. Die Dinger sahen schon aus, als hätte man sie einer Antikensammlung entliehen. Diese Nadeln! Alle, ohne Ausnahme, hatten wir Muffe vor den Dingern. Spritzen gab es meist ohne vorherige Ankündigung. Verständlich. Einige wären wahrscheinlich lieber abgehauen. Sicher etwas übertrieben, aber nicht allzu weit hergeholt.

Manchmal ließ sich ein Sanitäter dazu herab, in einem meist unverständlichen Französisch etwas von Malaria-Serum oder von Wer-weiß-was zu murmeln. Die meisten wahrten jedoch ihre Geheimnisse. Nachdem wir alle Spritzen intus hatten, hätten wir wahrscheinlich ohne Folgen Hufeisen und Stahlnägel fressen können.

Eine bestimmte Impfung blieb allen unvergessen. Mit dem fröhlichen *„Oh du schöner Westerwald“* auf den Lippen ging es, geleitet von den Ausbildern, vom Hof. Ihr Grinsen wirkte befremdlich und erweckte Misstrauen. Was hatte das zu bedeuten? Wir ahnten nicht, dass diese Hunde Wetten abgeschlossen hatten. Des Pudels Kern kam dann in der *Infirmerie* zum Vorschein. Sehr viel Personal heute. Wegen einer Spritze pro Mann? Ein Beatmungsgerät fiel sofort ins Auge. Was ging hier ab?

Auf dem Hof parkten mehrere Sankas (Rettungswagen). Alles war sehr um Ruhe bemüht. Klappte aber nicht. In der Mitte des Raumes stand ein *Colonel*[10] im geöffneten weißen Kittel, die Hände in die Hüften gestützt. Die linke Brusthälfte mit Orden aller Art dekoriert. Ein silberner Schnauzbart, in der rechten Augenhöhle ein Glasauge, davor ein Monokel, welches das künstliche Auge noch unechter und gefährlicher erscheinen ließ. Ein lebendes, grandioses

---

[10] *Colonel* = Oberst.

Legionsfossil; auf alle Fälle Respekt erheischend. Ich war mal wieder als Erster an der Reihe. Man reichte ihm eine Spritze, die mir so groß wie eine Champagnerflasche vorkam. Diese Spritze machte den ersten, positiven Eindruck vom *Colonel* völlig zunichte. Unsere Karabiner waren auf dem Hof zu Dreieckspyramiden zusammengestellt worden und standen unter Bewachung. Und wir standen nun in langer Reihe vor dem Arzt. Allen war nun klar, heute gibt es den „48-Stunden-Brenner". Eine Spritze, nach deren Verabreichung 48 Stunden absolute Ruhe befohlen war. Liegen, schlafen, ausruhen. Welch schöne Aussichten. Denkste! Wir hatten von dieser Spritze gerüchteweise schon gehört. Dass sie einen vor fast allem schützte, was so an Viren und Bakterien angeflogen kam. Daran glaubten alle; eine andere Wahl hatte man ja auch kaum. Dass dieses Ding einen Eskimo vom Schlitten hauen konnte, davon hatte aber keiner etwas gesagt.

Die Ausbilder hatten untereinander Wetten abgeschlossen, wer von den „Blauen" als Erster umfällt und wer es wieder bis zur Unterkunft zurück schafft. Daher die stille Vorfreude. Schlagartig war mein Mund trocken. Die Handflächen wurden feucht. Der Drang, sofort pinkeln zu müssen, war übermächtig. Half alles nichts. Als Erstem jagte – ich schreibe bewusst jagte – der Arzt mir die Spritze in die Brust. Außer dem Einstich war zunächst nichts zu spüren. Dann die Explosion im Brustkorb und ein Gefühl, als hätte man kochende Salzsäure getrunken. Der Schmerz schoss hoch in den Kopf, der Schädel schien platzen zu wollen. Dann ging es abwärts. Die Knie wurden weich. Es war einfach zum Kotzen. Das tat ich dann auch. Zu meiner Ehre: Ich fiel nicht um. Unbeschreibliches spielte sich hinter mir ab. Schmerzensschreie. Natürlich fielen einige gleich um; wie viele es waren, blieb mir verborgen. Eifrig notierten die Ausbilder ihre Gewinne und Verluste. Ich schaffte es bis zurück in die Stube, um dann wie eine Bahnschranke ins Bett zu plumpsen und in einen unruhigen Schlaf zu fallen. Durch die halbgeöffneten Lider erblickte ich *Caporal* Kathul, der mich angrinste. Der Hund hatte auf mich gesetzt und gewonnen.

In den folgenden 48 Stunden kümmerten sich die Ausbilder wie Krankenschwestern um uns. Es gab nichts, was diese so verhassten Kerle nicht für uns taten. Ehrlich! Auch das ist die Fremdenlegion. Nach 48 Stunden war der Spuk vorbei. Einige hatten nur ordentlich schwitzen müssen, andere hohes Fieber bekommen. Manche wurden tatsächlich zur Beobachtung ins Krankenhaus nach Mascara eingewiesen. Bis heute weiß ich nicht, was man uns da verpasst hatte. Umgebracht hat es aber niemanden. – Die Zeit verrann zäh, dennoch näherten wir uns dem letzten Drittel unserer Ausbildung. Die Stimmung besserte sich langsam. Der Umgangston wurde ein wenig kameradschaftlicher. Es gab weniger Probleme mit den Ausbildern. Ein kleines, fast beiläufiges Ereignis brachte alles wieder ins Wanken. Hungrig, wie jeden Tag, standen wir Schlange vor dem *Refectoire*, der Kantine. Jeden Tag wechselte der Dienst bei der Essensausgabe. Jeweils zwei Mann wurden eingeteilt. Es sollte Straßburger Würstchen mit Sauerkraut und Kartoffeln geben. Drei Ausbilder aßen als Aufsichten bei uns mit. Der Rest speiste im Unteroffizierskasino. 48 Mann, vier Ausbilder, und jeder sollte zum Sauerkraut und den Kartoffeln zwei Würstchen fassen. 104 Würstchen insgesamt also. Auf dem Thermokübel stand klar und deutlich „110". Der Ablauf, der nun beschrieben wird, ist keine Kopie aus *Die Caine war ihr Schicksal*.

Einer gab das Kraut und die Kartoffeln aus; Legionär Binsel war für die Wurst zuständig. Den obligatorischen Tischwein verteilten die Ausbilder, wie immer. Wir standen vor unseren Plätzen, das Essen vor uns, und warteten darauf, dass der diensthabende *Caporal* Lott mit dem üblichen *„Bon appétit!"* das Essen eröffnete.

Nachdem *Caporal* Lott alles kontrolliert hatte, einschließlich der Thermokübel, ging das Theater los. Er hatte mit geübtem Auge festgestellt, dass im Wurstkübel nur noch vier Würstchen schwammen. 110 Würstchen stand auf dem Lieferschein, oder was immer das war. Was nicht sein konnte, durfte nicht sein. Zwei Würstchen fehlten. Hm. Grundsätzlich wird in der Legion nicht geklaut, egal was du früher einmal gemacht hast, völlig egal. Oder etwa doch? Ein Unding für *Caporal* Lott. Es ging nicht darum, dass einer zu kurz gekommen wäre, nein, es ging ums Prinzip, die Disziplin. Um die Glaubwürdigkeit und letztlich auch um die Ehre. Es folgte nun ein Szenario, bei dem der Teufel persönlich Regie geführt haben konnte. *„Fini!"* Ende. Alle raus! Einige versuchten noch schnell einige Bissen zu verdrücken, wurden aber von den anderen *Caporaux* mit Schlägen daran gehindert. Ein Geschiebe und Gedränge. Soßen- und Weinflecken auf den Uniformen.

In Linie angetreten! Die beiden Küchenhelfer mussten die Kübel auf den Hof tragen. *Caporal* Lott lief zur Hochform auf. Breitbeinig, die Hände in die Hüften gestützt, erzählte er uns was weiß ich nicht alles. Das Essen wurde langsam kalt.

Dann fragte er: *„Wer hat die Würstchen geklaut?"* Allein die Frage schien ihm äußerste Pein zu bereiten. So, als hätte jemand seine Mutter vergewaltigt. (Ich bezweifle jedoch, dass *Capo* Lott überhaupt eine Mutter gehabt hat.)

*„Wer war es – sonst bleibt ihr hier stehen, bis eure fünf Jahre um sind!"*

Eine einfache Frage, auf die es eine einfache Antwort gegeben hätte. Hätte ich mich beispielsweise mit einem lauten *„Ich!"* gemeldet, hätte ich etwas Stress bekommen und die Sache wäre mit einem Arschtritt oder einer Ohrfeige vom Tisch gewesen.

Stille.

*„Wer?"* Lott schaukelte auf seinen Sohlen. Die Stirnadern traten hervor. *„Wer?"*

Betretene Stille.

Aus dem zweiten Glied ertönte die Stimme von Sanches Silva, einem Spanier: *„Ich war es!"*

Gemurmel im Glied. Lott sah ihn gar nicht, spürte er doch, dass Silva es gar nicht gewesen sein konnte. Sein Mut imponierte Lott jedoch. *„Silva vortreten!"* Silva trat vor. *„Du kannst jetzt essen gehen."* Silva ging. *„Der Nächste, der fälschlicherweise behauptet, er sei es gewesen, bekommt die Latrinentour verpasst!"*

Mann, oh Mann. Die ganze Zeit über brannte die Sonne auf unsere Köpfe. Wieder die Frage: *„Wer?"*

Nun wurde es langsam peinlich. Langsam kroch in allen die Wut hoch. Egal auf was. Allein die Tatsache, dass hier 48 Mann wie Idioten in der Sonne stehen und eine noch idiotischere Frage beantworten sollten. Eine feige Sau, oder besser gesagt, eine arme Sau war unter uns. Mit jeder Minute, die so verstrich, erhöhte sich die Aussicht auf Bestrafung gewaltig. In der linken Hand zwei Geschirrteile. Eines mit Kartoffeln, das andere mit Sauerkraut und den zwei Würstchen, in der rechten Hand den Trinkbecher mit *Pinot* (Rotwein). Da trat doch tatsächlich Legionär Binsel vor und bekannte kleinlaut: *„Ich war es."* Binsel, selbst nur ein halbes Würstchen. Letzter Mann im letzten Glied. Immer bemüht, nicht aufzufallen. Aber kein schlechter Schütze. Auch mit dem Französischen kam er gut zurecht. Aber sonst?

Legionär Binsels ständiger Begleiter war die Angst. Egal wann, egal wo, Binsel hatte immer Muffengang. Er hatte die Wurst verteilt. Na endlich, dachten wir. Der darf jetzt ein wenig durchs Gelände krauchen, kassiert ein paar warme Ohren, und das war es dann. *„Hast du die Würstchen schon gegessen?" „Ja." „Dann wollen wir einmal sehen, ob du sie schon verdaut hast."*

Die *Section* musste nun einen großen Kreis bilden. Dann durften wir mit den Essnäpfen in der Hand loslaufen. Zwei Mann hatten Legionär Binsel in die Mitte genommen und hielten ihn an den Armen fest. *Caporal* Lott erklärte nun das Spiel. Jeder, der an Binsel vorbeiläuft, stellt blitzschnell sein Geschirr ab. Danach aufrichten und Binsel eine ins Gesicht schlagen. Zuerst wurde der Kreis vergrößert. Abstand genommen. *„Wer nicht richtig zuschlägt, hat selber die Folgen zu tragen."* Zuerst sollte ein Probelauf stattfinden. Als Flügelmann musste ich als Erster zuschlagen. Ich hatte gerade eine äußerst milde Ohrfeige abgeliefert, als mich der Huf eines Pferdes traf, direkt hinter das Ohr. Ich flog mit meinem Essgeschirr einschließlich Inhalt zu Boden. *Caporal* Linga, ein Ochse von Kerl und dazu noch Landsmann, hatte mir eine verpasst. Diese stiere bayerische Wildsau. Ich rappelte mich auf. Mein Essen war schön auf der Uniform verteilt. *„Nochmal!"* Der Befehl kam von Lott. Der arme Binsel. Ich schlug zu. Der Nächste und der Übernächste. Jeder Schlag ein Treffer. Jeder, der nur so tat, fing sich einen Jagdhieb von *Capo* Linga ein. Das Schicksal meinte es schließlich doch noch gut mit Binsel. Nach einem Dutzend Schläge ging er k. o. In einer gewaltigen Staubfahne näherte sich unser Leutnant mir seinem Jeep. Stillgestanden! Die Ausbilder mussten Meldung machen. Binsel wurde auf den Jeep verfrachtet und ins Sanitätsrevier gebracht. Er lag Wochen im Lazarett. Sein Kehlkopf war zertrümmert. Binsel versuchte später zu fliehen, wurde gefasst und unehrenhaft aus der Fremdenlegion ausgestoßen. Würstchen mag ich seitdem nicht mehr. Zugegeben, wir fingen irgendwo an zu verrohen. Andererseits hatten wir einen Kontrakt unterschrieben und mussten zu unserem Wort stehen.

Kurz vor Ende der Ausbildung. Die Ausbilder selber betrachteten uns inzwischen fast wie Ihresgleichen. Sie zeigten uns, wie man seine Uniformhemden richtig bügelt. Hier ein Tipp, dort ein Trick. Selbst bei der Nahkampfausbildung wurde nicht mehr durchgeschlagen oder durchgetreten. Die *Cinquante* waren schon fast unanständig. Der wahre Grund jedoch war der, man könnte sich ja bald in irgendeinem Einsatzverband begegnen. Bestimmt nicht wenige hatten den brutalen Schleifern Rache geschworen. Ehre hin, Ehre her. Zuviel war geschehen.

Ansonsten lief alles nach Plan. Die Huren kamen einmal im Monat. Richtig, auch das wurde von der Legion organisiert.

Der erste, vom Regiment angewiesene Besuch war schon ein echter Höhepunkt. Unter der Aufsicht und dem Beifall unserer *Caporaux* standen wir in Reihe vor einem Zelt. Da ich als Größter vorne stand, durfte ich auch als Erster eine der drei Damen beglücken. Zuvor allerdings hatte ein gleichmütiger Sani unser bestes Stück inspiziert. Dann hieß es: *„Feuer frei."* Unter dem Gejohle aller ging es zur Sache. Die Damen waren schwarz, fett und von unbestimmtem Alter. Jahrelanges Training ließ ihre Vaginen zuschnappen wie Rattenfallen. Der Rest lief ab wie das maschinelle Annähen eines Hosenknopfes. *„Le prochain s'il vous plait!"* Der Nächste bitte! In knapp einer Stunde waren 48 Mann abgearbeitet. Jedem wurde 15 Franc vom Sold abgezogen.

Danach zog das Wanderbordell wieder ab, und wir besoffen uns gewaltig, wobei jeder nochmals jeden durch den Kakao zog.

Diskussionen um Würstchen gab es auch keine mehr. Wir waren körperlich topfit und hatten inzwischen sogar gute und moderne Waffen bekommen. Ein neuer tarngestreifter Kampfanzug war ausgegeben worden, die *Tenue camouflage*. Einige hatten sogar schon Ausgang nach Mascara erhalten. Ich nicht. Irgendetwas stand also in meinen Papieren. Leckt mich doch.

Es war Hochsommer in Afrika. Bullenhitze. Keine Sau ging freiwillig vor die Tür. Da kam der Befehl aus heiterem Himmel und natürlich direkt nach dem Essen. Man wollte sich gerade auf die Betten hauen. Es war 12.30 Uhr. Die Zeit ist für den weiteren Verlauf der Ereignisse wichtig. Der Befehl lautete: Die *Section* steht um 13.00 Uhr auf dem Rollfeld, genau in der Mitte, wo sich die Rollbahnen kreuzen. Von allen anderen Zügen gleich weit entfernt. Der Clou jedoch war – in Paradeuniform! Das heißt, Stiefel auf Hochglanz, Khakihemd und Hose mit den vorgeschriebenen 13 Falten auf Rücken, Ärmeln und der Brust. Um die Hüfte die dunkelblaue Bauchbinde, *Ceinture bleue* oder schlicht *Ceinturon* genannt. Diese mehrere Meter lange Wickelbinde anzulegen, trieb manchen fast in den Wahnsinn. Dazu die Epauletten, Schulterstücke mit roten Fransen. Und das *Képi blanc*. Schneeweiß natürlich, ohne Schutzüberzug. *Ceinture* – Koppel – mit Patronentaschen und Bajonett. Großer Anstrich also. Aber warum? Wilde Gerüchte kursierten, aber keiner kam auf den wahren Grund. Das Ganze sollte sich als eine Art Abschreckungsritual entpuppen. Um 12.45 Uhr stand der Zug; ernst und gefasst. Kurze Überprüfung. Der Leutnant trat aus seiner Unterkunft. Der *Sergent-chef befahl*: *„Waffe präsentieren!"* Danach *„Im Gleichschritt – Marsch."*

*Ein Lied!"* „*Le soleil brille"* – Die Sonne scheint[11]. Aus den umliegenden Unterkünften marschierten die anderen Züge des Ausbildungsregiments; ebenfalls mit Gesang. Alle in die gleiche Richtung, zur Mitte der Rollbahn. Eigentlich ein schönes Bild. Der legionseigene Marschrhythmus, der Gesang. Nur es war mittags. Die Sonne brannte vom Himmel, heiß und unbarmherzig. Pünktlich um 13.00 Uhr standen rund 240 Legionäre auf dem Platz. Das übliche Prozedere. Die Kompanien bildeten ein offenes Viereck. Der Standortkommandant rief die Offiziere zu sich. Dann entfernten sich die Herren in einem Geländewagen. Mit im Glied standen nun auch unsere Ausbilder. Sie schwitzten wie wir. Ein *Adjudant-chef* gab nun das Kommando. „*Achtung – Stillgestanden!"* 480 Hacken knallten zusammen. Das Kreuz durchgedrückt, das Kinn an der Binde. Die rechte Hand umspannte den Schaft der Waffe. Die Knie durchgedrückt, eben in Habachtstellung. Und nun? Eigentlich hätten nun Folgekommandos erschallen müssen. Nichts. Wir standen mit zusammengekniffenen Arschbacken, zwischen denen langsam der Schweiß hinunterlief. Ein besonders unangenehmes Jucken machte sich bemerkbar. Was soll der Scheiß hier? Selbst die Ausbilder fingen leise an zu knurren. Wir jedoch standen stramm. Es soll knapp 60 Minuten gedauert haben. 60 Minuten, die einen fast in den Wahnsinn getrieben haben. Der Schweiß rann unaufhörlich aus den Haaren über das Gesicht, brannte in den Augen, lief den Nacken hinunter über den Rücken. Unter den Armen tropfte es regelrecht. Die hellen Hemden zeigten schon große dunkle Schweißflecken. Die Füße brannten in den Stiefeln. Der Rollsplitt des Flugplatzes schien ebenfalls zu kochen. Einige fingen an zu wanken. Die Hintermänner bewahrten sie vor dem Umfallen. Hier sollte uns eine Lektion erteilt werden. Eine Lektion zu einem hochbrisanten Thema.

Desertion!

Nach den 60 Minuten, die längsten in meinem Leben, näherte sich von weitem ein Fahrzeug. Ein großer offener Geländewagen. Auf dem Fahrzeug standen vier Wachen. In jeder Ecke einer; Bajonett aufgepflanzt, in Paradeuniform. Dem Fahrzeug folgten unsere Offiziere. Kommandos erschollen. Die Griffe nicht mehr ganz so exakt wie üblich. Das ganze Ausbildungsregiment stand nun mit präsentiertem Gewehr. Der Standortkommandant grüßte. Bei der Ansprache hallten seine Worte wie ein Kugelhagel in unsere Ohren. Wie toll es doch sei, Legionär zu sein. Wie schön der Dienst und die Zukunft. Trotzdem gäbe es einige Individuen, die sich feige aus ihrem Kontrakt stehlen wollten. Aber nicht mit der Legion! Die Legion ist die Familie und die Familie sorgt für jeden. Bewahrt ihn auch vor großen Fehlern. Wer fahnenflüchtig wird, riskiert daher auch sein Leben. Damit das allen eine Lehre sei, habe man ein Exempel statuiert.

Die Klappen an den Seiten und hinten am Geländewagen wurden geöffnet. Dann wurde etwas von der Ladefläche gestoßen. Ein Mensch – ein

---

[11] Gesungen nach der Melodie des deutschen Fallschirmjägerliedes „*Rot scheint die Sonne, fertig gemacht, wer weiß, ob sie morgen für uns auch noch lacht"*.

Fremdenlegionär! Einer, der glaubte, es schaffen zu können. Sein Zustand war unbeschreiblich. Was hatte man mit diesem Mann alles angestellt? War einem schon kotzübel wegen der Hitze, nun noch das. Irgendwie wurde der Haufen Restmensch wieder auf den Wagen bugsiert. Der Betroffene gab keinen Mucks von sich. Zumindest lebte er noch. Was heißt noch? Würde er jemals wieder ein normaler Mensch sein können? Wohl kaum zu glauben. Keiner hat je erfahren, wer er war oder was er einmal war. Die Legion saugt alles und jeden auf. Ohne Gesang marschierten wir in unsere Unterkünfte zurück.

Sterben für die Legion sei ehrenvoll, hieß es. Notfalls schlagen sie dich auch selber tot. Überhaupt, was ist am Tod ehrenvoll?

Die Frage nach dem Sinn des Ganzen drängte sich mir schon damals auf. Sinn machte die Kameradschaft in der Legion. Die Kameradschaft war es, die uns immer wieder unvorstellbare Strapazen aushalten und übermenschliche Leistungen erbringen ließ. Das zählte, das war sichtbar. Das gab dem Wunsch nach Überleben einen Sinn.

## Durch die Mangel

Wie kann ein solch zusammengewürfelter Haufen wie die Fremdenlegion, können so viele unterschiedliche Nationalitäten, so viele unterschiedliche Mentalitäten und Charaktere miteinander klarkommen und als Truppe funktionieren? Undenkbar? Im Gegenteil: Es funktioniert alles wunderbar. Ein Wort nur: Disziplin. Disziplin in einer Form, wie sie der Normalbürger wohl kaum im Leben erfahren wird. Es sei denn, er hat bei der Fremdenlegion gedient.

Der Patient (Legionärsanwärter) wird erst einmal durch die Mangel gedreht, gewendet, ausgeklopft, durchleuchtet, sodann wird der so Gelüftete in eine Art Koma versetzt. In dieser Form wird ihm dann durch physischen und psychischen Druck, auch Anwendung diverser, dem Patienten unbekannter Medikamente, das Querdenken ausgetrieben. Diesem Druck kannst du nicht widerstehen. Willst du ja auch gar nicht. Männer mit hohem IQ, Männer zuvor angeblich stahlhart – jeder ging durch dieses Reinigungsbad. Dabei wurden aus „blauen Säcken" Legionäre gemacht; scheibchenweise zu neuen Menschen geformt. Danach herrschte Völkerverständigung *à la confiture*, wie der Franzose sagt. Alles Blutsbrüder. Keine Rassendiskriminierung. Mehr oder weniger gut oder schlecht sprachen wir dieselbe Sprache, ähnlich dem bekannten Seemanns-Englisch. Ein Kauderwelsch mitunter zum Heulen, aber auch zum Lachen. Außenstehende haben im Gespräch mit Legionären oft kopfschüttelnd abgewunken. So hatte die Legion ihre eigene Sprache, eigene Sitten und Gebräuche. Konnte der künftige Legionär auch noch fehlerfrei den Text der Legionshymne *Le*

*boudin* (Die Blutwurst) singen, war er geläutert. Dann war er ein Fremdenlegionär, kein „blauer Sack" mehr. Mit dem Augenblick, in dem er das *Képi
blanc* tragen durfte, wurde er sozusagen unantastbar. Er war schon jetzt
Legion; eingebunden in eine Gemeinschaft, in der einer für den anderen
stand. Bis zum Tod, wenn es sein musste. Nur eines zählte noch: *Legio
Patria Nostra* – Die Legion ist unser Vaterland.

Szenenwechsel. Zwei Tage am Meer, baden, erholen und Kraft für Ausbildung
und Dienst tanken. Es ging nach Arzew. Felsenküste, toller Strand. Als wir die
Steilküste erblickten, wussten wir schon, dass sie uns dort bestimmt noch hoch-
jagen würden. Zuerst waren jedoch schwimmen, planschen und in der Sonne
liegen angesagt. Ein längst vergessen geglaubtes Wohlbefinden übermannte die
geschundenen Körper. Die Sonne fühlte sich ganz anders auf der Haut; nicht so
unbarmherzig brennend und sengend wie in Thierville. Braun waren wir alle,
tiefbraun. Nur die obere Hälfte der Stirn blinkte noch weiß. Das kam vom
Stahlhelm oder Barett. Nicht einmal Rachegedanken gegen die mit uns schwim-
menden Ausbilder machten sich breit. Obwohl – man könnte beim Rumtollen
im Wasser ja rein zufällig prüfen, wie viel Wasser sie saufen können? Natürlich
keine halbe Stunde unter Wasser halten, wie einige meinten. *Sergent-chef* Böller
saß schließlich oben am Rand der Steilküste mit Fernglas und – man staune
– nicht mit seiner MPi, sondern mit einem Karabiner, der für den Schuss auf
größere Entfernung besser geeignet war. Waren die misstrauisch. Na gut. Man
genoss also die Stunden, lebte den Moment. Das war es dann aber auch schon.

Wie aus heiterem Himmel kam dann so ein Ding, vor dem selbst der Teufel
seinen Schwanz eingezogen hätte. In der Fremdenlegion gab es eine Unzahl von
Bestrafungen. Das aber, was wir hier erlebten, gehört zweifellos zur perversesten
Kategorie: *„Le Tombeau"*, die Gruft.

In unmittelbarer Nähe des Strandes, wo wir unser Biwak aufgeschlagen hatten, befand sich eine Postenstelle, die immer mit einem Trupp Legionäre besetzt
war. Deren Aufgabe bestand eigentlich darin, Tag und Nacht das Leben am
Strand zu beobachten. Aber auch, um unangenehme Überraschungen von den
Badenden fern zu halten. Uns also vor möglichen FLN-Überfällen zu schützen.
Gleichzeitig hatte dieser Posten auch die Aufgabe, verhängte Strafen zu über-
wachen. Zuerst fiel uns auf, dass Tag und Nacht an einer bestimmten Stelle
ein Legionär in Paradeuniform stand, mit Karabiner und aufgepflanztem Bajonett. Also etwas Hochoffizielles. Aber was? Es war *Le Tombeau*, ein Loch, rund
50 cm tief, einen Meter breit und zwei Meter lang. Im Loch scharfkantige
Steine. Quer über dem Loch Stacheldraht, verankert an rundum in die Erde
getriebenen Pflöcken. Im Loch lag ein Mensch, ein Legionär. Einer von vielen,
die glaubten, man könne Nordafrika und der Legion schwimmend entkommen. Der Bestrafte durfte sich sogar aussuchen, ob er auf dem Bauch oder auf

dem Rücken liegen wollte. Der Aufenthalt im Loch dauerte meist zwei bis drei Tage. – Wir mussten es uns ansehen. Rein zufällig führte unser Weg am *Tombeau* vorbei. Das Gesicht des Delinquenten war von Sand bedeckt. Sand, der durch den ewigen Küstenwind in Augen, Mund und Nase geweht wurde. Keine Möglichkeit, sich zu bewegen. Man lag wie in einem Sarg. Die Sonne brannte gnadenlos vom Himmel. Nachts fror man fürchterlich. Die Steine am Boden marterten unsäglich. Der Sand im Gesicht verkrustete mit dem Schweiß, verhinderte praktisch noch schlimmere Verbrennungen. Zweimal täglich wurde dem Mann Wasser gegeben, zu wenig eigentlich. Was aber musste solch ein Mensch ertragen? Sogar der Posten hatte keinen beneidenswerten Job. Alle zwei Stunden Ablösung. Manche Posten stellten sich zwischen die Sonne und das Loch, wenn auch nur für wenige Minuten. Sie riskierten einiges, wenn sie beobachtet wurden.

Wir hatten es gesehen und waren entsetzt, obwohl wir doch schon so manches erlebt und mitgemacht hatten. Keinerlei Kommentar von den Ausbildern. Es war nicht zu überbieten. Wie harmlos sollte dagegen eine bei uns gefürchtete Bestrafung sein, die sich „der lange Weg" nannte.

An diesem Tage dachten einige Optimisten, sie kämen mit einigen hundert Liegestützen und vielleicht ein paar Schlägen in den Nacken über die Runden. Das wäre ein ganz normaler Tag gewesen. Wegen vergessener Löffel oder Heringe. Diese Dinger, mit denen ein Zelt befestigt wird. Deshalb fällt doch die Welt nicht aus den Angeln. Aber diese kleinen, so unwichtigen Dinge, wie wir meinten, wurden von unseren Ausbildern mit der Akribie von Finanzbeamten säuberlich notiert. Frei nach der Devise: Viel wenig ist auch ein viel!

Allerdings gab es aber auch eine Vorschrift, und die besagte, dass alles immer vollständig sein musste. Eigentlich kein Novum. Dieser Grundsatz gilt auch heute noch in den Armeen der Welt. Im Klartext hieß das in der Legion, dass alles an persönlicher Ausrüstung Empfangene, so nicht in Gebrauch, im Seesack oder Rucksack sein musste. Alles hatte seinen Ort, Sinn und seinen Zweck. Man hatte es bekommen, nun musste man es hegen und pflegen. Ging etwas zu Bruch, wurde es ersetzt. Wehe aber, wenn etwas verbummelt, verloren oder vergessen wurde!

Warum das alles? Das kleine Wort *Revue* – Bekleidungs- und Ausrüstungsappell bzw. -kontrolle – legte die *Légion Étrangère* nach ihrer Art aus. Die *Revue* wurde zum Festtag für Perverse und Sadisten. Die Kontrollen kamen immer dann, wenn man sie am wenigsten gebrauchen konnte. Nachts oder direkt vor Antritt eines Marsches. Beliebt auch beim Pausieren auf dem Schießplatz. Meist landeten die Ausbilder immer Volltreffer. Begleitet von gemeinen Sprüchen und vom Klatschen der Ohrfeigen, notierten sie peinlichst, was fehlte oder defekt war. Selbst das Fehlen von Winzigkeiten wie Nadel und Faden grenzte für sie schon an Hochverrat. Es war zum Kotzen. Welche Strafe wäre solch einem furchtbaren Verbrechen wohl angemessen gewesen? Wie immer, eine Buße jenseits aller

Verhältnismäßigkeit und Menschlichkeit. Wir nannten sie den „langen Weg".
Noch heute sträuben sich mir die Haare, wenn ich die Delinquenten geistig vor
mir sehe, wie sie den „langen Weg" auf dem Bauch zurücklegen.

Ohne Vorwarnung erhielten einige aus unserer Gruppe zu Beginn der Mittagspause den Befehl, in zehn Minuten in *vollständiger* Ausrüstung einschließlich Gewehr vor der Unterkunft anzutreten. Antreten mit allem, was sie hatten,
anziehen, was eben anzuziehen ging. Unser Freund *Hachmet*, die Sonne, stand
am höchsten und brannte gnadenlos vom wolkenlosen Himmel herab.

Ich kann gar nicht so schnell schreiben, wie es sich abspielte.

Zuerst Socken, Unterwäsche, kurze Hosen, lange Hosen sowie alle Hemden
und Pullover übereinander angezogen. Dann in den Kampfanzug gezwängt.
Darüber Wintermantel, Schal und Handschuhe angelegt. Aus dem Stahlhelm
wurde der leichte Innenhelm entfernt. Den blanken Stahlhelm auf den fast kahl
geschorenen Kopf gesetzt. Am Koppel die gefüllte Feldflasche, der Spaten und
die Patronentaschen. Der Anblick allein war schon erbärmlich.

In die Rucksäcke kamen nun Steine. Diese lagen hinter dem Block; sozusagen
ein Erbe der Vorgänger.

Der Rest der Ausrüstung war schon von den Stubenkameraden in dem Seesack verstaut worden. Ehrensache, dass sie den armen Schweinen halfen. Nur dabei von den Ausbildern nicht erwischen lassen, sonst war man gleich mit von der
Partie. Natürlich wussten die Ausbilder, dass den Betroffenen geholfen wurde.
Zusammengehörigkeitsgefühl und Kameradschaft wurden somit gefördert.

Schwitzend ging es auf den Hof.

Innerlich gingen alle auf Tauchstation. Innerlich auf die Legion fluchend,
harrten wir der Dinge.

Auf dem Hof stand im frisch gebügelten Sommerdienstanzug *Sergent-chef*
Böller. Die Probanden standen inzwischen in Reihe, schon vor Ermattung
schnaufend.

Nun begann ein Schauspiel, das nur ein Irrer inszeniert haben konnte.

Keine weiteren Ausbilder dabei. Nein, es war Chefsache. Bemerkenswert der
Umstand, dass *Sergent-chef* Böller einen ansehnlichen Knüppel mit sich führte,
der an eine steinzeitliche Keule erinnerte.

Der Schweiß lief den Burschen schon in Strömen herunter. Zuerst wurde der
Inhalt ihrer Seesäcke peinlich genau kontrolliert. Böller hatte ein fotografisches
Gedächtnis. Mit den Füßen beförderte er den ausgebreiteten Inhalt der Säcke in
alle Richtungen.

Die Arme seitlich ausgestreckt, zwei Meter Abstand. Zuerst einmal etwas
„aufwärmen". Den Karabiner über den Kopf seitwärts führen und in Vorhalte
bringen. Unter dem Stahlhelm herrschte eine Bullenhitze. „Gong." Der erste
Schlag mit dem Knüppel auf einen Helm. Die Kniebeugen waren nicht nach
dem Geschmack des Chefs. Wer so etwas mit ansehen musste, dem schwollen
die Zornesadern mächtig an. Dazu beschlich einen die Frage: Wann bist du
selber dran?

Die Legionäre kämpften ums Überleben. Jetzt nur nicht schlappmachen. Auf die Zähne beißen. Der Hund schafft uns nicht. Tausende von Todesarten wurden dem *Sergent-chef* an den Hals gewünscht. Alles bekam einen Blauton. Die Delinquenten krochen nun durch ein blau leuchtendes Distelfeld. Hechelnd, nach Luft ringend, den Karabiner vor sich in den Händen haltend.

Nur nicht fallen lassen, das Ding. „Gong!" „Gong!" – wie eine Totenglocke klangen die Schläge auf die Köpfe. Das ganze Zeug scheuerte und schnitt unbarmherzig ins Fleisch. Die Zunge schwoll an. Das Luftholen wurde zur Qual, der Schädel dröhnte. Der Stahlhelm, langsam die Temperatur einer heißen Bratpfanne annehmend, rutschte über die Augen. Dazu Hunderte kleiner Fliegen, die mit Wonne in die kleinste Wunde krochen und sich am Schweiß labten.

Was war der Sinn der „Veranstaltung"?

Ganz einfach. Bestrafung war die eine Sache. Die andere: Die Legion bläute uns ihr Credo ein: *„Wir sind Legionäre. Wir sind unbezwingbar. Uns kann nichts, aber auch gar nichts erschüttern! Wir kamen aus allen Ecken der Welt. Nun sind wir wie Brüder. Unzertrennlich, einer für alle und alle für einen. Unser Ruf eilt uns voraus. Uns verbiegt nichts und keiner. Wo wir sind, da ist vorne!"*

Worte reichen nicht aus, um die Empfindungen zu beschreiben. Wie kann man Menschen derart umpolen? Der Ruf war legendär. Schließlich galt die Fremdenlegion als härteste Truppe der Welt, frei nach dem Motto: Ist die Legion im Anmarsch, verfinstert sich der Himmel. Mancher glaubte, Gott habe sein Gesicht abgewendet.

So weit war es aber noch nicht. Gott sah jedenfalls zu, was sich gerade auf seinem Planeten unter ihm in Thierville abspielte.

Die monotone Stimme des *Sergent-chef* entfernte sich langsam von der Unterkunft. Nur das dumpfe Dröhnen des Holzknüppels ließ noch die Richtung erkennen, in die sich die Gruppe entfernte. Sie kroch in einem großen Bogen ums Quartier und bewegte sich als windende Raupe im Halbkreis auf die Latrinen zu.

Die Männer merkten es am zunehmenden Gestank und der größer werdenden Zahl an fetten, dunkelblauen Scheißhausfliegen. Allen war nun klar – es ging zum Baden! Der Inhalt unserer Latrine wurde mit Wasser in einen Graben geleitet, der in eine Sickergrube mündete. Unbarmherzig wurden die nun schon fast der Ohnmacht nahen Männer zur Grube dirigiert: *„Ein wenig nach rechts, ein wenig nach links!"* Die Kommandos des *Sergent-chef* ließen keine Möglichkeit zum Entkommen.

Kurze, schnelle Atemzüge. Möglichst in Stoff beißen. Gut gemeinte Ratschläge von Legionären, die ein solches Bad schon „genossen" hatten. Der Erste erreichte den Rand des Grabens. Tausende Mistfliegen fühlten sich in ihrer Mittagspause gestört und fielen wütend über die am Boden Krauchenden her. Der Urin drang bereits durch die Kleidung. Nur nicht die Flinte in der Scheiße versenken, nur das nicht. Sonst durfte man von vorn anfangen und den Graben nochmals durchkriechen. Kein Klagen, kein lautes Fluchen. Jetzt war wirklich alles, aber auch alles scheißegal. Zuerst brach die dicke dunkelbraune Kruste. Dann quoll die Jauche nach oben. Krauchen ging nun nicht mehr. Halb aufgerichtet, gebeugt unter der Last der nassen Kleidung und des schweren Rucksacks, versuchten die Männer irgendwie vorwärts zu kommen. Hüfthoch im schmierigen Kot. Der Ammoniakgestank, die zahllosen Fliegen. Die Jauche brannte auf der Haut. Einige Spritzer bekam auch *Sergent-chef* Böller ab. Er stand neben dem Loch und betrachtete ungerührt seine Männer. Männer, die beim nächsten Gefecht für den satanischen Ausbilder ohne Zögern ihr Leben lassen würden. Ohne zu murren. Das ist die Fremdenlegion.

Plötzlich sackte einer zusammen. Wie in Zeitlupe sank der Körper langsam nach unten. Bevor überhaupt jemand richtig begriff, was vor sich ging, sprang *Sergent-chef* Böller mit einem Riesensatz mitten in die Scheiße. Ein Griff an den Kragen. Kameraden packten mit zu. Mit vereinten Kräften schoben sie den Ohnmächtigen über den Rand der Grube. Alle durften nun aus der Scheiße klettern. Aber die „Veranstaltung" war damit keineswegs vorüber. Tritte und Schläge mit dem Knüppel – weiter geht's!

*„Tritt aufnehmen. Ein Lied!"* Was aus diesen wunden, vertrockneten Kehlen kam, hörte sich an wie das Grunzen von Bären oder das Röcheln eines sterbenden Tieres. Einige meinten später, sie hätten *„Oh du schöner Westerwald"* gesungen. Natürlich auf Französisch. Einige Scherzkekse erwiderten, es sei *„Oh Tannenbaum"* gewesen. Sicher ist nur, dass sie nach einer deutschen Melodie gesungen hatten.

Halten vor dem Quartier. *„Antreten in 15 Minuten in sauberen Sachen. Wegtreten!"*

Auf den Stuben warteten bereits die verschont Gebliebenen. Tür auf. Ein Griff. Die Probanden wurden in die Stube gezogen. Flach auf den Boden. Von nun an lief die Zeit. Alle wussten, was zu tun war. Zuerst einmal alle Klamotten vom Leib. Alle. Der ganze Mist durchs Fenster raus. An den Waschtrögen warteten schon helfende Hände, um mit klarem Wasser zunächst den Kot und den Urin herauszuspülen. Später würde alles nochmal richtig gewaschen werden müssen.

Auf den Stuben wurden inzwischen die dampfenden und stinkenden Körper gereinigt und gekühlt. Einige tranken bis zu fünf Liter Wasser mit kurzen Unterbrechungen hintereinander weg. Viele erbrachen sich.

Andere Helfer beschäftigten sich mit dem Lederzeug und den Stiefeln, besondere Sorgfalt galt den Waffen. Eine Zigarette. Ein aufmunternder Blick.

Keine Rachegefühle. Kein verschworenes Getuschel, nichts. Die Zeit lief schnell. Wieder rein in die Sachen. Ein Unterfangen, das beinahe unmöglich erschien. Eine große Wasserlache im Zimmer. Stöhnen und ächzen. Schließlich standen sie wieder auf den Beinen. Geht doch. Raus jetzt!

Wortlos betrachtete *Sergent-chef* Böller die Legionäre. Böller geduscht, rasiert und im frischem Khaki-Anzug. Sein stoischer Kommentar: *„Ihr habt es in der Hand Legionäre, Amboss oder Hammer zu sein! Noch Reklamationen?"*

Nach zehn Minuten begann der normale Dienst. So verrann die Zeit. Schlafen. Drill. Hitze. Schläge. Essen. Schlafen. Unser tägliches Brot.

Die medizinischen Untersuchungen begannen sich nun zu häufen. Unser Gesundheitszustand schien von eminentem Interesse zu sein. Der Umgangston wurde merklich freundlicher. Das Ende der Ausbildung nahte. Für mich damit auch die nächste Möglichkeit, eine möglicherweise absolut lebensverkürzende Entscheidung zu treffen. Wie sagt doch der Volksmund? Jeder ist sein eigener Hampelmann oder so ähnlich.

Wenige Tage vor Ausbildungsende standen wir im schattigen Hangar. Ja, schön im Schatten. Wir rauchten und freuten uns schon darauf, endlich in die einzelnen Regimenter überstellt zu werden.

Der Hangar war ein Relikt aus dem Zweiten Weltkrieg und hatte in der Ausbildung als Schattenspender keine große Rolle gespielt. Wir waren immer in der Sonne. Doch heute konnte uns *Hachmet* gestohlen bleiben.

Eilig näherte sich von seiner Unterkunft unser Leutnant. Eine kurze Besprechung mit den Ausbildern. Angetreten.

Aus den anderen Quartieren marschierten bereits die anderen Züge heran. Schön anzusehen und schön anzuhören. Der Marschtritt perfekt, der Gesang klar und verständlich. Minuten, in denen man alle Strapazen und Erniedrigungen vergaß. Das, ja das war unsere Legion! Ein erhabenes Gefühl.

Nachdem alle Sektionen Aufstellung genommen hatten, harrten wir der Dinge, die da kommen sollten.

An diesem Tag herrschte kein flaues Gefühl im Magen. Selbst leise gemurmelte Zweifel der immer Besorgten konnten nicht beeindrucken. *„Schnauze!"* Mehr wurde nicht gesagt.

Zwei staubbedeckte schwarze Wagen. Diese Limousinen, die in allen französischen Gangsterfilmen eine Rolle spielen. Begleitet von zwei Geländefahrzeugen mit Tarnanstrich. Dem Wagen entstiegen einige Offiziere einschließlich unseres Kommandeurs.

Die Blicke hefteten sich aber an die anderen beiden Fahrzeuge. Ihnen entstiegen fünf Unteroffiziersdienstgrade und ein *Colonel.*

Der Anblick dieser Männer jagte meinen Blutdruck bis unter die Schädeldecke hoch. Fallschirmjäger, *Parachutistes,* „Paras" genannt. Wahre Hünen, und das als Fallschirmjäger. Sie steckten in tigerartig gemusterten Tarnanzügen, den *Tenues camouflages.* Behangen mit Auszeichnungen, dass einem die Augen übergingen. Kurz – ein echter Hingucker. Die Paras stellten sich an die Seite ihres *Colonels.* Auch das war eher ungewöhnlich. Unsere Offiziere hier in der Ausbildung machten immer einen auf von oben runter. *„Bonjour Légionnaires!"*

*„Bonjour, mon Colonel!"*

Der Hangar dröhnte bei der Antwort. Langsam, in französischer Sprache, gelegentlich von seinen Begleitern in Deutsch, Italienisch und Spanisch übersetzt, hielt der Oberst eine Ansprache. Jeder verstand, was gesagt wurde; für uns eine sensationelle, völlig neue Art der „Völkerverständigung". Es machte auf uns Eindruck. Innerhalb von fünf Minuten hatte der *Colonel* gesagt, was er loswerden wollte. Fazit: Es gibt nichts Besseres in der Fremdenlegion, als ein Para, ein Fallschirmjäger zu sein. Angehörige anderer Truppengattungen nannten die Paras auch neidisch *Les Rouleurs des epoules*, die Schulterroller. Sie wechselten immer schnell die Staßenseite, wenn ihnen Paras entgegenkamen.

Des Rätsels Lösung ließ dann auch nicht lange auf sich warten. *„Wer sich zu den Paras melden will: Vortreten!"* Er hätte auch sagen können: *„Wer schneller ins Gras beißen will …!"*

Bevor mich mein guter Kumpel Janosch, ein Ungar, am Koppel festhalten konnte, trat ich zwei Schritte nach vorn. Wieder voll in die Scheiße. Zu diesem Zeitpunkt wusste ich das allerdings noch nicht. Ich wollte zu den Paras. Punkt, finito, basta. „Was Hänschen nicht lernt …" und ähnliche Weisheiten. Aber es gibt auch andere Sprüche. „Was dich nicht umbringt, macht dich nur härter!"

Ich wollte es also wissen.

Der *Colonel* musterte jeden einzelnen Freiwilligen. Immer freundlich. Man präsentierte das Gewehr und meldete: Legionär soundso. Dienstgrad und Dienstnummer. *„Zu ihrer Verfügung, mon Colonel!"* Die Namen wurden notiert; erstaunlich wenig Namen allerdings. Das hatte gute Gründe. Nichts auf der Welt ist schneller als ein Gerücht. Wir hatten ziemlich abgeschottet auf dem Lagergelände gelebt; hatten weder Fernsehen noch Radio, keine Zeitung, nichts. Daher machten Gerüchte umso schneller die Runden; beim Ausgang in die nächste Garnisonsstadt, in den Bistros und Bordellen. Eines davon besagte, dass die Paras derzeit hohe Verluste hätten. Man war also vorgewarnt. Dann schon lieber zu den *Sahariens*, den Sahara-Kompanien. Eine malerisch anzusehende Truppe in Sandalen und Pumphosen, vorn eingestickt, auf den mit vielen eingebügelten Falten versehenen Hosenbeinen, das Kreuz des Südens. Rotes Lederzeug mit hochglanzpolierten Gewehrpatronen; über Kreuz getragen wie einst bei den Scharen Pancho Villas oder bei den Kosaken. Über den Schultern ein dunkelblauer Umhang. Dazu das *Képi blanc*. Ein schöner Anblick, ein ruhiger Job ganz unten an der Grenze zur Sahara. Den meisten war es egal, welche Richtung ihre Soldatenlaufbahn nahm. Die waren am Ende meist gut beraten.

Als der Auftritt der „Honigsauger" vorbei war, ging in den Unterkünften eine heiße Diskussion los. Ein Für und Wider. Einige sahen einen so seltsam an, als sei man bereits über den Jordan gegangen.

Nach der Ausbildung änderte sich natürlich vieles. Im Regiment selber war das Leben erträglich. Man schob eine ruhige Kugel. Schließlich führten wir keinen Frontenkrieg. Selten nur rückten wir in Regimentsstärke aus. Meist in Kommandos, kleinen *Équipes* (Gruppen). An der Grenze zu Marokko herrschte relativ Ruhe. Gelegentliche Überfälle mit Granatfeuer aus den Bergen beantwortete die französische Artillerie so lange, bis die Berge zu brennen schienen. Die französische Artillerie bezeichnete sich als die beste der Welt. Sie nannten den Schlagabtausch „befrieden", klingt besser als „plattmachen". Es folgte ein diplomatisches Geplänkel mit den Marokkanern, danach herrschte wieder Ruhe. Die

Legion revanchierte sich gelegentlich für die Feuerunterstützung und holte in die Bredouille geratene Franzosen, meist reguläre Truppen und Wehrpflichtige, aus irgendeinem Schlamassel, wenn die Jungs mit Hosen voll bis an den Rand in ihren Panzern saßen und nicht mehr ein noch aus wussten. Viele Male hat die Legion solche Helden wieder raus gehauen. Bizerte in Tunesien war so ein Beispiel. Da sie kein Ruhmesblatt für die Regulären war, wurde die Geschichte nachher gern unter den Teppich gekehrt. Obwohl sie alle militärischen Stützpunkte in Tunesien bereits aufgegeben hatten, gab es in Bizerte einige Dinge, die den Franzosen wichtig waren. Also schickten sie Truppen hin. Weiß der Teufel, was die dort getrieben haben, sie gerieten jedenfalls arg in Bedrängnis. Die Legionsparas haben sie dann rausgeholt und gleichzeitig auch alles mitgenommen, was nicht niet- und nagelfest war. Die dortigen Bankiers und Schmuckhändler kriegen heute noch Alpträume, wenn sie daran erinnert werden.

# DIE PARAS – BEIM 1ER REP

## Blida

Die Grundausbildung lag hinter mir. Ich war nunmehr richtiger Legionär. Das schneeweiße *Képi blanc* war untrügliches Zeichen meines Status. Formlos und wenig feierlich war das Ritual der Ernennung zum *Légionnaire 2e classe*.[12]

Schon war die gesamte Ausbildungskompanie in alle Winde zerstreut. Die Baracken standen leer. Schnell würde der Wind Sand und ausgetrocknete Kakteen, die wie Kugeln geformt waren, über den Flugplatz fegen. Dornen und Disteln konnten wieder nachwachsen und alles würde sich wiederholen. Thierville würde wieder mit Leben erfüllt werden. Gutgläubige „blaue Säcke" würden zu Legionären geschmiedet werden. Bis zum Ende aller Tage – oder etwa nicht?

*Werner Bäcker nach Ende der Grundausbildung*
*bei seinem ersten Ausgang in Uniform*

---

[12]  Einfacher Legionär „2. Klasse", im Unterschied zum „Ober"-*Légionnaire 1re classe* mit längerer Dienstzeit.

Ein GMC-Camion (Lastwagen) brachte die Freiwilligen für die Fallschirmjäger nach Blida, dem Ausbildungszentrum der Paras. Jeder auf der Pritsche hatte schon von der Rivalität zwischen dem 1er und dem 2e REP gehört. Die große Mehrheit der Anwärter bevorzugte eindeutig das 1er REP. Dort wurden vom ersten Tag an immer Top-Leistungen gefordert. Das 1er REP bestimmte, wen es in seine Reihen aufnahm. Es hatte das Vorrecht der ersten Wahl, weil die Verluste höher waren als beim 2e REP. Dieses Privileg wurmte das 2e REP zwar gewaltig, es konnte aber nichts daran ändern. Jedenfalls so lange nicht, bis ihm das Schicksal die Nr. 1 zuspielte. Aber noch war es nicht so weit.

Eigentlich war in Blida alles wie gehabt. Die Unterkünfte wenig komfortabel; der Speisesaal mit langen Tischen und Holzbänken; der Waschraum mit eiskalten Duschen und Waschtrögen; Steinplatten mit eingefrästen Rillen bildeten den Boden.

Und doch war vieles anders. Die Ausbilder sahen nicht nur aus wie Menschen, sie benahmen sich auch so. Sicherlich, auch sie hatten ihre Vorzüge und Nachteile. Aber sie waren freundlich und lächelten sogar. *„Vorsicht Alter"*, dachte ich zunächst, *„deinem Arsch ist es völlig egal, ob er von einem freundlichen oder unfreundlichen Stiefel getroffen wird."* Darin sollte ich allerdings Recht behalten. Nur die Arschtritte schienen mir würdevoller. Wenn so etwas überhaupt als würdevoll bezeichnet werden kann. Genug jetzt. Wir waren schließlich ausgewachsene Legionäre, und die schlägt man nicht!

In punkto körperlicher Schikanen konnte es Blida aber durchaus mit Thierville aufnehmen, es sogar überbieten. Denn die Ausbildung zum Fallschirmjäger wurde zu dieser Zeit bestimmt von keinem anderen „Verein" an Härte übertroffen.

Einen weiteren kleinen, aber feinen Unterschied zur Grundausbildung gab es, einen, der absolut für unsere Ausbilder sprach: Wir machten alles, aber auch wirklich alles mit Eifer und Hingabe. Jeder wollte zu den Besten gehören und ins 1er REP übernommen werden.

Die *Instructeurs* (Ausbilder) sorgten stets dafür, dass ein dauernder Wettkampf unter den Kandidaten herrschte. Es ging einmal sogar so weit, dass ein Wettbewerb im Weitpinkeln über die Zuteilung einer Extraportion Wein entschied.

Trotz solcher Späße war die Ausbildung knochenhart. Schnell schied sich die Spreu vom Weizen. Fast täglich packten einige verschämt ihr Gepäck und verschwanden. Gründe gab es genug. Etwa zu schwache Lungen. Trotz ihrer sonstigen Riesenkräfte schafften es einige nicht ganz an den Seilen hoch. Knochenbrüche ließen keinen Fallschirmsprung mehr zu. Ganz wenige mussten gehen, weil sie der Mut verließ. Der Rest war schon Eisen; Stahl, der nur noch veredelt werden musste.

Der Galgen, ein riesiger Sprungturm. Haltegurte, die höllisch ins Fleisch schnitten. Manchmal bekamen die Genitalien auch etwas ab. Das ewige Abrollen auf knochenhartem Boden nach dem Sprung aus der Luke eines nachgebildeten Noratlas-Kampfzonentransporters. Die Landung auf dem Rücken, wenn die Packtasche beim Sprung aus der Ausstiegsluke am oberen Rahmen hängen blieb. Das Packen der Schirme. Wie die Leinen korrekt gelegt und gedreht werden mussten. Was war zu tun bei der Landung in felsigem Gelände oder in der Nacht, bei Fall- und Seitenwinden? Tausendmal abgefragt und wiederholt.

Dann wieder die Gewaltmärsche. Unnötig, die Strapazen zu schildern, die Schrunden, Blasen und Prellungen. Todmüde und klatschnass fielen wir einmal bei einem Gebirgsmarsch auf 2.000 m Höhe in eine Bodensenke, um Stunden später in rotem Schnee halb erfroren aufzuwachen. Die Sandstürme von der Sahara färbten den Schnee. Der Staub kam bei Temperaturstürzen in den Bergen als roter Schnee herab, vermischt mit Regen.

Schnell entfachten wir mit etwas Spiritus und feuchtem Holz ein Feuer. Einer opferte dafür seinen Stahlhelm. Nachdem der Kunststoff-Innenhelm entfernt war, wurde in der Stahlkalotte erst einmal Kaffee gekocht, bevor einige Büchsen Rindfleisch zum Erhitzen hineinkamen – oder was sonst an Essbarem zur Verfügung stand. In der Ausbildung eine schöne Sache. Später im Einsatz hat sich manch einer beim Kaffeetrinken am offenen Feuer eine Kugel eingefangen. Die „Indianer" von der Gegenseite kannten unsere Liebe zum Kaffee. Vor allem nutzten sie die schöne Ziel-Beleuchtung durch das Feuer. Im Fadenkreuz eines russischen Scharfschützengewehrs auch bei Nacht eine sichere Angelegenheit.

Alle Fallschirmsprünge waren ein großes Erlebnis. Immer und immer wieder das Gefühl der absoluten Schwerelosigkeit. Egal ob mit oder ohne 40 kg Sprunggepäck – es war einzigartig. Die Anspannung vor dem Sprung. Die Sprungreihen in der Maschine, ein Springer hinter dem anderen, die Reißleinen eingehakt. Die Absetzer öffnen die Türen, die Ampel im Laderaum springt von Rot auf Grün, was soviel bedeutet wie: „Jetzt geht es los – ab!" Von hinten wird gewaltig geschoben. Man hatte uns schnell klargemacht, wir sollten uns keinen abbrechen, sondern nur so schnell als möglich raus aus der Maschine, damit wir dicht beisammen bleiben und uns in der Luft verständigen können. Außerdem wurde so die Streuung beim Landen klein gehalten, so dass sich die Gruppen schneller sammeln und unverzüglich ihren Auftrag ausführen konnten. Die Gruppensprünge erfolgten aus unterschiedlichen Höhen und bei unterschiedlichen Witterungsverhältnissen.

Nachdem wir die Pflichtsprünge hinter uns hatten, nahte der Tag der Wahrheit.

Ein *Colonel* heftete uns das *Brevet parachutiste*, das Springerabzeichen, auf die Montur. Im *Livre matricule* war sodann vermerkt, wer wohin durfte. Ein kurzer Blick nach links, der *Colonel* lächelte. *Félicitation* – Glückwunsch – 1er REP.

So ging es durch die Reihen.

Manchen sah man die Enttäuschung an – 2e REP. Manchen kam es wie eine Bestrafung vor. Aber diese Leute gehörten später zu den großen Gewinnern, weil sie am Intrigenspiel von Monsieur de Gaulle nicht beteiligt waren.

# Zeralda

Nach Abschluss der Sprungausbildung ging es ohne Umschweife direkt nach Zeralda, Standort und Zentrum des 1er REP. Traumhafter, regimentseigener Strand. Die Unterkünfte für militärische Verhältnisse perfekt. Eigene Gärtnerei mit Treibhäusern. Eine Großküche mit prall gefülltem Vorratslager.

Ein Teil des Wohlstands gründete auf „Beutegut". Denn es gab keinen Einsatz, bei dem nicht ausgiebig „organisiert" wurde. Zur Verbesserung und Verschönerung unseres Quartiers wurde jede Möglichkeit genutzt. Jede Kompanie und jeder Zug hatte dafür seine Spezialisten. Wenn es die Situation erlaubte, wurde alles, was gut und teuer war, demontiert und mitgenommen. Manchmal hatte man den Eindruck, ein gewaltiges Umzugsunternehmen sei an der Arbeit.

Paras, die Blessuren ausheilten, sowie einige edle Invaliden, sorgten für eine blitzsaubere Kasernenanlage, für gepflegte Wege und Blumenbeete. Natürlich hatte auch sonst jeder so seine kleinen Aufgaben. Vor allem aber ließ hier keiner den Vorgesetzten raushängen. Allein schon aufgrund der Tatsache, dass niedere Dienstgrade oft höher dekoriert waren als höhere Chargen.

Es schienen Ruhe und Eintracht zu herrschen. Die Idylle täuschte aber. Schon nach wenigen Tagen machte sich eine nicht näher definierbare Anspannung am gesamten Standort spürbar. Hinzu kam, dass der Funkkontakt nach außen unterbrochen war. Keine Auskünfte, kein Signal, Funkstille. Vor allem die Alten wirkten mißmutig. Natürlich gingen auch bei uns Neuen Gerüchte um. Eines dieser Gerüchte besagte, dass die im April 1961 beim so genannten Putsch von Algier entwaffnete *Gendarmerie Nationale* in Algier regelrecht Jagd auf Paras machte. Sie hätten niemals vergessen, dass sie damals alle ihre Stiefel abgeben mussten. Man stelle sich vor: Polizeibeamte auf Socken. Natürlich hatte das REP diesen Spaß ausgeheckt. Anlass jedoch waren die Großdemonstrationen der Algerien-Franzosen gewesen, bei denen sich die Paras mit den Demonstranten verbündeten. Einige Dutzend Menschen starben dabei. Nun geriet das Regiment selbst zwischen die Fronten. Der Begriff *Autodetermination* (Selbstbestimmungsrecht) war des Pudels Kern. Präsident Charles de Gaulle schien vergessen zu haben, dass ihm 1958 französische Generäle wieder an die Macht geholfen hatten. Ein neues Gerücht besagte, dass die *Grande Nation* in einem Referendum mit großer Mehrheit (90,7 %) entschieden habe, Algerien in die Unabhängigkeit zu entlassen. Die FLN – unser Feind, den zu bekämpfen wir dauernd ausgeschickt wurden – verhandelte schon seit 1960 mit der französischen Regierung um die Unabhängigkeit Algeriens. Über 100.000 Algerier sollen angeblich beim Kampf um die Freiheit ums Leben gekommen sein. 1961 verlangte auch die Vollversammlung der Vereinten Nationen, Algerien die Unabhängigkeit zu gewähren. Im Mai 1962 begann die geheime französische Untergrundorganisation *Organisation de l'Armée Sécrète* (OAS) massiv in den Kriegs- und Wirtschaftsapparat einzugreifen. Aber bis zum Auftreten der OAS sollte für uns noch einige Zeit vergehen. Nur die Vorboten kommenden Unheils machten sich schon bemerkbar.

Der Dienst als Fallschirmjäger war vielseitig, aber Fallschirmsprungeinsätze hielten sich in Grenzen. Wer von uns Neuen gedacht hatte, er würde Sprungeinsätze aus Noratlas-Maschinen im großen Stil erleben, sah sich getäuscht. Großangelegte Sprungunternehmen mit Hunderten von Fallschirmjägern gab es nur zu Übungszwecken. Wenn schon Einsatzsprünge aus der „Noratlas", dann meist auf Zug- oder Kompanieebene und aus geringen Höhen. Meist hatte sich die Schirmkappe gerade erst voll entfaltet, und schon war man auf dem Boden.

Da dieser meist felsig und uneben war, oft in zerklüftetem Terrain und an Abhängen gelandet werden musste, waren Verletzungen an der Tagesordnung. Zudem hatte jeder Springer zu seiner Ausrüstung noch jede Menge anderer Dinge mitzunehmen. Vor allem Munition. Maschinengewehre steckten in besonderen Säcken, in deren Spitze in einem verstärkten Lederschuh eine Stahlfeder eingebaut war. Versierte Paras ließen sofort nach dem Öffnen des Schirms das MG an einer meterlangen Schnur nach unten ab. Bevor der Springer landete, war das MG dank der Stoßfederung sanft aufgekommen. Dieser Trick mit der Schnur wurde auch bei Nachtsprüngen angewandt. Nur hingen an der Schnur dann leere Bierdosen. Wenn es klapperte war man vorgewarnt und im nächsten Moment auch schon unten. Spezialisten lösten kurz vor dem Landen ihre Ausrüstung. Der Schirm bekam Aufwind und der Springer landete meist auf seinen Füßen. Er riskierte also nicht, sich beim Abrollen an Felsen und dergleichen zu verletzen. Ebenso ließ sich dadurch vermeiden, vom Schirm mitsamt allem Zubehör über den Boden geschleift zu werden, weil man nicht mehr auf die Beine kam.

Sonntags ließen wir uns zu Übungssprüngen eintragen.

Besonders knifflig war das Absetzen über dem offenen Meer. Im Ernstfall kaum nötig, da wir meist über Festland abgesetzt wurden. Dennoch sollte jeder Para die Erfahrung von Wassersprüngen machen. Erleichtert wurden diese Sprünge dadurch, dass man nur mit Haupt- und Reserveschirm sprang, ohne zusätzliche Ausrüstung. Im Wasser befanden sich Kampfschwimmer und Schlauchboote mit weiteren Rettungsschwimmern.

Wichtig war eine rote Rauchpatrone mit einer Schnur als Abzug. Vor allem aber das Kampfmesser, am besten auf dem Oberschenkel befestigt, zum Greifen nah.

Nachdem man nun ins Meer geklatscht war, musste man zusehen, sofort vom Schirm wegzukommen. Dies war recht schwierig. Verfing man sich in den Leinen, konnte man schnell in Panik geraten. Legte sich dann noch die Schirmkappe über den Springer, galt es unbedingt, die Nerven zu behalten. Oberstes Gebot war, sofort mit dem Messer die Leinen zu kappen. Danach den Schirm aufschlitzen, denn unter dem Schirm bekam man keine Luft. Sofort waren auch die Kampfschwimmer da. Trotzdem habe ich manch unfreiwilligen Schluck Salzwasser nehmen müssen. Wie würde es wohl im Ernstfall sein? Etwa, wenn man vom Wind hinaus aufs Meer getrieben wird? Dann kommt unweigerlich der Moment, wo du in den Teich fällst. Im Einsatz mit Zusatzausrüstung, wie schon beschrieben. Dann brauchst du Glück, viel Glück!

Aber dies war die Theorie. Die Praxis sah ganz anders aus, weit weg von der See. Der Hubschrauber war unser Hauptverbringungsmittel im *Djebel*, sozusagen als fliegender Muli, weniger der Fallschirm.

Der Gegner, die Rebellen der FLN, von uns nur „*Fellaghas*" genannt, war nur schwer zu fassen und hielt uns permanent mit kleinen Scharmützeln in Bewegung. In erster Linie galt es, die FLN von ihren Nachschubwegen abzuschneiden und diese zu unterbinden. Das Regiment war daher niemals an einem Fleck geschlossen im Einsatz. Kompanien, Züge oder nur Gruppen operierten mehr oder weniger unabhängig – von Sikorski-Hubschraubern zu den Einsatzorten geflogen und im Schwebeflug überfallartig abgesetzt; manchmal aus drei bis vier Metern Höhe. Bei einem solchen Einsatz sollte der äußerst beliebte Regimentskommandeur des 1er REP, *Colonel* Jeanpierre, von einem FLN-Scharfschützen regelrecht aus dem Hubschrauber herausgeschossen werden.

Dem Absetzen folgte meist eine unendlich mühselige Suche nach den *Fellaghas*. Tagelange Fußmärsche, bergauf und bergab. Oft führten uns die Aufständischen regelrecht an der Nase herum. Das wiederum stachelte unseren Ehrgeiz an.

Seltener wurde ein größerer Rebellenstützpunkt festgemacht, aus dem hartnäckig Widerstand geleistet wurde. Dann kamen die französische Artillerie und die Panzer und schossen zuerst einmal alles sturmreif. Dann waren wir an der Reihe. Oft mit dem Resultat: keine Sau mehr da. Keiner, der sich wie ein Wilder auf dich stürzt. Nichts dergleichen. Wenn noch etwas stand, dann elende Lehmhütten. Schreiende Kinder, blökende Schafe, Esel und der infernalische Gestank von Kamelen. Dazu der beißende Geruch der explodierten Bomben und Granaten. So erreichst du dein Ziel. Alles wurde mehrfach gesichert. Auch der Gegner hatte gelernt. Immer wieder schossen FLN-Scharfschützen ganz gezielt Leute heraus, meist Offiziere. Oft trafen sie mit ihren langläufigen russischen Scharfschützengewehren genau zwischen die Augen.

Vor den anrückenden Paras lief ein Sicherungskommando „Lasso". „Lasso" war eine Art Garantie, eine Kugel abzubekommen. Man lief vor dem Gros, um mögliche Hinterhalte oder Minengürtel zu entdecken. Ein „uncooler Job", würde man wohl heute sagen. Man war also am Ziel. Wie schon gesagt: Dort wartete keiner, um sich erschießen lassen. Auch gut, dann suchen wir den Feind. Bergauf, bergab. Natürlich gab es auch größere Feuergefechte, aber Marschieren, Marschieren und nochmals Marschieren gehörte vorab immer dazu. Waren wir auf diesem Berg, waren die Rebellen auf einem anderen. Ein Scheißspiel. Stand die Sonne günstig, wurden wir mit Spiegeln angemorst, „Arschlöcher" und so. Waren sie richtig sauer auf uns, dann hauten sie mit ihren 80-mm-Granatwerfern je vier bis fünf *Obus* (Granaten) mitten zwischen uns. Ein toller Spaß für die FLN. Glück für uns, wenn wir das untrügliche Pfeifen der Mörsergranaten rechtzeitig hörten. So platt wie möglich auf den Boden, Arsch runter. Granatwerfer sind echte Schweinescheiße. Die Splitter regnen immens flach über den Boden. Dann belegten wir den Berg mit 120-mm-Mörsergranaten, bis er wie im

Abendrot glühte. So hatte jeder seinen Spaß. Oder die Durchsuchungen. Fand man rein gar nichts in Ansiedlungen, in denen vorher Rebellen gewesen waren, wurde der Fleck umstellt, nahtlos. Dann kam der Befehl: *„Quartier blanc!"* Dicht an dicht fuhren dann Panzer und Achtrad-Spähpanzer nebeneinander quer durch das Dorf. An einer Seite rein, auf der anderen Seite wieder raus. Alles wurde niedergewalzt und begraben, restlos. Die verantwortlichen französischen Offiziere rechtfertigten derartige Aktionen höheren Ortes dann mit Worten wie: *„Von hier aus hat der Feind Unterstützung erhalten."* Ich würde eher sagen, die Truppe hat sich abreagiert.

Apropos: Es war in der Legion Brauch, dass ein Verband, der von einem Einsatz aus den Bergen zurückkehrte, geschlossen durch die Garnisonsstadt marschierte. Die Männer kamen nach wochenlangen Entbehrungen und Strapazen in der Wildnis wieder in die Zivilisation. Nicht behangen mit fetter Beute oder mit Lastwagen voller Beutegut. Auf den *Camions* saßen Legionäre, verdreckt und durchgeschwitzt, hungrig und vor allem durstig. So fuhren die LKW mit uns durch die Stadt, was in eine Art Volksfest ausartete. Menschen über Menschen standen an den Straßen und jubelten. Eigentlich ein Grund zur Freude für uns, denkt man. Dem war nicht ganz so. Sobald unsere LKW das Quartier erreicht hatten, nachdem sie die Hauptstraße einmal rauf und einmal runter gefahren waren, war Schluss mit der Freude. Schlagartig leerten sich die Straßen und Wege. Die Geschäftsleute ließen ihre Stahlrolläden herunter, Tische, Stühle und zur Schau gestellte Waren wurden schnellstens weggeräumt. Lediglich einige spezielle Bistros hielten weiter die Türen offen. Alle wussten, gleich bricht hier die Hölle los. Die Huren im ortsansässigen Bordell legten pfundweise Make-up auf. Musste ja auch einige Herren aushalten.

Bevor sich nun der Strom der Legionäre in die Stadt ergoss, bezog die Militärpolizei Position. Nicht um uns zu verprügeln, nein. Das konnte nur passieren, wenn man die PM selbst angriff.

Unsere Feldjäger luden laut grölende oder angesoffene Männer in ihre Wagen, fuhren mit ihnen einige Male durch die Stadt und ließen sie wieder laufen, wenn es möglich war. Schlimmstenfalls wurden sie in der Kaserne abgesetzt. Mit dem Wissen „Es kann dir ja nicht viel passieren" fielen einige hundert Mann über die Stadt her. Geld hatte man genug; nachzuholen hatte man vieles. Es störte den Unternehmensdrang kaum, dass die Straßen inzwischen wie leer gefegt waren. Die tollen Mädchen und Frauen, die vorher gewunken und Kusshände geworfen hatten, wo waren sie? Auch die Geschäftsleute, die keinen Umsatz durch die Legion zu erwarten hatten, hielten sich bedeckt, schlossen lieber ihre Läden.

Meist nur 24 Stunden dauerte solch ein Urlaub und das damit verbundene Besäufnis. Man füllte sich in den Kneipen auf dem Weg zum Bordell gehörig ab, um schließlich im Puff zu landen. Den Damen dort schwor man ewige Treue. Sahen sie im Suff doch alle so aus wie die verlassene Braut oder Frau in der Ferne. Die Damen hingegen liebten die Jungs bis zum letzten Pfennig. Und warfen sie rechtzeitig hinaus, sobald es Zeit für den Zapfenstreich war. Auch aus hygienischer Sicht war der Zustand der Bordelle einwandfrei. Alles, was Legionäre auf dem Weg durch die Stadt zertrümmert oder demoliert hatten, wurde pauschal von der Legion erstattet. Auffallend jedoch war der Umstand oder die Tatsache, dass selbst Legionäre anderer Einheiten die Straßenseite wechselten, wenn die Legionsparas *en tour* waren. Fallschirmjäger in gefleckten Tarnanzügen, nicht in Ausgehuniform, behangen mit Auszeichnungen wie Weihnachtsbäume. Meist mussten sie wegen der hohen Dekorationen auch noch gegrüßt werden. Die Paras hatten immer eine Ausnahmestellung. Hielten sie doch immer als erste den Kopf hin. Das machte natürlich böses Blut. Manche interne Keilerei in Lokalen oder Toiletten wurde dann zum Gesprächsthema des Tages.

Eines Tages begannen sich in Zeralda seltsame Dinge zu ereignen. Mitten aus gut bewachten und eskortierten Konvois verschwanden plötzlich und unerklärlich Lastwagen mit Munition oder anderem Kriegsgerät und blieben unauffindbar. Klar, dass in der Truppe die wildesten Gerüchte kursierten. Eine plausible Erklärung hatte niemand parat. Komisch war, dass die Suche nach den verschwundenen Objekten schnell im Sande verlief. Zu schnell, fanden viele. Paras, die zu dieser Zeit in Zeralda waren, die aus welchen Gründen auch immer an keiner laufenden Operation beteiligt waren, erzählten von hektischer Betriebsamkeit auf hoher und höchster Ebene. Einige behaupteten, General Salan gesehen zu haben, einer der eifrigsten Verfechter des Verbleibs von Algerien beim „Mutterland Frankreich". Jedenfalls knisterte es gewaltig im Karton.

Viel Zeit zum Nachdenken hatte man nicht; es standen dauernd irgendwelche Einsätze an. Während eines Unternehmens in den Bergen kam der Tag, an dem ein glücklicher Umstand mir und einigen Kameraden das Leben rettete und mir obendrein die *Caporal*-Streifen – *au feu* (im Feuer) – bescherte. Simpel in die Hand gedrückt vom Zugführer. Später kam noch das *Croix de guerre* hinzu.

Man hatte uns in einer trostlosen Gegend abgesetzt. Zwölf Mann, ausgerüstet mit MPis, einem leichten Granatwerfer 81 mm und zwei LRAC-Panzerfäusten.[13]

Ein Kraftpaket von Spanier, José Achivella, trug auch noch einen Sack Gewehrgranaten. Von allen gehasst, von José geliebt. Auf einen Karabiner MAS 36 wurde eine Gewehrgranate gesteckt und eine spezielle Treibpatrone ins Patronenlager eingeführt. Das Granat-Leitervisier am Lauf wurde abgeklappt. So vorbereitet, stellte man die Flinte im Winkel von 45 Grad und durch Abstützen des Kolbens, den ein dicker Gummischuh schützte, mit dem Fuß in Position. Je steiler die Mündung nach oben gerichtet wurde (bis etwa 40°), desto weiter flog die Granate. Der Blick durchs Visier über die Mündung aufs Ziel verriet die Entfernung auf der Leiterskala. Nur eben kurz mit dem Daumen den Abzug berührt, auf keinen Fall mit dem Zeigefinger abziehen. Ein Trümmerbruch

---

[13] LRAC = *Lance-Roquettes Antichar,* Raketenpanzerbüchse.

wäre die Folge gewesen. Alle hassten diese *Lance-grenade.* Wir nannten sie *Lance patate*, Kartoffelwerfer. Wie auch immer, José liebte seine Büchse. Besser noch, José war ein Virtuose mit dem Granatgerät. Jeder andere wurde damit zur echten Gefahr für Leib und Leben der Kameraden. Nicht jedoch José.

Allein die Vorbereitung bis zum Schuss, man konnte irre werden. So kniete dann auch Jose seelenruhig auf dem Boden. Das Pfeifen der *Fellagha*-Kugeln in der Luft überhörte er, wie immer. José sollte eine Granate in ein Felsenloch am Berg gegenüber schießen. Vor dem Loch befand sich ein kleines Plateau. Gestrüpp versperrte die Sicht. Keine Ahnung, wie viele Gegner vor uns lagen. Wir lagen nun schon zu lange auf der Stelle. Hauptgrund war ein Kamerad mit Hackenschuss. Der Verwundete jammerte wegen seiner fürchterlichen Schmerzen. Fest stand jedoch, dieses Loch da am Berg hat etwas gegen uns. Endlich war José feuerbereit. Geschickt schickte er seine „Rosinante", so nannte er alle seine Granaten, gegen das Loch im Berg. Wir sahen sie fliegen und im Loch verschwinden. Nichts passierte. Ungläubig blickten wir uns an. José bekam trotz tiefbrauner Hautfarbe eine rote Birne. Dann plötzlich eine Detonation. Gesteinsbrocken flogen himmelhoch. Eine gewaltige Rauchwolke quoll aus dem Loch. Dort oben war mehr explodiert als nur eine Gewehrgranate. Sprengstoff, meinten erfahrene Kameraden. Wir lagen noch in Deckung, aber bereits auf dem Vorsprung des Felsens. Wer hat noch nicht, wer will noch mal? – *Volontaires?* – Freiwillige – auch meine Hand ging nach oben. Ein schöner Tag zum Sterben. Von wegen; Kriegslorbeer wollte ich ernten. Arschloch, sagte der Feigling in mir. Zu spät! Kurze, knappe Befehle folgten.

Ich klemmte die Taschenlampe auf meine MPi. Diese Lampe würde aufleuchten, wenn ich eine bestimmte Stelle am Griffstück der Maschinenpistole drückte. Was im Lichtkegel der Lampe erschien, würde automatisch von der Schussgarbe erfasst werden, wenn man den Abzug betätigte.

Mit mir robbten ein Grieche, der auf dem Weg zum Felsenloch unentwegt furzte, und Ole, der Norweger, dem gelbe Schweißperlen von der Stirn tropften. Am Rande der Höhle angekommen, störte noch immer beißender Rauch. Die Augen tränten. Beim Versuch, über den Rand in das Loch zu blicken, pfiffen mir Kugeln um die Ohren. Volltreffer – unten waren *Fellaghas!* Wie viele? Keine Ahnung. Es mussten Seitenstollen existieren, sonst hätten sie die Detonation der Gewehrgranate und des Sprengstoffs wohl kaum überlebt. Dann machte es auch keinen Sinn, sie von oben mit Handgranatenwürfen vollends ausräumen zu wollen. Man musste rein ins Loch, um sie zu fassen zu kriegen. Kurze Beratung. Jemand brachte Handgranaten und zwei je 10 m lange Seile. Der Plan: der „Furz"-Grieche (verzeih mir Georgi) und ich sollten uns abseilen, gehalten von den Kameraden der Gruppe, je ein Mann rechts und links mit Dauerfeuer nach unten die *Fellaghas* in Deckung halten. Kaum hatte sich der Qualm verzogen, ging es los. Ein ohrenbetäubendes Inferno hub an. Die MPis unserer Kameraden und einige Handgranaten vorab sorgten für „Stimmung". Wir sausten wie im Fahrstuhl abwärts. Tatsächlich hockten in einem Seitenstollen einige Bewaffnete. Unser Licht blendete sie, aber nur kurz und sie waren auf dem Weg in ihr Paradies. Dass ich dabei selbst etwas abbekommen hatte, merkte ich Augenblicke später. Mir war, als hätte ich Marmelade in den Ranger-Stiefeln. Querschläger hatten mein Schienbein erwischt; nichts Ernstes.

Aus dem Loch zogen wir später Unmengen an Munition, Bargeld in Seesäcken verpackt und zahlreiche Dokumente, *top secret*. Ein gewisser Ben Bella soll sie persönlich unterzeichnet haben. Der FNL-Führer war für uns das, was Osama bin Laden heute für die Amerikaner ist.

# Algier

Als Genesender lag ich 14 Tage am REP-eigenen Strand von Zeralda. Mein Bein und ich erholten uns prima. Leider – so empfand ich es damals wenigstens – war die Höhlenabseilaktion mein letzter Kampfeinsatz gewesen. Kleinere Scharmützel, die noch folgten, zählen nicht.

Das 1er REP fing an, am Rad der Geschichte zu drehen.

Zuerst dachten wir, die Angeber in ihren Mirage-Kampfflugzeugen wollten mal wieder zeigen, wie schön das Fliegen ist. Umso größer war das Staunen, als wir ungläubig feststellten, dass die französische Kokarde übermalt war und am Rumpf klar und deutlich die Buchstaben „OAS" zu lesen waren. Richtig aktiv wurde die OAS erst ab 1961. Zu diesem Zeitpunkt stand fest, dass Algerien in die Unabhängigkeit entlassen wird und dass Charles de Gaulle, der noch vor wenigen Monaten in Algier vor Tausenden öffentlich versichert hatte, Algerien würde französisch bleiben, offensichtlich ein faustdicker Lügner war.

Zuerst herrschte Unverständnis. Zugegebenermaßen hielt man uns, also den überwiegenden Teil des Regiments, mit Informationen auf Sparflamme. Doch letztlich sickerte immer mehr durch. Die Algerien-Franzosen wollten unter allen Umständen und mit allen Mitteln die Unabhängigkeit Algeriens verhindern. Wiederum ereigneten sich seltsame Dinge.

Kommandeure regulärer Truppenverbände gingen in Zeralda ein und aus. Regimentskommandeure, die zuvor keinerlei Verbindung zum 1er REP hatten. Wer nun mit wem genau und zu welchem Zeitpunkt was ausgehandelt hatte, sollte uns verborgen bleiben. Als aber in der Nacht vom 21. auf den 22. April 1961 der Militärputsch in Algier begann, stand das 1er REP an der Spitze der Revolte. Regimenter aller Waffengattungen traten ihm zur Seite. Natürlich auch die Algerien-Franzosen. Dann drohte de Gaulle den putschenden Generälen und Regimentern, wenn nicht alle Verbände innerhalb von 48 Stunden die Waffen niedergelegt hätten, würde er den Widerstand mit allen zur Verfügung stehenden militärischen Mitteln zerschlagen.

Diese Drohungen bekamen wir über das Radio mit. Am nächsten Tag bot sich ein unglaubliches Bild: Panzereinheiten der regulären Truppen, die tags zuvor noch „treue Waffenbrüder" gewesen waren, richteten plötzlich ihre Kanonen auf unseren Stützpunkt. Sie hatten mit fliegenden Fahnen die Seiten gewechselt. Andere Verbände hatten sich klammheimlich aus dem Staub gemacht. Die Katastrophe für das 1er REP war perfekt. Seine Führung wurde verhaftet und interniert. Das 1er REP, das höchstdekorierte Regiment der Fremdenlegion, lag in seinen letzten Zügen. Jeder, der auch nur im Entferntesten mit dem Aufstand zu tun gehabt hatte, wurde degradiert. Das 1er REP wurde auf Geheiß de Gaulles aufgelöst, seine Mannschaften auf die anderen Verbände der Legion verteilt und in die entlegensten Ecken der Welt verstreut.

Die ruhmreiche Regimentsfahne verschwand. Bis heute weiß keiner, wo das *Drapeau* versteckt wurde. Zwangsläufig reagierten einige Paras über. Im Stützpunkt brach das Chaos aus. Mit Mühe konnte noch der Auszug aus dem Standort organisiert werden. Alle Paras legten ihre *Tenue camouflage* mit sämtlichen Auszeichnungen an, einschließlich der Schulterkordeln. Eine Schnur war dunkelrot, sie stand für die *Légion d'honneur*, die Ehrenlegion, eine der höchsten Auszeichnungen Frankreichs. Die gelbgrüne Schnur stand für die *Medaille militaire* (Tapferkeits- und Verdienstmedaille). Auf dem rechten Oberarm das Stoffabzeichen mit dem stürzenden Adler auf blau-weiß-rotem Grund. Das grüne Barett mit dem silberblinkenden, geflügelten Dolch als Emblem. Das Springerabzeichen; der *Parachute* (Schirm) mit seitlichen Schwingen, Lorbeer, Eichenlaub und einem am *Parachute* hängenden Stern.

Die *Camions* waren beladen mit Munition. Vor dem Verlassen des Stützpunktes hatten unsere Pioniere den Stützpunkt verkabelt und mit Dynamit gespickt.

Tausende Menschen erlebten dann, wie wir ohne Unterlass die auf den LKW mitgeführte Munition in den Himmel schossen. Nachdem der letzte Transporter die Tore passiert hatte, flog der Stützpunkt ferngezündet in die Luft.

Wir wurden interniert und anschließend entwaffnet. Es ereigneten sich schlimme Dinge. Viele kamen noch zu Tode, durch Selbstmord, durch blutige Streitereien. Andere wurden im Suff gemeuchelt, von wem auch immer.

Schon nach kurzer Zeit gab es kaum noch eine Spur oder einen Hinweis darauf, was mit all den Männern des 1er REP geschehen war. Bekannt wurde nur, dass die in alle Winde verstreuten Paras mitunter von gaullistischen Fanatikern in den Regimenten gedemütigt wurden. Ich selbst landete in einem Fahrzeugpark des 1er RE in bel-Abbès; Eskorte für Offiziere fahren. So dämmerte ich vor mich hin bis zu jenem Tag, als letztmalig die Trikolore auf dem Kasernenhof von Sidi-bel-Abbès eingeholt wurde.

Nach dem Ende des 1er REP begann die OAS ihr Spiel. Es gab praktisch nichts, woran die OAS nicht beteiligt war. Sabotage, wo es nur möglich war. Raub mit vorheriger Ansage. Flächendeckend im ganzen Lande. Zu viel sollten schließlich die Algerien-Franzosen verlieren. Viele Farmbesitzer ließen ihr Eigentum von Ex-Legionären schützen. Alles umsonst. Durch das Referendum und die Verträge von Erian war das Ende des französischen Algeriens und auch der Fremdenlegion in Nordafrika besiegelt. Es blieb eine tiefe Verbitterung.

# Korsika – die Flucht

Es sollten noch Tage vergehen, Tage, die nichts mit geregeltem Rückzug aus Nordafrika zu tun hatten. Nachdem der Waffenstillstand und die Verträge unterzeichnet waren und sich der Rausch der frisch gewonnenen Unabhängigkeit in den Köpfen der „Sieger" gelegt hatte, konnten es die neuen Herren kaum erwarten, bis die ehemalige Kolonialmacht und ihre Helfer das Land verließen. Dies hatte natürlich zur Folge, dass auf beiden Seiten immense Unruhe entstand; dass Sabotage, Raub und Mord an der Tagesordnung waren. Nur ein Beispiel: Wie auf Kommando war innerhalb weniger Stunden in keiner Bank Algeriens auch nur noch ein *Sou* vorhanden – und welch ein reiches Land war Algerien gewesen! Sicherlich eine Kolonie, aber eine reiche, eine sehr reiche.

Die Überfahrt von Oran nach Korsika hatte ich eingangs bereits geschildert. Wieso kam man ausgerechnet auf diese Insel? Aubagne als neuer Standort des 1er RE war inzwischen überbelegt. Dann kam Korsika als weiteres „Legionsaufnahmelager" ins Gespräch. Die Korsen wurden nicht gefragt und waren wenig begeistert. Warum sollten sie auch? Die Unabhängigkeit von Frankreich hatte für sie höchste Priorität. Außerdem waren die *Pieds Noirs*, die Schwarzfüße, dort schon sehr aktiv. Später erschütterten Bombenanschläge die ganze Insel.

Landschaftlich war Korsika Anfang der 60er Jahre noch ein Traum. Einfach nur wunderschön. Unser erster Anlaufpunkt war Ajaccio, die ehemalige Residenz Napoleons. Von dort ging es ins Landesinnere, nach Corte. Man könnte meinen, in der Innerschweiz zu sein: Berge und nochmals Berge. Einmalig, aber sehr heiß im Sommer. Die Hafenstadt Bastia blieb damals wegen der Reichen mit ihren Jachten, meist aus Italien kommend, vor dem Schicksal verschont, einen Legionsverband aufnehmen zu müssen. Bonifacio, an der Südspitze gelegen, war der nächste Anlaufpunkt für mich. Dort sollten sich die Weichen für die Zukunft stellen.

Wieder eine alte Festung. Nostalgie und Geschichte, wohin man auch blickte. Selbst in dem kleinen Hafen, dessen Einfahrt man kaum entdecken konnte, lagen Amphoren auf dem Meeresboden. Glasklares Wasser. Heute so nicht mehr vorstellbar. Was soll's. Wir waren nicht hierher gekommen, um Altertümer zu sammeln.

Schnell, sehr schnell hatten die zuerst sehr freundlichen Korsen begriffen, dass die Legion kein Segen für sie war. Zuerst nur in Einzelfällen, dann immer öfter und brutaler versuchten Legionäre den Korsen ihre Fischerboote zu klauen, um damit nach Italien zu desertieren. Selbst vor den Jachten der VIPs machten sie nicht halt. Mit dem Ergebnis: *Consigne* für alle Legionäre. Viele Orte und Küstenabschnitte wurden einfach für die Legion gesperrt. Nur an bestimmten Stellen durften Legionäre noch baden gehen, immer misstrauisch von den Einheimischen beäugt. Die neue Heimat gefiel längst nicht allen. Unter den Neuen grassierte das Gerücht, sie würden künftig zum Straßenbau oder ähnlichen Arbeiten herangezogen. Dem wollten sich viele durch Flucht entziehen. Schnell wurden sie wieder eingefangen, halb verdurstet mit fürchterlichen Sonnenbränden.

Warum auch jetzt noch Legion? Kein Krieg mehr, keine guten Aussichten also. Arbeiten? Hier? Dann lieber wieder zu Hause den Ärger mit der Familie, der Frau, den Behörden. Die Fremdenlegion schien schlagartig ihre Anziehung verloren zu haben. Nee, für kleines Geld arbeiten? Dann lieber auf einer Bohrinsel anheuern oder vielleicht zur spanischen Legion wechseln. Auswandern nach Australien? Grönland sucht auch Leute für viel Geld. Verlockend schien ebenfalls, Aufseher in einer südafrikanischen Diamantenmine zu werden. Auch im Kongo rumorte es. Angeblich konnte man dort als Söldner Reichtümer anhäufen. Herz, was willst du mehr? Ein Boot geklaut. Am Strand lauerten meist noch einige Fluchtwillige. Vereint ist man stärker. Ohne Wasser, ohne Kompass und null Ahnung von der See. Der verrückteste Fluchtversuch endete tatsächlich

*Die Zitadelle von Bonifacio (um 1969)*

damit, dass eine Fünfergruppe einmal um die gesamte Insel paddelte. Das muss man sich einmal vorstellen ... Langsam hatte auch ich die Schnauze voll. Dann schlug ein Gerücht ein wie eine Bombe: Teile der Legion, darunter das 1er RE, sollten zurück nach Afrika. Nach Algerien, ohne Waffen. Angeblich wieder in die alten Kasernen, die aber inzwischen von den ehemaligen Rebellen besetzt waren. Das Unheil war vorhersehbar.

Diesen trüben Gedanken hing ich auf der Lafette eines alten deutschen Flakgeschützes nach, das liebevoll gepflegt in der Hafeneinfahrt von Bonifacio stand. Blaugrün lackiert, mit dem Balkenkreuz versehen. Wie neu. Was also tun? Nach Algerien zurück zum Malochen? Auf keinen Fall. Irgendwo in einem Drecknest Straßen bauen oder Brücken? Vielleicht solche Brücken, wie sie die armen Schweine im Strafbataillon in Colomb-Béchar gebaut hatten?

Mir blieb nur der Rapport beim Standortkommandanten. Die Uniform vom Feinsten. Das frisch gebügelte Hemd mit dem für die Legion einmaligen Faltenmuster, Fingernägel und Haarschnitt in Ordnung, die Schuhe auf Hochglanz poliert. Die Para-Spange glänzte. Die beiden Sterne auf den Auszeichnungen waren ebenso wenig zu übersehen wie die Schulterschnüre, dunkelrot die eine, grüngelb die andere. Sie standen für die Tapferkeit eines ganzen Regiments, das aus den Annalen der Geschichte gestrichen worden war.

Ein Ordonanzoffizier klopfte an die Tür des Kommandanten. Ich salutierte, nannte Dienstgrad und *Matricule*. *„Zu Ihren Diensten, mon Commandant!"* Kurz, knapp, makellos. *Monsieur Commandant* betrachtete intensiv ein Stück Papier. Nach einer verdammt langen Zeit, die allein schon eine Beleidigung war, meinte *Monsieur*: *„Sie fürchten Unannehmlichkeiten, wenn sie nochmals nach Algerien müssten?"* Ich bejahte die Frage. Ich hatte den Halbsatz kaum beendet, als *Monsieur Commandant* aufsprang und mich anzischte: *„Dann hätten Sie und Ihresgleichen in Algerien nicht so viel Mist anstellen sollen!" „Dehors!"* – „Raus!"

Exakter Gruß von mir. Exakte Kehrtwendung.

In diesem Augenblick wusste ich noch nicht, dass ich mich mit dieser Kehrtwendung von der Fremdenlegion verabschiedet hatte.

Der Ordonnanzoffizier, ein junger Leutnant ohne jegliche Auszeichnung, öffnete die Tür. Dabei blickte er verlegen zu Boden. Vor der Tür standen zwei Hünen unserer ehemaligen PM. Mit einem von ihnen war ich befreundet. *„Als ich hörte, dass du da drin bist, wusste ich gleich, es gibt Ärger."* Ich hatte in der Zwischenzeit meine Auszeichnungen abgelegt. Nur meine Springerspange und die Kordeln vom 1er REP wollte ich weiterhin tragen. Alles andere drückte ich dem verdutzten Kumpel in die Hand. *„Heb es auf für deine Kinder, Sergent!"* Eine große Leere machte sich in mir breit. Was hatte ich nicht alles für große Pläne in Zeralda geschmiedet! Nochmals fünf Jahre drauf, dann nochmals zwei bis drei Jahre dranhängen, naturalisieren lassen, Franzose werden. Irgendwo in Südfrankreich einen kleinen Hof oder ein Haus kaufen, fischen, schwimmen und loslassen. Mit den Alten des Dorfes Boule spielen, den Sonnenuntergang bei einem guten Glas Wein genießen. *Merde!* Ich ging auf meine Bude. Alles fremde

Gesichter. Gut, auch keiner da, der einem auf den Keks gehen könnte. Vom Hof der Kaserne hörte man das Theater von eingefangenen Deserteuren, mit Brandblasen übersät und halb verdurstet. „Blaue Säcke" eben. Nicht einmal Dresche bezogen sie. Könnten doch die Touristen mit ihren Kameras und Ferngläsern etwas bemerken. Wie sich die Zeiten geändert hatten. Ich dachte zurück, wie in meiner Ausbildung Fluchtversuche geahndet worden waren ...

Szenenwechsel. Der Tag will sich verabschieden. Es dämmert schon über dem Hafen von Bonifacio. Die Luft duftet nach Oleander, Thymian und Rosmarin. Mein Blick schweift in die umliegenden Berge. Berge, die allerdings nicht überall betreten werden dürfen. Überall Schilder „Achtung Minen!", deutsche Minen aus dem Zweiten Weltkrieg; Erdbunker, zum Teil noch so, wie sie 1943 von den deutschen Soldaten verlassen worden waren. Zugewachsen mit Unkraut und geschützt von rostigem Stacheldraht.

Du musst nach Bastia. Bastia liegt im Norden. Von dort ist der Weg in die Freiheit länger, aber sicherer. Willst du wirklich? Bist du sicher? Nur keine Fehler machen. Vor allem nicht auffallen. Genauestens planen. Viel Zeit bleibt nicht mehr. Dass die Legion noch ihre Meinung ändern oder dich besser behandeln würde, damit war nicht zu rechnen.

Ich beantragte Urlaub für 48 Stunden. Urlaub, um mir die Sehenswürdigkeiten Bastias zu Gemüte zu führen. Kultur zieht immer, dachte ich. Ich hatte es so geplant, dass alles bis zum Moment, an dem ich ins Wasser gehen würde, immer so aussah, als befände ich mich auf Urlaub. Großmundig versprach ich einigen Kameraden, den beliebten Cap-Corse-Likör mitzubringen. Alles musste locker und unverfänglich wirken. Richtig, ich wollte schwimmend die Insel verlassen. Der Plan war riskant, aber im Norden hatte er eine Chance. An der Südküste hätten sie mich, wie alle anderen, rausgefischt wie eine Sardine.

Ich fuhr mit dem Bus. Ganz normal also. Misstrauisch beäugt von den Einheimischen. Durch das Schaukeln des Busses und die Wärme döste ich so vor mich hin. Die Bremsen quietschten. Ich stieg aus; mitten in Bastia.

Mein Interesse richtete sich auf eine geeignete Unterkunft. Ich mietete mich ein, hatte einen gültigen Urlaubsschein. Dazu noch einen Blankoschein. Alles, was ich an Geld gebunkert hatte, trug ich bei mir. In einem Badelaken eingerollt meine persönliche Waffe, eine Armeepistole 9 Millimeter. Des Weiteren ein starkes Schmerzmittel (steht in Deutschland auf der Liste der Opiate). Dazu noch einige Kleinigkeiten, die einem auf der Flucht von Hilfe sein könnten.

Dösend lag ich auf einem wanzenfreien Bett. Der Ventilator an der Decke surrte leise vor sich hin. Die Fenster waren geöffnet. Nur die Schlagläden waren geschlossen. Durch die Sehschlitze drang warmes Sonnenlicht ins Zimmer. Ich aß frische Weintrauben. Köstlich. Paradox das Ganze. Ich lebte wie Gott in Frankreich und stand doch einmal mehr davor, Kopf und Kragen zu riskieren. Mir fiel ein, in Deutschland hatten im August letzten Jahres die Kommunisten in Berlin eine Mauer gebaut und quer durch Deutschland Stacheldraht gezogen. Viele Gründe wurden dafür genannt. Viele Tote hatte diese Grenze schon gefordert. Ein Land, ein Volk, eine Nation wurde gespalten. Auf der ganzen Welt ein Riesenprotest, Demonstrationen. Die westlichen Alliierten knirschten mit den Zähnen. Drohgebärden hier, Drohgebärden dort. Als sich dann Amis und Russen in Berlin direkt ins Auge blickten, in diesem Falle direkt in die Mündungen von Panzerkanonen, haben sich die Amerikaner, rückwärts fahrend, wieder verkrümelt. Auf höchste Weisung, wie es hieß. Sollte man wegen dieser ausgebluteten Stadt einen Krieg riskieren? Nein!

Irrtum sage ich, denn es war die Stunde Frankreichs. Die Franzosen waren die Einzigen, die die Zähne zeigten. Was keiner für möglich hält: Frankreich wollte die Sache mit der Fremdenlegion regeln. Notfalls auch allein. Dies steht nirgends geschrieben, in keinem Buch. Es spielte sich alles auf höchster Ebene ab. Eben Diplomatie. Woher wir das wussten? Wir als Paras und Legionäre waren die unmittelbar Betroffenen. Westberlin sollte nicht den Russen überlassen werden. Ich höre schon die Militärhistoriker aufheulen. Tut mir leid, meine Herren. Wir lagen 48 Stunden in Alarmbereitschaft auf dem Flugplatz Lasenia in Algerien.

Heute weiß man, dass man damit einen neuen Weltkrieg riskiert hätte. Fest steht auch, dass die andere Seite nicht nachgegeben hätte. Wir jedenfalls hätten auch diesen Job gemacht. Bewaffnet bis an die Zähne, lagen wir unter den Tragflächen von Noratlas-Maschinen im Schatten. Befragungen der Deutschen, wer kennt Westberlin, wer kennt die Sektoren, alles schien wichtig. Ich weiß von anderen Deutschen, wie zwiespältig sie waren. Aber die Legion fordert nun ihr vertraglich zugesichertes Recht ein, und du wirst deinen Vertrag erfüllen. Erst viel später erfuhr man, was auf Seiten der DDR alles an Sowjetverbänden stationiert war. Sie konnten jeden Punkt in Westberlin treffen, wann immer sie wollten.

Nach dem Fall der Mauer kamen dann, belegt mit genauesten Plänen, diese Dinge zu Tage. Verraten von ehemaligen sowjetischen Offizieren, für eine Handvoll Dollars.

Alle hatten Glück in diesem Spiel, dass es nicht zum großen Knall kam. Die Welt, Berlin und ganz besonders wir Legionäre.


## Das Boot

Nun ging es aber für mich erst einmal darum, die Fluchtpläne zu intensivieren. Alles, aber auch alles musste stimmen. Vor allem das Wetter, das war aber zu dieser Zeit in Ordnung. Ich interessierte mich für die Fischer. Nicht, um ihnen die Boote zu klauen, nein, ein Schwätzchen hier, ein Gespräch da. Ein Gläschen *Cap Corse*, nur nicht auffallen.

Nachts würde der Vollmond scheinen. Den Kompass testete ich unter Wasser, nachdem ich ihn wasserdicht mit Folie umwickelt hatte. Eine wasserdichte Armbanduhr, eine Dose Hautcreme vermischt mit Sonnenöl, mein Kampfmesser. Das Messer sollte an der Wade befestigt werden. Auf dem Rücken in Hüfthöhe sollte ein wasserdichter Beutel meine ganze Habe aufnehmen, Geld, Papiere. Meine Waffe vorn in der Badehose, ebenfalls wasserdicht verpackt. Die Waffe hätte ich im Ernstfall sofort benutzen können, sie war durchgeladen. Ich hätte nur durch den Beutel schießen müssen. Ich war zu allem entschlossen. Lebend sollten sie mich nicht bekommen. Wasserdichte Brille, Bienenwachs für die Ohren, damit kein Wasser eindringt. Schwimmflossen wollte ich mir erst im letzten Moment zulegen, ebenso einen Schnorchel. Eine Plastikflasche mit zwei Litern Trinkwasser würde ich an einer drei Meter langen Schnur hinter mir herziehen. Mein Ziel war die kleine italienische Insel Capraia ostwärts von Korsika. Nicht zu verwechseln mit Capri vor Neapel.

Ich wollte Korsika also schwimmend verlassen. 20 Kilometer auf See, direkt entlang des 43. Breitengrades. Klingt verhältnismäßig einfach, war es aber nicht. Bestimmt nicht. Nur damals schien mir dieses Unternehmen durchführbar und jedes Risiko wert. Wenn ich die Kräfte richtig einteilte, müsste ich nach spätestens vier bis fünf Stunden direkt auf die Insel zugespült werden. Von Fischern hatte ich erfahren, dass die Ost-Strömung günstig sei. Zumindest wäre sie nicht ablandig, was heißen soll, ich müsste keine allzu große Kraft aufwenden. Außerdem verfügte ich über einen entscheidenden Antrieb: Ich hatte restlos die Schnauze voll von der Fremdenlegion. Wer A sagt, muss auch B sagen? Was ist mit der Ehre? Man muss nicht besonders intelligent sein, um feststellen zu können, dass der Vertrag mit der Legion ein Unding ist. Sehr einseitig zumindest. Dünn meine Argumente? Egal. Nur nicht schwach werden jetzt, sagte ich mir. Es war eine Hassliebe zur Legion. Man hatte mich wie einen Aussätzigen behandelt. Und warum? Weil einige hohe Herren uns, unser Regiment, also auch mich, für ihre Zwecke missbraucht hatten. Genug jetzt. Sollte ich ertrinken, dann sollte es so sein. Ein Zurück gab es nicht mehr. Basta.

Dass die Legion mein ganzes Leben verändert hatte, ist mir erst viel später klar geworden. Vieles sollte noch schief laufen. Ich hatte mich so sehr verändert, dass ich manchmal sogar vor mir selbst erschrak.

Wie sollte es dann von der kleinen Insel weitergehen? Erst einmal hinkommen, dann sehen wir weiter. Capraia gehörte jedenfalls zu Italien. Ich musste grinsen. Die Franzosen würden doch mit den Italienern keinen Krieg anfangen?

Obacht geben musste man auf Patrouillenboote, die oft vor der korsischen Küste kreuzten. Im Süden, von Bonifacio aus, ist der Weg doch nur halb so lang. Richtig, dort herrschte aber schon ein reger Fluchtverkehr. Die Legion fischte die Deserteure wie Sardinen aus dem Wasser. Selbst auf Sardinien hatte sie schon Leute geschnappt. Nein, hier oben, schön bedächtig, wie im Schwimmbad. O. K.? Am späten Nachmittag trampte ich nach Luri. Von Luri aus ging es zu Fuß noch einige Kilometer in Richtung Norden. Meine Uniform hatte ich bereits kurz hinter Bastia an einem einsamen Strand versteckt. Jetzt waren die Würfel gefallen. Dann stand ich an dem Stück Strand, von dem aus ich mein Unternehmen starten wollte. Versteckt im Sand liegend, beobachtete ich erst einmal die Gegend für geraume Zeit. Keine Seele weit und breit. Nur der Wind säuselte leise vor sich hin. Monoton rauschte die Brandung. Weit draußen tauchte ein Segel auf. Möwen drehten ihre Runden.

Also los dann!

Sorgfältig begann ich mich mit der Creme einzuschmieren. Besonders Bauch und Hüften. Fingerdick auf Arme, Beine, Hals und Gesicht. Die Taucherbrille saugte sich fest auf dem Gesicht. Zuletzt die Stöpsel in die Ohren. Dann zog ich mir ein schwarzes T-Shirt und eine knielange dunkle Badehose an. In Schwarz würde man mich aus der Luft nicht so leicht erkennen können. Einen Kieselstein im Mund, bestes Mittel gegen Durst. Das Kampfmesser auf der rechten Wade befestigt, den Kompass am rechten und die wasserdichte Uhr am linken Handgelenk, auf dem Rücken in Hüfthöhe das Päckchen mit den Papieren, Streichhölzern, Zigaretten, Schokolade und Geld.

Alles, was sonst noch übrig blieb, wurde vergraben. Ich zog die Schwimmflossen an, den Schnorchel durch die Gummischleife an der Brille. Ein letzter Kontrollblick, alles war an seinem Platz. Rückwärts watete ich langsam ins warme Wasser. Mit dem abgebrochenen Ast eines Strauches verwischte ich die Fußspuren. Zuerst Steine, dann Algen und schließlich war kein Boden mehr zu spüren. Genau am Cap Corse begann die Tour auf dem 43. Breitengrad. Es war kurz nach 17.00 Uhr. Ich hatte nicht die Spur Angst oder irgendwelche Bedenken. Je weiter ich hinaus schwamm, desto höher wurde die Dünung. Lange, aber ruhige Wellentäler trugen mich voran. Ich arbeitete viel mit den Füßen. Die Arme benutzte ich nur zur Korrektur der Richtung, oder aber ich kraulte einige Zeit, um dann wieder, auf dem Rücken schwimmend, weiter zu gleiten. Dann lag ich wieder minutenlang ruhig auf dem Wasser, um mich zu entspannen. Hin und wieder ein kleiner Schluck aus der Plastikflasche. Es wurde dunkel. Ganz langsam zuerst. Dann mit urplötzlicher Gewalt war die Angst da. Der Gedanke, wo ich mich befand, welche Tiefe unter mir war, ob es hier vielleicht doch …? Ich erwischte mich dabei, dass ich laut zu singen anfing. Der Mond war inzwischen aufgegangen. Die Wellentäler warfen dunkle Schatten; die Schaumkronen leuchteten wie Elmsfeuer. Trotz der vielen Creme wurde mir langsam kalt. Schneller schwimmen? Bloß nicht, du musst deine Kräfte einteilen! Wieder auf den Rücken und singen, Volkslieder, Weihnachtslieder, schmutzige Lieder, Schlager, Gassenhauer – eben alles, was in den Sinn kam. Hörte ja sowieso keiner. Zeitweise verschwand der Mond hinter lockeren Wolken. Ich sah wieder auf den Kompass. Siedend heiß schoss die Panik hoch: Osten war genau hinter mir. Ruhe Alter, Ruhe. Also doch Strömung? Ist solch ein Unternehmen schon am Tage ein Risiko, dann grenzt es nachts schon an – woran? Ich hatte mich gerade etwas beruhigt, als ich bemerkte, dass die Uhr nicht mehr ging. Sie stand auf 20.22 Uhr. Wieder diese verfluchte 22. *Vingt deux* – du traust dich nicht! Die Erinnerung an die letzten Stunden in einem Hotel in Deutschland. Du traust dich nicht, hatte meine Verlobte gesagt. Du traust dich nicht, zur Fremdenlegion zu gehen. Wenn du nur wüsstest, was ich mich schon alles getraut habe.

Die sich zersetzende Creme bereitete mir zusätzliche Sorgen. Mir war kalt. Den Stein im Mund hatte ich verschluckt. Klappt an Land ganz gut, hier nicht. Ich rechnete und kam zum Schluss, dass bald Land in Sicht kommen musste, sofern ich mittlerweile nicht auf einem Längengrad oder einem anderen Breitengrad schwämme. Wenn mich die Wellentäler anhoben, hielt ich Ausguck. Nichts. Steifheit kroch in alle Glieder. Die Hände fühlten sich wie Waschbretter an. Hilflos dem Meer ausgeliefert – notfalls kannst du dir ja eine Kugel durch den Kopf jagen. Ja, denkste. Hör bloß auf, dir solch einen Scheiß einzureden. Dann plötzlich dieses Geräusch. Zuerst nur ein Murmeln, dann wie rieselnder Sand. Das Geräusch wurde lauter. Als ich vom nächsten Wellenberg runterkam, stieß ich auf Boden. Du hast es geschafft!

Glitschiges Gestein und Algen, dazu auflaufende Wellen. Ich taumelte mehr als ich ging. Dann stieg mir Rauch in die Nase. Kein Rauch ohne Feuer. Ein durch Sommerhitze oder Blitzschlag entstandenes Feuer schien unwahrscheinlich. Also musste jemand in der Nähe sein. Aber wer?

Ich überlegte: Wenn Menschen in der Nähe sind, könnten sie dir vielleicht weiterhelfen. Ich hatte einiges Geld bei mir. Zuerst aber einmal vollends an Land waten. Einen Freudentanz hätte ich aufführen können. Danke, wer auch immer die Geschicke der Menschen oder das Schicksal lenkt, danke!

Zuerst dachte ich, dass es vielleicht Fischer sein könnten. Fischer, die an einem offenen Feuer ihre Mahlzeit zubereiten. Schwimmflossen, Schnorchel und Brille hatte ich hinter mir gelassen. Notfalls könnte ich sie schnell wieder an mich bringen. Langsam näherte ich mich den vier oder fünf Gestalten. Dann verhielt ich, um aus den Wortfetzen, die zu mir drangen, eventuell zu erkennen, mit wem ich es zu tun hatte. Mich traf fast der Schlag. Deutsche Worte drangen an mein Ohr: vor mir hockten fünf „blaue Säcke"! Desertierte Legionäre, drei Deutsche und zwei Belgier. Flach auf den Boden, die Waffe in die Hand! Sicher ist sicher. Bewaffnet schienen sie nicht zu sein. In einiger Entfernung sah ich ein Boot liegen, ein ziemlich großes sogar. Der Mast war umgelegt und über dem Boot war eine Art Tarnnetz gebreitet. Sicherlich ein Fischernetz. Unbekümmert unterhielten sich die Männer. Ein großer Deutscher schien der Wortführer zu sein. Ich erhob mich. In einer Hand die Waffe, in der anderen die Wasserflasche. So ging ich auf die fünf zu. Sie bemerkten mich erst, als ich direkt ans Feuer trat.

*„Gemütlich habt ihr es hier."* Der Schreck fuhr ihnen in die Glieder. An Gegenwehr war nicht zu denken. Der große Blonde regte sich als Erster. Meine Waffe hielt ihn jedoch in Schach. Die anderen sahen den braungebrannten Fremden in dunklem T-Shirt und dunkler Hose ungläubig an. Offensichtlich bekamen sie Angst. Plötzlich versuchte einer der Belgier meine Beine zu umschlingen, um mich auf den Boden zu werfen. Ein Tritt, Vollspann, unter das Kinn, und er fing an zu wimmern, hatte er sich doch kräftig auf die Zunge gebissen. Jeglicher weiterer Widerstand schien damit gebrochen. Inzwischen hatten sie auch meine Tätowierungen auf den Oberarmen bemerkt. Auf dem linken das französische Fallschirmspringerabzeichen, auf dem rechten einen Legionärskopf vor

der Trikolore. Das Eis war schnell gebrochen. Sie kapierten schnell, wer nun das Sagen hatte. Die Jungs sahen furchtbar aus mit ihren total sonnenverbrannten Körpern. Hatten sie einfach nur Glück gehabt, dass sie bis hier gekommen waren? Später sollte ich zu unserem Konsul in Italien sagen, dass die Männer nicht dumm waren, dass aber die spätere Trennung von ihnen unvermeidbar war, wenn auch nur einer von uns überhaupt eine Chance haben sollte. Dass für sie hier schon Feierabend sein könnte, auf diese Idee waren sie noch nicht gekommen.

Zuerst einmal sorgte ich dafür, dass wir vom Strand wegkamen. Selbst die Asche des gelöschten Feuers warfen wir ins Meer. Alle Fußspuren wurden so gut es ging verwischt. Das Boot zogen wir mit vereinten Kräften zwischen Felsen und bedeckten es mit Sträuchern. Zuerst wurde eine Wache aufgestellt. Auf keinen Fall winken und rufen, wenn sich etwas der Küste bzw. dem Strand näherte.

Wir hatten schnell ein windgeschütztes Plätzchen gefunden. Unter einem Felsüberhang entfachte ich ein kleines Feuer. Ein Stück Plane von dem Boot lag griffbereit, um sofort über das Feuer geworfen werden zu können, falls dies erforderlich sein sollte. Ich merkte den „blauen Säcken" an, dass sie froh waren, einen Altgedienten unter sich zu haben. „Erzählt mal", forderte ich sie auf. „Na ja, wir kommen aus Corte, aus dem Landesinneren von Korsika." Die Ausbildung sollte erst beginnen, wenn die Unterkünfte erstellt waren. Um das aber zu bewerkstelligen, mussten erst einmal befahrbare Straßen gebaut werden und ... „Danke, das reicht mir", sagte ich. „Ja, wir sind dann mit unserem Auto losgefahren."

Die sagten tatsächlich unser Auto! Dann hätten sie das Auto gegen einen Kahn plus Kompass und Proviant eingetauscht.

Na ja, das Auto. Ein Privatwagen, den sie einem Polizisten geklaut hatten. Der Belgier war Spezialist für so was. Die Fischer allerdings hätten sie beschissen, denn der Dieseltreibstoff für den kleinen Bootsmotor war schnell zur Neige gegangen. Eigentlich hätten sie zur Insel Elba gewollt. Elba? Einer der deutschen Jungs war früher Seemann gewesen, bei der norddeutschen Reederei EO. „Eine Scheißreederei mit üblem Leumund", so der Seemann. Der andere Deutsche war ebenfalls ein „Fischkopf" von Nordstrand. Der kannte sich mit den Gezeiten und den Krabben aus. Der Rest der Mannschaft waren auch keine Verbrecher, sondern junge Burschen mit Pickeln und einem überzogenen Konto zu Hause. „Wie soll es denn nun weitergehen?", fragte ich scheinheilig. Zehn weit aufgerissene Augen starrten mich an. Na, du wirst doch wohl eine Idee haben. Was sollte ich nun sagen? Ich wusste doch auch noch nicht, wie es weitergehen sollte. Sie schienen sich damit abgefunden zu haben, dass ich das Kommando übernehme. Dann holten sie Verpflegung aus dem Boot. Die hatten doch tatsächlich auch daran gedacht! Dosenproviant, sogar Wasser hatten sie. Ohne Murren teilten sie ihr Essen mit mir. Ich zermarterte mir den Kopf, wie es nun weitergehen könnte. Zweierlei war klar: Dieses Eiland von der Größe eines Fußballfeldes gehörte nicht zu Italien, sondern zu den winzigen Inselchen ostwärts von Korsika. Außerdem musste mit einer so großen Gruppe die Flucht zwangsläufig scheitern.

Einer der Jungs gab mir eine versaute Jeanshose, ein anderer einen nassen Pullover, mit dem sie zuvor ein Leck abgedichtet hatten. Instinktiv hatte ich immer darauf geachtet, dass keiner zu dicht heran kam oder hinter mir stand. Erfahrung eben. Beim Umziehen passte ich eine klitzekleine Sekunde nicht auf, und schon versuchte mir „EO" (so von mir nach der Reederei genannt) die Pistole zu entreißen. Im Drehen schlug ich ihm den Knüppel, auf den der Pullover zum Trocknen gehängt wurde, voll ins Gesicht. Es knirschte – das Nasenbein war gebrochen und auch die Oberlippe hatte etwas abbekommen. Der Angriff war im Keim erstickt. Fortan war der „EO" beleidigt und sprach nicht mehr mit mir. Nur seine Augen verrieten, was er dachte und was er gerne getan hätte. Versuch es nur, signalisierte ich ihm.

Die Hackordnung war geregelt. Nach einigen andächtigen Minuten und nachdem der „EO" das Nasenbluten wieder unter Kontrolle hatte, fragte ich ganz scheinheilig nach ihrem Plan. Der von Nordstrand meinte: *„Morgen sollten eigentlich die Fischer hier vorbeikommen."* Ich war wie elektrisiert. Was war das? Wieso hier vorbeikommen? Ihr wolltet doch nach Elba schippern? *„Ja also"*, stotterte EO, *„hierher sollten wir zuerst, um Sprit für den Motor zu bunkern. Der Sprit sollte hier versteckt sein."* Wenn sie wollten, würden sie die Fischer auch bis nach Italien bringen. *„Morgen"*, sagte ich, *„kommen nicht die Fischer. Morgen kommt die Militärpolizei oder sonst wer, um euch abzuholen und wieder in die Legion zu stecken."* *„Das haben wir uns auch schon gesagt. Was aber sollen wir tun? Ohne Treibstoff kommen wir hier nicht weg."* Da hatten sie allerdings Recht. Den Vorschlag, sofort aufzubrechen und nach Elba oder sonst wohin zu rudern, lehnte ich ab. Das war kein kühner Gedanke, sondern reiner Selbstmord.

Die Wache wurde gewechselt. Erhöhte Aufmerksamkeit. Wehe du pennst ein, Kumpel. Es dauerte einige Zeit, bis wir einen einigermaßen brauchbaren Plan geschmiedet hatten. Es war klar, dass mein Schicksal mit dem ihrigen verbunden war. Unmöglich, allein hier abzuhauen. Wir wollten aber nicht so einfach aufgeben. Neben meiner Waffe hatten wir noch drei Messer, eine Brechstange und einige eiserne Schiffsbeschläge. Wir würden uns in aller Frühe am Strand verteilen. Den Schiffsmast des Bootes würden wir wieder aufrichten. Einer sollte sich oben anseilen und als Ausguck nach allem Ausschau halten, was sich der Insel näherte. Sollten tatsächlich Fischer kommen und nicht die Polizei oder ein Legionskommando, würden „Nordstrand" und ich die Verhandlungen führen. Als Überzeugungshilfe würde ich sichtbar meine Waffe tragen. Sollten sie doch glauben, wir hätten noch mehr Waffen.

Wir schliefen. Zumindest tat jeder so. „EO" schnarchte fürchterlich. Die Nase! Mir war nicht wohl zumute. Ich machte mir richtig Sorgen. Ein kleines Ass wollte ich in der Hinterhand behalten. Mich würde man nicht an die Legion ausliefern. Notfalls würde ich versuchen, den Kahn zu kapern. Abwarten.

Der Morgen graute. Schnell stieg die Sonne auf. Ein schöner Tag, wenn nicht – nur nicht daran denken. Wird schon schiefgehen. Jeder hatte seinen Platz eingenommen. Sollten sie ruhig nach uns suchen. Vor allem musste es so aussehen, als seien wir total unbedarfte Typen. „EO" im Ausguck ließ den verabredeten Pfiff ertönen. Auf der Kimm stand ein dunkler Fleck. Ein Boot. Schnell wurde der Mast eingeholt. War warteten und blickten angestrengt aufs Meer. Das Boot nahm Form an. So ein Zwischending, nicht Barkasse, nicht Krabbenkutter, meinte der Junge von Nordstrand. „EO" stimmte zu. *„Was heißt das?"* *„Na jedenfalls kein richtiger Hochseekutter, eher so ein Teil, das unter der Küste auf Fischfang geht."* „EO" stellte fest, dass der Kahn keine Funkantenne hatte. Das hatte nicht unbedingt etwas zu bedeuten. Vielleicht waren es tatsächlich nur Fischer. Kein erkennbarer Bootsname, nicht einmal Zahlen oder Buchstaben. Ein fragender Blick zu den Seeleuten. Schulterzucken. *„Sind eben arme Schweine"*, meinte „Nordstrand". Vier Männer sprangen nun über Bord ins hüfthohe Wasser. Ich fragte den Belgier auf Französisch: *„Sind das die Leute?"* Er nickte. Die Waffe steckte ich in den Hosenbund. Jetzt waren sie an Land. Das Boot dümpelte an einem Treibanker vor sich hin. Ich bemerkte gerade, dass noch jemand an Bord sein musste. Kurz nur hatte sich das Sonnenlicht in einem Fernglas widergespiegelt. *Attention*, Alter. Der Gefahreninstinkt war sofort da. Nicht angeboren, nein, in der Legion anerzogen. Die Männer hatten große Korbflaschen mit Wein dabei. Sie boten uns davon an. Ich trank nur wenig. Der Geschmack des guten Weines konnte den Gestank, den die Männer verbreiteten, nicht überdecken. Einer fing nun an, gestikulierend in einem fürchterlichen Kauderwelsch zu palavern. Ich einigte mich mit ihnen schnell auf Französisch. Ich wäre gestern aber nicht dabei gewesen, stellte der Wortführer fest. Die pockennarbige „Seegurke" hatte unschwer erkannt, dass ich von einem anderen Kaliber sein musste. Misstrauisch musterte er meine Tätowierungen, bevor er sich nach dem Boot der Flüchtigen erkundigte. Ich zeigte in die Richtung, wo es lag. Dann rieb er Daumen und Zeigefinger aneinander. Das Zeichen war unmissverständlich. Geld, Bares. *„Wofür?"*, fragte ich. Diese Frage hob ihn fast aus seinen Bastsandalen. Bei dem Leben seiner Kinder und bei allen Heiligen versuchte er mir klar zu machen, dass sie schließlich ihr Leben riskierten. Dann beschrieb er uns in weinerlichem Ton, dass man uns zumindest teerte und federte, würde man unser habhaft. Seine Kumpels standen tatenlos herum und machten auf desinteressiert. Schließlich hatte auch „EO" begriffen, dass die Herren zusätzlich Bargeld haben wollten. Ich konnte ihn gerade noch zurückhalten. Die Gaunerbande wich schon zurück. Ich lächelte und beruhigte die Situation damit, dass ich den Gaunern erklärte, mein Freund sei etwas blöd im Kopf. „Seegurke" und ich gingen etwas auf die Seite. *„Combien?"*, fragte ich. *„Wie viel?"* Es dauerte eine Weile. Schließlich einigten wir uns auf 50.000 Franc. Neue Franc, versteht sich. Ohne von den anderen beobachtet werden zu können, holte ich das Geld aus der Hose. „Seegurke" bekam Stielaugen, tat dann aber gleichgültig, moserte noch etwas und gab dann das Zeichen zum Aufbruch. Ich hatte mich mit ihm darauf geeinigt, dass sie uns an der italienischen Küste absetzten. Nickend bestätigte mein „neuer Freund" die Abmachung. Meinen Fluchtgenossen sagte ich, dass ich für alle bezahlt hätte, und fragte, ob ich das Geld von ihnen wiederbekommen würde. Welch eine

Frage. Jeder hätte mir den Hintern seiner Mutter versprochen. Ich hatte die Frage aus reiner Neugierde gestellt, obwohl – aber lassen wir das. „Seegurke" ließ mit gierigen Fingern das Geld in den Tiefen seiner Hose verschwinden. Die musste jemand bei der letzten Völkerwanderung weggeworfen haben.

Halt! Nicht so schnell! Was ist mit Proviant? *Manger?* Essen? Nichts! Platsch. Der nächste 10.000-er wechselte den Besitzer. Ein fragender Blick zu meinen Fluchtgenossen. *„Bestimmt, Chef"*, so nannten sie mich plötzlich.

Die maritimen Strauchritter schleppten nun das Boot zu Wasser. Wir alle rein in den Kahn und los ging es zu dem auf dem Wasser liegenden Fischerboot. An Bord angekommen, lernten wir den Schiffseigner kennen. Mürrisch und humorlos. Bevor wir unter Deck verfrachtet wurden, konnte ich feststellen, dass das Boot in einem verwahrlosten Zustand war. Auch „meine Seeleute" verzogen missmutig die Gesichter. „EO" meinte noch: *„Der hat nicht mal anständige Positionslichter."*

Ruhe, mahnte der Boss, der Gauner, Ruhe sei ab sofort oberstes Gebot. Das leuchtete ein. Unter Deck wurden wir in Boxen gesteckt. Jeweils drei Mann in eine Box. Schweinekoben wäre die richtige Bezeichnung gewesen. Es stank bestialisch nach Diesel, Brackwasser und verrottetem Fisch. Trockeneisstücke lagen in den Ecken. Sie sollten die einzige Erfrischung sein, die wir bekamen. Kaum Tageslicht drang nach unten. Nur durch einige kleine Ritzen blinkte das Licht, wenn die Sonne gerade günstig stand.

Der Schiffsdiesel fing an zu tuckern. Das Boot nahm Fahrt auf. Leise fragte ich „EO": *„Wie viel Kilometer macht wohl so ein Kahn?"* „Meilen", erwiderte „EO" fast beleidigt. *„O. K., von mir aus auch Quadratkilometer."* *„Keine Ahnung"*, meinte „EO". Wenn man nichts sehen kann, verliert man das Gefühl für die Geschwindigkeit. Eine Uhr hatte keiner. „EO" kühlte mit Resten des Trockeneises Nase und Lippe. Das Salz im Trockeneis brannte höllisch. Ich dachte schon, ich müßte ihn k. o. schlagen, als er zu klagen anfing. *„Seeleute"*, dachte ich nur.

Jeder hing seinen Gedanken nach. Undeutlich war von oben mitunter etwas zu hören. Erst später bekamen wir mit, dass ein Teil der Mannschaft dem Kahn im Schlepptau einen neuen Anstrich verlieh. Auch an unserem Boot wurde gewerkelt. Zahlen am Bug, eine neue Flagge, große Netze und Reusen. Das Schiff sah danach völlig anders aus. Sollte man wegen des im Schlepptau befindlichen Bootes gefragt werden, würde die Antwort lauten: herrenlos aufgegriffen, keine Ahnung, vielleicht noch ein Schulterzucken.

Nachmittags waren wir losgefahren. Die Zeit verrann. Müdigkeit übermannte uns, wir schliefen ein. Ich gebe zu, ein großer Fehler. Ich konnte aber von den Jungs nicht verlangen, dass einer immer wach bleibt. Keine Ahnung, wie lange wir auf See waren. Es war stockfinstere Nacht; nicht einmal die Hand konnte man vor Augen sehen, als wir an Deck geholt wurden. Instinktiv prüfte ich meine Habe. Alles da, natürlich auch die Waffe. Mir war übel – vor Seekrankheit oder vom Gestank? Viele Fragen. Leise, leise, bedeutete man uns immer wieder. Wir schlichen über Deck. Keine Lichter; nichts, was auf einen Hafen oder einen

Ort hindeutete. Was war hier los? Undeutlich war zu erkennen, dass wir nur einen Steinwurf vom Land entfernt lagen.

Schnell nun. Man signalisierte uns, über Bord zu gehen. Das Wasser sei nicht tief. Der Schiffseigner beobachtete den Strand durch ein Nachtglas. Der Schiffsmotor war abgestellt.

*„Avanti, Avanti!"* „Los, schnell an den Strand." *„Ihr habt es geschafft."* „Merci." „Mille grazie." Und ab dafür.

Im Wasser fingen bei mir alle Alarmglocken an zu läuten. Ich sah mich um. Das Boot war schon fast verschwunden. Kein Schiffsmotor mehr zu hören, keine Positionslampen zu sehen. Das Boot verschwand wie ein Geisterschiff. An Land weit und breit auch kein Licht. Zuerst dachte ich noch, klar, die wollen bloß nicht bei ihren krummen Geschäften gesehen werden.

Nein, nein, schrie es förmlich in mir. Hier stimmt etwas nicht. Einer, der es wissen musste, hatte mir einmal erzählt, es gäbe keinen Sizilianer, der nicht mindestens vier oder fünf Tote im Keller liegen hätte. Sei auf der Hut! Ich roch förmlich die Gefahr.

Unsere Habseligkeiten über den Köpfen, wateten wir an Land. Die Kumpels konnten sich nicht beruhigen. Gerettet! Der Fremdenlegion entkommen! Die aufkommende Freude dämpfte ich sofort. *„Schnauze!"* Wie sollte ich den Leuten klarmachen, dass hier etwas nicht stimmte? *„Esst und trinkt erst einmal was."* Allen war kotzübel. Einer meinte: *„Wenn da mal nicht etwas im Wein gewesen ist."* Klar doch, deshalb hatten alle geschlafen wie die Murmeltiere. Aber warum? Dazu die kurze und übereilte Verabschiedung. Alles musste schnell gehen, zu schnell.

Der Tag fing an zu grauen. Der Tag? Mann, wie lange haben wir gepennt! Nun war endgültig klar: hier stimmt etwas nicht. Ganz und gar nicht. Unauffällig nahm ich die Kanone in die Hand. Der Überlebenswille hatte mich gepackt. Wie hieß es doch immer in der Legion? Pass auf deine *Matricule* auf, deine Dienstnummer. Du musst sofort etwas unternehmen, sagte ich mir. Sofort, bevor die anderen etwas Falsches tun. Ich verteilte meine letzten Zigaretten. Dabei erklärte ich, erst einmal die Gegend erkunden zu wollen. *„Ihr bleibt hier und verhaltet euch ruhig. EO, du bist in meiner Abwesenheit der Boss."* Das schien ihm zu gefallen. *„Bin ich in einer Stunde nicht zurück, geht der nächste und versucht zu erkunden, wo wir hier sind!"* Zustimmung. Ein kurzer Händedruck.

Meine Mitstreiter sollte ich nicht mehr wiedersehen.

Zuerst spürte ich in Deckung des Strauchwerks am Strand entlang. Immer wachsam, denn die Alarmsirenen heulten im Kopf. Nach kurzer Zeit erreichte ich eine Straße. Kein Auto zu hören oder zu sehen, nichts. Nach etlichen Minuten näherte sich ein LKW. Im gleichen Moment entdeckte ich auch das Ortsschild: St. Raphael. Ich riss den Kopf herum, sah noch im letzten Moment das Nummernschild des LKW. Ein französisches Kennzeichen!

Wir waren in Frankreich.

Die Misthunde hatten uns an der französischen Küste abgesetzt.

Weiter vorn an der Straße waren Verkehrsschilder. Westwärts ging es nach Toulon, ostwärts nach Nizza und Monaco.

Willkommen zu Hause, dachte ich. Bitterkeit stieg auf. Was sollte ich nun machen? Die Kumpels, auch wenn ich sie kaum kannte, einfach ihrem Schicksal überlassen? Wenn sie die Jungs bekommen, dann kriegen die Ärger, schweren Ärger. Würden sie aber meiner habhaft, konnte ich mit keinerlei Pardon rechnen. Dann drohte mir das Schlimmste, was einem Legionär passieren kann: Die unehrenhafte Entlassung aus der Fremdenlegion. Sozusagen mit einem Arschtritt vor die Tür gesetzt werden, will du das riskieren?

Ich schlug mich wieder in die Büsche. Zeit zum Überlegen brauchte ich. Auf einer Anhöhe, gut getarnt durch Buschwerk, ließ ich mich nieder. Ich musste die Straße beobachten, sehen, ob und wie viele Militärfahrzeuge vorbei fuhren. Einfach die Situation überdenken.

Wieder war da der Gedanke, wenn sie dich kriegen, dann machst du erst einen Ritt durch die Hölle, danach schmeißen sie dich raus. Die Skrupel wegen meiner Mitstreiter waren auch noch da. Gut, wir waren eine Notgemeinschaft, keine eingeschworene Truppe. Also keine echten Kameraden. Trotzdem – welche Chance hatten sie? Eigentlich keine. Wären sie ausgebildete Legionäre, ja dann! Hör auf mit deinen Selbstzweifeln. Jetzt musst du den eigenen Arsch retten. Geh wenigstens hin und sag es ihnen. Ich wollte schon gehen, da sah ich die Jungs auf der Straße. Sie enterten, gegen jede Absprache, gerade einen LKW. Dieser schien in Richtung Toulon zu fahren. Direkt in die Fänge der Legion. So ist das mit der Menschlichkeit.

Wieder begann das Grübeln. Wie war das noch, wenn man unehrenhaft aus der Legion ausgestoßen wird? Unehrenhaft, ausgestoßen! Die Definition dieses Begriffes will ich nicht erklären. Erzählen will ich aber, wie so ein Prozedere in der Legion ablief. Die Worte Ehre und Treue *(Honneur et Fidélité)* wurden in der Legion reichlich strapaziert. Warst du verwundet, hattest Arme oder Beine verloren, ergoss sich ein Strom von Ehrungen über dich. Auch für besondere Tapferkeit. Alles gut und schön. Wagtest du aber, der Legion ans Bein zu pissen – *O lala, mon cher ami.* Für die Ehre, mit einem Arschtritt aus der Legion zu fliegen, hatte man ein besonderes Verfahren. Ein solcher Mensch hatte, bevor es zu diesem Schlussstrich kam, bereits alle Stufen der Demütigung durchlaufen müssen. Er war bereits physisch und psychisch gebrochen. In diesem Zustand wurde er ein letztes Mal präsentiert. Gnädigerweise nicht vor einem angetretenen Karree, denn diese letzte Demütigung war ihm ganz allein vorbehalten.

Bei großer Hitze, in der Mittagspause, wenn alle Siesta halten sollten, spielte sich auf dem Kasernenhof von Sidi-bel-Abbès eine unvorstellbare Szene ab, deren Zeuge ich wurde. Der Regiments-*Clairon* hatte gerade zur Mittagsruhe geblasen, als mehrere *Sentinelles*, also Legionäre in Paradeuniform und mit aufgepflanztem Bajonett, vor das Arrestlokal marschierten. Kommandos ertönten. Das war der Moment, wo jeder vom Fenster verschwand. Hunderte von Augenpaaren verfolgten jedoch aus der Tiefe der Stuben weiter das Geschehen auf dem Hof.

Militärpolizisten führten den Delinquenten hinaus auf den Hof, ihn an den Armen haltend. Er sah grauenhaft aus. Dieser Mensch war fertig, fertig mit allem. Man hatte ihm, so paradox es klingt, eine Legionärsuniform angezogen. Gebügelt und mit dem *Képi blanc* auf dem Kopf. Sah man genauer hin, stellte man fest, dass die Schulterstücke nur angeheftet waren. Das blaue Tuch um die Hüften und der Gürtel waren schlampig angelegt. Schuhe hatte der Mann keine an. Ein Bild des Jammers – so gewollt.

Ein Hornsignal! Die Waffen wurden präsentiert. Ein Leutnant, begleitet von einem Hauptfeldwebel, traten – natürlich mit gehörigem Abstand – vor den auf den Boden blickenden Mann. Die Posten hielten den Mann noch immer an den Armen fest. Auf einem Kissen, das ein weiterer Legionär herbei trug, lag ein Degen.

Erneut ein Kommando.

Die Wache stand stramm. Exakt wurden die Waffen gedreht. Mündungen und Bajonettspitzen zeigten auf den Boden. Der Leutnant fasste den Degen und trat vor den Delinquenten. Der Hauptfeldwebel erklärte kurz und knapp den Grund der Handlung.

Dann schlug der Leutnant mit dem Degen dem Ex-Legionär das *Képi* vom Kopf, löste mit kurzen Bewegungen die Epauletten, den Gürtel und den blauen *Ceinturon* von den Hüften.

Der Leutnant trat wieder zurück. Mit einer einzigen Bewegung zerbrach er den Degen und warf diesen vor dem stoisch vor sich Hinschauenden auf den Boden.

Wieder ein Signal.

Der Leutnant machte kehrt und grüßte die Trikolore. Uns stockte der Atem. Einige hatten plötzlich Sand in den Augen. Jedenfalls rieben sie ihre Augen. Den armen Kerl schob man in Richtung Tor. Bekleidet lediglich mit Hemd und Hose wurde er durch das Kasernentor von Sidi-bel-Abbès gestoßen. Angeblich warteten vor dem Tor Leute, die ihn umgehend zum Hafen brachten und dann nach irgendwo abschoben.

Tu genau das Gegenteil von dem, was man von dir erwartet, wenn du falsche Spuren legst. Oft eingebläute Instruktionen. Schon vergessen? Zuerst klaute ich einer Vogelscheuche den verbeulten Strohhut. Warum? Die helle Stirn hätte mich Kennern sofort verraten. Auch die kaum streichholzlangen Haare waren nicht gerade landesübliche Mode. Am Rande eines abseits der Uferstraße gelegenen Dorfes kleidete ich mich neu ein. Von der Wäscheleine natürlich. Ehrenwort: mit einer Klammer befestigte ich an der Leine einen Geldschein. Die neuen Sachen waren zwar noch nass, dafür aber sauber und passend.

Hunger und Durst stillte ich an Bäumen und Sträuchern; Obst gab es in Hülle und Fülle. Schließlich verbellte mich der Hund eines Schäfers. Ich ging einfach auf den Mann zu. Der Hund begleitete mich. Ein richtiges Wollknäuel. *„Ça va?" „Ça va!"*

Still betrachtete ich die Herde. Er musterte mich mit seinen kleinen geröteten Augen. Ehrliche, freundliche Augen. Ich spürte sogleich, dem musst du nichts vormachen. Da kam es auch schon: *„Der Krieg in Algerien ist zu Ende."* Keine Frage, einfach eine Feststellung. *„Ja, Monsieur."* Kein Wort weiter, nur das Verstehen zählte. *„Allemagne?"* *„Ja!"* Nach einer weiteren größeren Pause. *„Bonne chance!"* Er griff in eine größere Umhängetasche und fingerte ein großes klebriges Stück *Fromage* heraus. Eigene Herstellung, so wie es aussah, Schafskäse. Dazu ein Stück Brot. Dann öffnete er eine Flasche. Er bot mir etwas zu trinken an. Ein seltsamer Geruch stieg in die Nase. Ich trank. Flüssige Lava rann durch die Kehle. Ich spürte förmlich, wie sich die Schädeldecke hob. Das Lächeln in den Augen des Schäfers verstärkte sich merklich. *„Médecine"*, meinte er. Ich gab ihm die Flasche zurück, und auch er nahm einen Zug. Dann deutete er nach vorn. *„Nicht da entlang?"* Ich sah ihn fragend an. *„Barrage de route."* (Straßenkontrolle) *„Merci."* Ich ging. Im Laufe der nächsten Stunden achtete ich sehr genau darauf, wohin. Auf keinen Fall in irgendeine Kontrolle geraten. Das aber war zu dieser Zeit in Frankreich nicht leicht. Wegen der zahlreichen Bombenanschläge wurde viel kontrolliert.

Am sichersten erschien mir deshalb eine Uniform. Eine richtig gute Khaki-Uniform, aus bestem Stoff. Eine, bei der die Falten im Hemd immer halten. Eben eine Ausgehuniform, dazu Schuhe und ein *Képi blanc.*

Das konnte man alles kaufen in Frankreich. Selbst Schulterstücke und Dienstgradabzeichen, ja sogar Kriegsauszeichnungen. Eben alles, um eine Uniform zu perfektionieren. Mit Auszeichnungen konnte man bei den Franzosen höchste Anerkennung erheischen. Respektvoll und ehrerbietig wurde man betrachtet. Bei dem Gedanken musste ich unwillkürlich grinsen. Fiel mir doch ein legendäres Beispiel aus Sidi-bel-Abbès ein.

Da war ein unscheinbarer Legionär. Schon sehr alt, mit vielen Runzeln. Man konnte das Erlebte in seinem Gesicht ablesen. Dieser Mann war ein Legionär *1er classe*. Also nicht gerade ein sehr hoher Dienstgrad. Sein IQ war nicht sehr hoch, hatte er doch niemals eine Schule besucht. Zum anderen liebte er Wein, Weib und Gesang. Einige dicke Strafen hatte er auch schon verbüßt, im Militärgefängnis. Auf den ersten Blick würde man den Mann kaum beachten. Die Sache hatte aber einen Haken. Der Mann trug das Kreuz der Ehrenlegion. Ein kleines scharlachrotes Bändchen am Dienstanzug knapp 1 cm hoch, knapp 3 cm breit. Auf dem Paradeanzug hingegen ein prächtiger Stern, getragen an einem breiten, scharlachroten Band um den Hals.

Diese Auszeichnung ist in Frankreich nicht zu toppen. Ein Orden, der selbst von hochdekorierten Legionären nicht zu erreichen war, es sei denn, sie fielen im Kampf und hatten bereits die *Medaille militaire* erhalten. Dann bekam so ein Legionär das Kreuz der Ehrenlegion auf den Sarg gelegt, wenn einer da war. Diese Auszeichnung wurde auch pauschal an Regimenter verliehen. Auch an mein Regiment, weshalb alle Angehörigen des 1er REP eine scharlachrote, geflochtene Schulterschnur trugen. Dazu die grün-gelbe *Fourragère* der *Medaille militaire*, der zweithöchsten militärischen Auszeichnung Frankreichs. Nun, dieser unscheinbare und so harmlos wirkende kleine Mann, ein Spanier, trug schon zu Lebzeiten das Kreuz der Ehrenlegion. Er war so unendlich tapfer gewesen, dass man schon nicht mehr wusste, was er alles vollbracht hatte. Während der Kämpfe mit Rommels Afrikakorps soll er ganz allein einen kompletten Nachschubzug in die Luft gejagt haben. Über das „Wie" ranken sich Legenden. Nach der Aktion soll er dann, mehr tot als lebendig im Lazarett liegend und bereits mit der Absolution versehen, das Kreuz der Ehrenlegion aufs Bett gelegt bekommen haben. Ironie des Schicksals – unser Held muss es wohl mitbekommen haben. Jedenfalls entschloss er sich, spontan zu gesunden.

Fortan soff er sich erst einmal durch die Regimenter. Jeder Kommandeur wollte so einen Helden seiner Truppe präsentieren. Einen Haken hatte die Sache jedoch – unser Held legte keinerlei Wert auf Umgangsformen und Disziplin; leider war ihm auch die sprichwörtliche Sauberkeit des Legionärs ein Gräuel. Unausweichlich landete er mit schöner Regelmäßigkeit im Militärgefängnis oder im Arrest, und sei es auch nur, um den letzten Rausch auszuschlafen. Durfte man einen solchen Mann überhaupt einsperren? Alle Versuche, den Helden auf einen abgelegenen Posten zu setzen, schlugen fehl.

Schlimmer jedoch der Umstand, dass wegen dieses Ehrenkreuzträgers einige Dienstgrade ihre Streifen los wurden. Zog unser schmuddeliges Männchen beim Ausgang durch die Straßen und wurde von einem *Sergent-chef*, selbst behangen wie ein Weihnachtsbaum, geflissentlich übersehen, dann konnte es passieren, dass der kleine Mann plötzlich zwei Meter groß wurde und den *Sergent-chef* anpfiff, ob er denn nicht grüßen könne. Man denke nur an den Hauptmann von Köpenick: Auftreten ist alles. Säuberte unser Held, mit einem Reisigbesen bewaffnet, den Kasernenhof, war es immer wieder eine Freude mit anzusehen, wie Offiziere und höhere Unteroffiziersdienstgrade sich schwer taten, den kleinen Mann zuerst zu grüßen. Der wiederum, gestützt auf seinen Besen, grüßte im Stile eines alten Seebären zurück. Ehrenwort, das ist die Wahrheit.

So einen Klops leistete sich die Legion nur einmal.

Weshalb erzähle ich das? Es war durchaus möglich, als unterer Dienstgrad hohe Dekorationen zu erhalten. Die Paras sammelten beispielsweise Auszeichnungen *en masse*. Nur die *Légion d'honneur* war für Normalsterbliche nicht so einfach zu erreichen. Vor diesem Hintergrund wirkt es auf mich immer etwas befremdlich, wenn die *Grande Nation* heute jedem „Buschpräsidenten" das Kreuz der Ehrenlegion umhängt. Ich meine damit jene dubiosen Staatsoberhäupter, die von dem erbettelten Geld, angeblich für die Entwicklung ihrer Länder bestimmt, in Saus und Braus leben.

Mein Geld war erheblich weniger geworden. Für meine Staffage sollte es noch reichen. Der nächste Weg nach Italien führte über Cannes. Mein Instinkt wies mir jedoch genau die Gegenrichtung, 50 bis 60 km bis Toulon. Kein Problem. Schlafen am Tage, abends los und nachts durchmarschieren, bis in die

Morgendämmerung hinein. Baden in kleinen Bergbächen; essen, was die Natur so bietet, keine Kontakte zur Bevölkerung.

Nach gut zwei Tagen war ich in Toulon. Die Stadt verschluckte mich sofort. Hier war ich einer unter vielen. Toulon war zu diesem Zeitpunkt Anlaufstelle der 6. US-Flotte. Auf Reede lag der Flugzeugträger „Independence". Die Stadt wimmelte von Matrosen. Ein Radau wie auf dem Oktoberfest. Die Amis ließen die Sau raus. Wohin man auch sah, Marinesoldaten aller Dienstgrade und aller Rassen, alle mit vielen Dollars in der Tasche. Die amerikanische Militärpolizei sorgte für Ordnung. Die französische Gendarmerie saß etwas hilflos und staunend *vis-à-vis*. Gegen soviel Präsenz des *American way of life* war man machtlos.

Nicht vergessen: Toulon war ein Kriegshafen. Das erforderte auch viel Fingerspitzengefühl mit den Waffenbrüdern. Sauber sahen sie schon aus, die Jungs von der *Navy*, nur einen Tick zu aufgemotzt und leicht überheblich.

Neidisch brauchte ich nicht zu sein. Wenn die auch nur ahnten, welches Theater es war, um beim Ausgang in Nordafrika durch die Kontrollen der Legions-„Kettenhunde" in die Stadt zu gelangen.

In einer kleinen Pension mietete ich ein Zimmer. Keine Frage, hier herrschte ein ständiges Kommen und Gehen. Was sind schon Namen. Nicht einmal den Ausweis wollte man sehen. Bezahlt hatte ich im Voraus. Der *Patron* war zufrieden.

Nach und nach kaufte ich mir das Benötigte. Feilschte wie ein Beduine, ohne zu übertreiben. Besonderes Augenmerk richtete ich auf einen kleinen Druckkasten, ähnlich wie man ihn heute überall kaufen kann. War damals nicht einfach. Schließlich fand ich, was ich suchte. Ich aß in kleinen Bistros in den Seitenstraßen. Gönnte mir sogar eine Flasche Bourbon Whisky. Dann begann ich mit der Präparation der Ausstattung.

Kronkorken von Bierflaschen eignen sich bestens als Stempelumrandungen. Mit einem gekochten Ei lässt sich Stempelfarbe abnehmen und wieder übertragen. Einen Urlaubsschein hatte ich noch, blanko. Diese wurden, genau wie die neue Uniform, wieder aufgebügelt. „48 Stunden Urlaub nach Monaco", untergebracht in einer Plastikhülle mit meinem Dienstausweis. Alles sah wirklich überzeugend aus. Abends bezahlte ich für mein Essen und die Getränke. Wollte ich doch anderen Tages früh abreisen. Am frühen Morgen gab es sicher die wenigsten Kontrollen. Langsam, langsam, war bei den Franzosen eine Art Lebensphilosophie. Umso besser! Eisenbahn oder Linienbus wollte ich auf jeden Fall vermeiden. Zu riskant bei Kontrollen. Nein, per Anhalter sollte es weitergehen. Man muss sich nur den Richtigen rauspicken. Eine Tankstelle mit großem Parkplatz war goldrichtig. Auch weil ein kleines Bistro dabei war, mit Stehtischen vor der Tür. Unauffällig konnte man dort warten, bis ein geeignetes Fahrzeug zum Tanken kam.

Ich kaufte Zeitungen und Zigaretten. Dabei entgingen mir nicht die bewundernden Blicke der Verkäuferin. *Non, Mademoiselle,* sagte ich mir innerlich, keine Zeit zum Flirten. Wenn du wüsstest, wen du vor dir hast. Ich grüßte charmant.

„*Au revoir.*" Auf Wiedersehen. Ansonsten interessierte sich kein Mensch für mich. Langsam schlenderte ich zum Parkplatz. Dann sah ich ihn: ein weißer Porsche mit deutschem Kennzeichen. Herz, was willst du mehr? Der Besitzer Marke Playboy, ausgestattet mit dem Geld seines Vaters. Dieser buckelte sich im Alten Land bei Hamburg auf seinen Obstplantagen ab, während der Filius den Schönen der Côte d'Azur den Hof machte. Dies erzählte er mir, nachdem ich ihn gefragt hatte, ob er mich ein Stück mitnehmen könne.

Das schwarze Stoffverdeck wurde nach hinten geklappt. Los ging es in Richtung Monaco. Helge von so-und-so brabbelte unaufhörlich. Ich heuchelte Interesse, schwieg aber meistens. Hinter einer langgezogenen Kurve standen sie. Die *Flics*, wie die Polizisten in Frankreich genannt werden. Offensichtlich eine Fahrzeugkontrolle. Vier Mann, ein fünfter lümmelte sich in der blauen Minna, diesem obligatorischen Wellblechkasten von Citroën. Er fummelte an seinem scheinbar defekten Funkgerät. Uralt, Marke „Buschtrommel". Nicht viel jünger waren die beiden Beamten, die unaufhörlich auf den Mann am Funkgerät einredeten. Zwei weitere Gendarmen standen an der Straßensperre. Mehr Ärgernis als Hindernis, zwei Holzböcke mit Stacheldraht. Die Sperre reichte nicht einmal über die gesamte Straßenbreite. Die Maschinenpistolen hingen den beiden wie überflüssiger Ballast auf den Schultern und rutschten bei jeder kleinen Bewegung herunter. Offensichtlich war die *Barrage de route* gerade erst eingerichtet worden.

Die *Flics* winkten uns an die Seite. Alles hatte ich in Bruchteilen von Sekunden registriert, jede Kleinigkeit. So bekommt ihr mich nicht, Freunde. Unwahrscheinlich, dass sie schon ein Fahndungsblatt, geschweige denn ein Foto hatten.

Die anderen beiden lamentierten inzwischen immer lauter mit dem Funker. Einer von den Zweien, die uns kontrollieren wollten, ging nun auch noch zur diskutierenden Truppe ans Fahrzeug. Der an der Sperre begutachtete den Porsche.

Ich biss auf die Zähne, die Backenmuskeln spannten sich. Gelassen setzte ich das *Képi* auf. Der Bolzen im Arsch und die Kanone hinten im Hosenbund drückten mächtig. Egal, dachte ich, gleich geht es los.

Fahrer Helge grinste den Polizisten an, zeigte mit den Fingern auf mich und meinte: „*General de Gaulle.*" In diesem Moment sah der Gendarm meine Auszeichnungen. Die Hacken knallten zusammen. Die Hand flog an die Mütze. Er salutierte und öffnete eiligst die Sperre. Entschuldigend meinte er noch, dass der Job, den sie verrichteten, „*Merde*" sei. Wir nickten und ab ging die Post. Für die Frechheit, die sich mein Fahrer geleistet hatte, wollte ich ihn eigentlich aus dem Porsche werfen. Aber was soll's.

Meine Auszeichnungen jedoch hatten ihren Zweck voll erfüllt. Zu allem Überfluß fragte mich Helge von so-und-so, wofür ich denn diese „Plaketten" – er sagte tatsächlich „Plaketten" – erhalten hätte. Ernsthaft erwiderte ich, dass diese „Plaketten" für Ernteeinsätze im Ausland verliehen würden. Man soll ja nicht übertreiben. Von nun an herrschte ziemliches Schweigen. Der Junge war am Grübeln.

Monaco, schön anzusehen, aber vom Hocker haute es mich nicht. Das süße Leben lief auf vollen Touren. Finanzgenies und Luden aller Schattierungen tobten sich hier aus. Ohne Vernehmung waren hier einige hundert Jahre Knast versammelt. Die Bräute hockten wie Hühner auf der Stange in den Cafés, jederzeit bereit, in den nächsten Ferrari, Lamborghini oder Porsche zu springen. Autos und Boote, Frauen und Champagner.

Zeit zum Abschied nehmen.

Beim Aussteigen, besser beim Rauspulen aus dem Porsche, fiel meine Kanone auf den Boden des Wagens. Große Augen bei Helge. Lächelnd nahm ich das gute Stück an mich. In bester Hamburger Mundart sagte ich nun zu meinem Deutschen: *„Moin, Moin, du aule Suddelsöch."* Dem verschlug es nun endgültig die Sprache. Dem Porsche verpasste ich einen Schlag mit dem Pistolengriff; schön sichtbar als Beule auf der Motorhaube. Helge fing fast an zu heulen. Dann lief sein Kürbis rot an und schien platzen zu wollen. Beäugt von zwei nicht mehr ganz so jungen Discohühnern tanzte mein Adliger um sein verbeultes Ego. Dann hatte ich ihn auch schon vergessen und verschwand langsam im Gewühl der Touristen.

Der Schreck fuhr mir in die Glieder, als ich feststellte, dass das letzte Geld weg war. Beim Aussteigen war es aus der Gesäßtasche gefallen. Ich war blank. Kleingeld fand sich noch in der vorderen Hosentasche. Ich kaufte mir eine *Grenadine*, Waldmeister mit gestoßenem Eis. Zigaretten hatte ich noch. Komm bloß nicht auf die Idee, deine Waffe zu verkaufen. Brauchen, brauchen würde ich sie bestimmt nicht mehr, von hier bis nach Italien. Ein Katzensprung. Die Waffe plumpste ins trübe Hafenwasser. Dort liegt sie noch heute.

Tourist musst du nun spielen. Das ist es. Eine leere Tüte, schön bunt, bedruckt mit dem Bild einer Disco. Meine Schuhe, Socken, mein Hemd vor allem meine Kopfbedeckung landeten in der Tüte. Vor einer Boutique stand ein Ständer mit Sonnenbrillen. Ich probierte eine nach der anderen. Eine blieb versehentlich auf meiner Nase. Nur mit der Hose bekleidet, die Tüte in der Hand, lief ich durch das Nest. In einem An- und Verkaufladen wurde ich Armeekompass und Armbanduhr los. Etwas Gezeter darum, sie war ja defekt. Wir wurden uns handelseinig. Die erhaltene Summe, ein Witz. Für ein T-Shirt und Latschen reichte es, außerdem für eine gute Flasche Wein und etwas Essbares. Das war es dann aber auch. Trotzdem saß ich zufrieden an der Strandpromenade. Die Tüte mit den Uniformteilen hatte ich inzwischen schon in einem stinkenden Müllcontainer entsorgt. So ganz in Freiheit war ich allerdings noch nicht. Ich musste noch über die Grenze nach Italien.

Das Essen und der Wein schmeckten vorzüglich. Dazu der Duft der Blumen und Sträucher, das Klima, die warme Luft, einfach schön hier. Während ich so Fritze Bollmann auf Urlaub spielte, entdeckte ich das kleine Fähnchen auf einem Campingplatz vor mir: Schwarz-Rot-Gold. Ein kleiner Wimpel, schlaff in der lauen Brise flatternd. Wo solch ein Fähnchen weht, sind die Besitzer nicht weit.

Zielstrebig schlenderte ich zum Campingplatz. Man ließ mich passieren. Überhaupt schien mich niemand wahrzunehmen. Ohne Uniform bist du ein Nichts. Eine Weile beobachtete ich das Treiben um und vor dem Zelt mit der deutschen Flagge. Drei junge Leute, die sich ihren Urlaub mühsam zusammengespart hatten, dachte ich. Das Zelt und der daneben geparkte Kleinwagen zeigten, dass es keine reichen Geldprotze waren. Einer klimperte auf einer Gitarre, die beiden anderen hörten zu. Lange schienen sie noch nicht hier zu sein; ihre Haut war noch sehr gerötet. *„Hallo“*, sagte ich, und so kamen wir ins Gespräch.

Die Unterhaltung dauerte gut zwei Stunden. Sie teilten das Essen mit mir und erfuhren, wen sie da in ihre Runde aufgenommen hatten. Selbstverständlich stellten sie viele Fragen. Ebenso selbstverständlich war es für sie, dass sie mir weiterhelfen würden. Finanziell konnte ich im Moment leider nichts beisteuern. Zu Hause wollten wir uns dann alle einmal treffen. Zu Hause! Gab es das überhaupt noch? Egal, erst einmal weg hier. Nachdem die jungen Leute ihr Zelt verschlossen hatten, meldeten sie sich beim Platzwart ab. Auf der Straße stieg ich ins Auto und los ging es. Langsam legte sich die Dämmerung über Hafen und Stadt Monaco. Die Lichterpracht Monte Carlos und die Millionärsjachten interessierten mich ebenso wenig wie die taghell erleuchtete Festung der Grimaldis. Die Straße stieg nun an. Ein helles Gebäude auf der rechten Seite, ein Flaggenmast mit den italienischen Farben. Leger grüßte ein Carabinieri. Wir waren in Italien.

# Genua

Ich war allem entkommen. Ich war frei.

Die Jungs verabschiedeten sich. Man hört voneinander. Klar doch. Weg waren sie.

Nach Geld für eine Buskarte hatte ich sie nicht gefragt. Ich hatte nichts mehr, absolut keinen Sou. Nur meine neu gewonnene Freiheit würde ich mit Füßen und Klauen verteidigen. Zuerst einmal – wo befindet sich das deutsche Konsulat? Ich fragte und fragte. Dann erhielt ich den Tipp: In Genua. Ist ja auch normal, oder? Also ab per Anhalter. Stückweise kam ich voran. Am nächsten Tag war ich in Genua. Wieder gefragt. Keine Ahnung. Konsulat Germania? *No, Signore.* Den halben Tag fragte ich mich durch. Etwas Essbares zu bekommen, war kein Problem. Man nahm sich auf dem Markt einfach einen Apfel oder eine Orange. Das ging alles schon noch. Zigaretten waren längst alle. Betteln? Lass man sein. Weitergefragt. Milano, Mailand, hat ein deutsches Konsulat. Ein ehemaliger Gastarbeiter, Ex-Bergmann in Gelsenkirchen, gab mir die Auskunft. Nachdem er bemerkt hatte, dass ich vollkommen abgebrannt war, nahm er mich wortlos mit in eine Taverne. Er bestellte die Speisekarte hinauf und hinunter für mich, ohne zu knurren oder zu murren. Im Gegenteil – er freute sich wie ein Schneekönig. Ich hingegen drohte bald zu platzen. Eine Schachtel Zigaretten, eine Busfahrkarte, dazu noch ein paar Lire steckte er mir zu. Zum Abschied meinte Benito, so sein Vorname, dieses Glück hätte er damals bei seiner Ankunft in Deutschland auch gehabt und es sei ihm eine Ehre, dass er sich dafür revanchieren könne. Dankbarkeit war also doch noch nicht ausgestorben.

In Mailand musste ich feststellen, dass es schweinekalt war. In meinen dünnen Sachen fror ich erbärmlich. Die Suche nach dem Konsulat hielt mich auf Trab; Milano ist keine Kleinstadt. Es war schon dunkel, als ich vor einem großen Gebäude stand. Ein großes schmiedeeisernes Tor, daneben eine Tafel, auf der ein Bundesadler prangte. Im Gebäude kein Licht. Sprechzeiten? Am liebsten keine, dachte ich. In Konsulatsfragen wenden sie sich an den Teufel. Ehrlich, so wie es hier aussah, wäre eine Audienz beim Papst einfacher gewesen.

Ich lehnte mich auf die Klingel. Nach unendlich langer Zeit meldete sich eine gereizte Stimme, die herablassend fragte, was ich denn wolle. Die Überwachungskamera hatte ich bereits entdeckt. Musste ein langer Film sein, den sie von mir gedreht haben. Vielleicht hatten sie auch gleich in Pullach angerufen, beim Bundesnachrichtendienst. Bilder waren bestimmt schon per Telex überstellt worden.

„Was ich wollte" – sieh an, die haben bemerkt, dass ich ein Anliegen habe. Wer ohne Gepäck und mit offensichtlich leeren Taschen vor der Tür steht, der geht der Bundesrepublik auf den Keks oder will schnorren. Also, was führt Sie hierher? Ich bin Deutscher. Ich brauche Geld, Kleidung und Essen. Ich brauche ganz einfach ihre Hilfe.

Schweigen.

*„Sie verwechseln uns mit einer karitativen Einrichtung. Wir sind auch nicht das Sozialamt. In Fragen zu ihren Dokumenten können wir Ihnen helfen. Kommen Sie morgen wieder."*

Klack, klack. Brumm. Die Leitung war tot.

Der Klingelknopf gefiel mir. Ich stecke ein Streichholz zwischen Knopf und Konsole. Irgendwo im Hause klingelte es jetzt ununterbrochen. Plötzlich Licht am Eingang. Eine vor Wut bebende Stimme forderte mich auf, den Klingelknopf loszulassen. Man könne sonst nicht öffnen. Na bitte. Streichholz raus aus der Klingel – schon brummte es, und die Pforte tat sich auf. Die Gebisse der beiden Doggen waren imponierend. Nachdem sie den Schaum vor den Schnauzen an meiner Jeans abgewischt hatten, legten sie sich gelangweilt vor mich. Nun konnte ich den Eckschrank, will sagen den Typen, der wie ein Eckschrank aussah, betrachten. Der „Eckschrank" hielt mit einer Hand die Leinen der beiden Riesen, als seien es Schoßhunde. Die rechte Hand im Jackett hielt etwas Unsichtbares. Aus der Größe der Beule schloss ich, dass er einen Raketenwerfer bereithielt. Der Mann konnte nicht lachen, dafür schien er aber unentwegt zu grinsen. Fragen wollte ich ihn danach aber nicht. Hausmeister also, nein, Bodyguard war er. Er führte mich in eine Art Wartezimmer. Beim Durchschreiten der Tür bemerkte ich die Sensoren, die mich nach metallischen Gegenständen abtasteten. Ein schlichter Raum, Fahndungsfotos an den Wänden, Reklameposter der

USA als absolute Heilsbringer. Eben der übliche Kram, der in allen öffentlichen Büros hängt. Ärmlich das Ganze. Eine alte Schreibmaschine, Tabakgeruch, an der Wand der amtierende Oberkazike der Bundesrepublik. Die Bundesflagge nicht zu vergessen.

Der Hundeführer machte den Abgang, als ein verschlafen wirkender Herr im Bademantel und in Schluffen das Zimmer betrat. Eine Kamera an der Decke folgte mir, wohin ich mich auch bewegte. Der Herr deutete auf einen Stuhl; hielt es aber nicht für nötig, sich vorzustellen. Seine Nase war feucht und rot. Heuschnupfen oder Koks, dachte ich.

*„Seemann oder desertierter Fremdenlegionär?"* Schnief, hörbar zog er den Rotz hoch. *„Letzteres"*, antwortete ich. Dann die Frage, die mich fast vom Stuhl gehauen hätte: *„Warum wollen Sie ihren Kontrakt nicht erfüllen?"*

Das reichte mir. Ich stand auf. Wie von Geisterhand öffnete sich die Tür und mein Freund mit dem Raketenwerfer unter dem Jackett stand in der Tür, ohne Hunde. Still und stumm stellte er sich neben die Tür. *„Ich möchte lediglich Geld für eine Fahrkarte nach Deutschland, bitte!"*

*„Warten Sie."* Er ging.

Der Hundeführer griff indes in die andere Jackentasche und warf mir eine Schachtel Zigaretten sowie Streichhölzer zu. *„Wegstecken"*, zischte er. Keine Kamera konnte sein Tun aufzeichnen, stand er doch im toten Winkel. Dankend nickte ich ihm zu. Er tat, als hätte er mich noch nie gesehen.

Inzwischen wurden wenigstens meine Füße warm. Die steckten noch immer in den Sommerlatschen. Es dauerte eine Weile, dann kam „Schniefnase" wieder zurück. Er reichte mir so etwas wie eine Fahrkarte mit der Aufschrift Milano–Lörrach–Frankfurt; dazu einen Zehnmarkschein. Zuvor hatte er meinen Dienstausweis kopiert und sich meine Heimatanschrift notiert. *„Mehr kann ich für Sie nicht tun, verdient haben Sie das nicht"*, sagte er und verschwand. Nein, dachte ich, verdient habe ich das nicht, vor allem nicht, so behandelt zu werden.

Mein neuer Freund, der mir die Zigaretten gegeben hatte, brachte mich zur Pforte. Leise raunte er, dass hier täglich die Hölle los sei. Das sei kein Zuckerschlecken hier, von morgens bis abends nur Bittsteller. Viele Ganoven darunter und solche, die sich unter abenteuerlichsten Schilderungen dessen, was ihnen passiert sein soll, Hilfe ergaunerten. Von wegen Konsulat, ein Geldverleih sei das hier. Er tat mir ja so leid. *„Hätte ich geahnt, welche Umstände ich dem Konsulat bereite, wäre ich doch lieber in der Legion geblieben."* *„Arschloch!"*, brummte er und schlug die Tür zu. Am Bahnhof kaufte ich mir Socken. Sah toll aus, lila Latschen und schwarze Socken, roch aber nicht. Ein heißer Espresso. Das war es auch schon. Auf einem Heizkörper im Untergeschoss wartete ich auf meinen Zug. Zwei Stunden Wartezeit. Scheele Blicke von Mitreisenden ignorierte ich großzügig.

Wie aber sollte ich von Frankfurt wegkommen ohne Geld? Mir fiel ein Legionskamerad ein, der bei den gepanzerten *Escadrons* der Legionskavallerie am Rande der Sahara stationiert war. *„Wenn du mal in Frankfurt bist, komm einfach* *vorbei.*" Seine Eltern hätten in Frankfurt ein Geschäft. Wenige Tage nach unserem Treffen fuhr er mit seinem AMX-Spähpanzer auf eine Mine und war tot. Ich nahm mir vor, seine Eltern aufzusuchen.

# Frankfurt

Endlich fuhr der Zug ein. 2. Klasse, keine Platzkarte. Während der Fahrt wurde ich mehrmals umgesetzt. Verstört blickende Mitreisende zogen es meist vor, Distanz zu halten. So konnte ich mich wenigstens ausstrecken. Der Kondukteur fand nichts Ungewöhnliches an mir. Auch der Typ, der mit belegten Brötchen und Kaffee durch den Zug kurvte, gab bald seine Bemühungen auf, mir etwas verkaufen zu wollen.

Ich schlief. Ich schlief, so viel ich konnte. Das stete „Rattatadang", ein beruhigendes Gefühl. Eisenbahnfahren war sowieso schön. Man stieg aus, man stieg ein. Irgendeiner vergaß sein opulentes Fresspaket. Genüsslich verdrückte ich es. Nur der Typ mit dem Fresswagen und dem Kaffee machte ein blödes Gesicht. War er sich doch ganz sicher, mir nichts verkauft zu haben. In Lörrach kurzer Aufenthalt. Uniformierte streiften durch die Waggons. Ein Blick, kurzes Verharren, schon waren sie wieder weg.

Frankfurt, Hauptbahnhof!

Mann, war das kalt hier in T-Shirt und Jeans. Außerdem müffelten meine Klamotten schon etwas und hatten Flecken abbekommen. Unrasiert und mit fadem Geschmack im Mund machte ich mich auf die Suche. Die Toilette auf dem Bahnhof konnte man vergessen. Ich wollte mir mit den Fingern die Zähne putzen und auch sonst verspürte ich ein menschliches Bedürfnis. Die Arschbacken zusammengekniffen, ging es aus dem Bahnhof die Zeil hinunter. Die Frühschicht der Nutten war schon im Dienst. Luden mit gefüllten Hosentaschen stiegen in ihre Impalas, Thunderbirds, Corvetten und Jaguar.

Frankfurt war eben Wirtschaftsmetropole.

Nach einigem Suchen fand ich das Ladengeschäft der Eltern des gefallenen Kameraden. Es war gut besucht. Ich wartete abseits, bis sich eine günstige Gelegenheit ergab. Dann betrat ich das Geschäft. Höfliche Begrüßungsfloskeln. *„Was darf es sein?"* Ich sah das Gesicht einer Mutter, die nichts außer der Nachricht vom Tode ihres Sohnes erhalten hatte: *Mort pour la France.* Als sie mich so ansah, wusste sie wohl schon, wohin sie mich stecken musste. Eingebung eben. Tränen liefen ihr über das Gesicht, bevor wir ein einziges Wort gesprochen hatten. Sie schien kaum Luft zu bekommen. *„Sie kannten Bernd?"* Ich nickte. Neue Kunden betraten das Geschäft und betrachteten irritiert die Besitzerin. Durch eine Seitentür betrat ein Mann den Verkaufsraum. Unverkennbar Bernds Vater. Ein kurzer Blick zu seiner Frau. Verstehen. Gefasst sagte er: *„Bitte kommen Sie."* Er blieb noch einen Moment im Laden, um die Kunden zu bedienen und abzuschließen, dann folgte er uns. Die Mutter weinte unaufhörlich. Alles, was ich über Bernds Tod gehört hatte, erzählte ich. Natürlich glorifizierte ich das Begräbnis. Wo er aber begraben lag, das wusste selbst die Legion nicht mehr. Mir ist auch niemals bekannt geworden, ob unsere Gefallenen, die irgendwo in den Bergen oder am Rand der Wüste begraben werden mussten, umgebettet worden sind. Wie auch? Viele verfallene Kreuze, zugeweht vom Flugsand, säumen die Ränder der Wege, Straßen und Ebenen. Vergessen für immer. Zwar braungebrannt, aber armselig in meinen Klamotten, saß ich vor den Eltern. Langsam wurde mir die Situation unangenehm. Die beiden hingen ihren Gedanken nach und hatten mich völlig vergessen. Schließlich bat ich darum, bei mir zu Hause anrufen zu dürfen. Der Mann zeigte auf ein Telefon. Ich wählte, meine Finger zitterten. Niemals in den Jahren zuvor hatte ich versucht, mit meiner Mutter in Kontakt zu treten. Das Freizeichen, dann die Stimme meiner Mutter. Ich musste nun doch selber schlucken. Ich bekam nur raus: *„Ich bin es!" „Mein Junge!"*

Die Tränen tropften mir von der Nasenspitze. Das musste einmal raus. Schließlich konnte ich meiner Mutter erklären, wo ich war und dass ich Geld brauchte, um nach Hause zu kommen. Ja, auf meinen Namen auf das Hauptpostamt in Frankfurt, postalisch, 200 DM reichen.

Eigentlich könnte ich an dieser Stelle die Schilderung meiner Odyssee beenden. Eigentlich. Aber ich meine, dass das, was noch folgt, bis ich schließlich zu Hause war, einfach dazugehört. *„Ruf an, wenn du da bist"*, bat meine Mutter. Von den Eltern meines ehemaligen Kameraden verabschiedete ich mich. Aus meiner Hose nestelte ich mein Fallschirmspringerabzeichen, das *Brevet parachutiste*. Auf der Rückseite war meine Dienstnummer eingestanzt. Die Hände der Mutter umschlossen das Abzeichen, als wolle sie es nie mehr hergeben.

Auf der Straße kühlte der frische Wind mein Gesicht. Man hatte vergessen zu fragen, ob ich irgendein Bedürfnis hätte. Meine Bedürfnisse wurden immer größer. Ich hatte Hunger und mir war kalt. Die Hauptpost war schnell gefunden. An dem Schalter für telefonisch geordnete Geldbeträge saß ein mürrisches Männchen. Ich machte mich bemerkbar, obwohl er mich über den Rand seines Formulars gesehen hatte, als ich auf ihn zukam. Der klassische Beamte, der zu Hause kein Bein auf die Erde bekam. Hier aber war er Amtsperson, eine Institution. Durch ein o-förmiges, mit einem Gitter versehenes Loch spuckte er mir ein „Bitte" entgegen. Nicht als Frage, wie ein Befehl, es klang wie *„Hinlegen!"*. Ich erklärte ihm, dass ich eine Geldsendung erwartete und nannte ihm meinen Namen.

Natürlich konnte noch kein Geld da sein. Ich wollte ja auch nur erreichen, dass er mir, wenn das Geld eintraf, vielleicht ein Zeichen gibt. Nach Hause wollte ich. *„Darf ich hier warten?" „So lange sie hier nicht zelten wollen, bitte!"* Das „bitte" wie ein Kanonenknall. Diesmal mit einem Schwall Brotkrümel, die am Gitter der Sprechöffnung hängen blieben. Schwartemagen, konstatierte ich. Eine Stunde verging. Zwei Stunden. *„Hallo, Sie da. Wir machen jetzt Mittagspause."*

Ich schlich in die Kälte. In einem Reisebüro fand ich Gelegenheit zum Aufwärmen. *„Haben sie etwas von Korsika?"* Ich wollte Zeit schinden. Danach sah ich Spielverrückten an Geldautomaten zu. Von der Dame im Reisebüro hatte ich jedoch einen Flugplan erhalten. Die Aufforderung kam schnell. *„Hier ist keine Wärmehalle!"* Danach hörte ich in einem Kaufhaus einem Schwindler zu, der ahnungslosen Hausfrauen ein Reinigungsmittel andrehte, das er später in einem anderen Kaufhaus als Haarwuchsmittel verkaufte. Glaube ich jedenfalls. Wieder war Zeit vergangen. Punktgenau stand ich wieder vor dem Schalter meines, jawohl meines Postbeamten. *„Bitte?"* Wieder mit Donnerhall in den Raum gestoßen. Fast demütig nannte ich nochmals meinen Namen und die zu erwartende Geldsumme. Er wiederholte meinen Namen, beugte sich nach vorn und griff in ein Fach. Dem Fach entnahm er zwei Anweisungen. Auszahlungen! Er betrachtete zuerst die eine, sodann die andere Anweisung. Jetzt versteckt er gleich beide Anweisungen hinter seinem Rücken, malte ich mir aus. Dann wird er fragen, rechts oder links. Stattdessen kam der Befehl: *„Ausweis!"* Klar doch, ich holte meinen Ausweis aus der Gesäßtasche. Auf dem Papier, das ich ihm vorlegte standen Name, Vorname und eine sechsstellige Nummer. Dazu mein Foto, das ihn höhnisch angrinste. Die Schrift auf dem Papier für ihn unverständlich. Meinen französischen Militärausweis hatte ich durch einen Schlitz neben der Glasscheibe geschoben. Er hatte das Papier in gebührendem Abstand vor sich liegen. Den Ausweis betrachtete er wie eine vollgeschissene Unterhose. Dann sah er mich an. Seine Augen funkelten. *„Ausweis"*, zischte er, *„einen deutschen Ausweis."* Peng! Ich war ja in Deutschland. Mutters Sohn stand hungernd und frierend vor diesem Perfektionisten eines Posttribunen.

*„Ich komme gerade aus Afrika"*, begann ich. *„Ich lass mich nicht verarschen!"*
Er hatte mich sofort unterbrochen. Fieberhaft suchte ich in meinen Gedanken nach einer Lösung. *„Rufen Sie doch auf meine Kosten zu Hause bei meiner Mutter an. Die wird Ihnen bestätigen, dass ich das Geld erhalten soll."* *„Selbst wenn Ihre Mutter hier persönlich antanzt: kein Ausweis, kein Geld."* *„Was machen Sie jetzt mit dem Geld?"* fragte ich. *„Es bleibt hier einige Tage liegen. Sollte der richtige Empfänger kommen, also einer mit einem gültigen Ausweis, dann bekommt er das Geld. Kommt keiner, dann geht das Geld zurück an den Absender. Natürlich nach Abzug einer Bearbeitungsgebühr."*
Hatte ich einen Hass. War vielleicht doch nicht so falsch gewesen, zur Legion zu gehen. Beamte! Der Gipfel war aber noch nicht erreicht. Inzwischen hatten einige Postkunden das Theater am Schalter mitbekommen. Sofort geteilte Meinungen und heftige Diskussionen. So wie der aussieht? Man hört ja heute so viel. Andere wieder standen mir bei. Heute hätten eben nur noch Bürokraten das Sagen. Dann kam die Polizei.
Einer verschwand mit meinem Dienstausweis. Lange, zu lange blieb er fort. Er reichte mir den Ausweis. *„Gegen Sie liegt nichts vor."* Langatmig erklärte ich dem Beamten mein Anliegen. Schulterzucken. Auf einer Bank sitzend, überlegte ich, was nun noch für Möglichkeiten blieben. Trampen? Durch die DDR? Die

würden ebenfalls Rabatz machen. Gerade wollte ich die Post verlassen, als ein Mann auf mich zuschritt. Man sah ihm an, dass er aus der Chefetage kam. An seinen Manschetten nestelnd, erkundigte er sich nochmals nach meinem Anliegen. Er war der Leiter des Amtes. *„Nun, ich lasse Sie zum Direktor der Deutschen Post bringen. Ich habe ihn informiert. Ein Postauto wird Sie zu ihm bringen."* Ich glaubte nicht richtig zu hören. Egal, wenn er mir helfen kann?

Außerhalb von Frankfurt, der Berufsverkehr hatte schon eingesetzt. Endlich hielt der Wagen vor einem Eisentor. Der Fahrer stieg aus und sprach etwas in ein Mikrofon am Tor. Eine geschwungene Auffahrt. Wir hielten. Eine ältere Hausdame wies mich stumm an, ihr zu folgen. Der mißbilligende Blick auf meine Kleidung entging mir nicht. Sie klopfte an eine große Tür. Dann öffnete sie und meldete mich an: *„Der Herr, den Sie erwarten."* Seitlich drückte sie sich an mir vorbei. Nun stand ich allein im Raum. Richtig, die anderen saßen. Man wollte wohl gerade zu Abend essen. Die Kinder, ein Junge und ein Mädchen, missfielen mir auf Anhieb. Rote Haare ... ich mag keine roten Haare. Der Junge vielleicht neun, das Mädchen vielleicht fünf Jahre alt. Ein kurzer Blick der Mutter auf mich. Sofort senkte sie den Blick, sah dann wieder zu ihrem Mann. Demütig, jedenfalls so lange ihr Mann in der Nähe war, vermute ich. Der Chef des Hauses saß ebenfalls. Er faltete gerade seine Serviette und musterte mich prüfend über die Brillenränder. Das Hemd spannte sich über den Bauch. Der größte Teil seiner Haarpracht hatte sich schon aus dem Staub gemacht. Nun faltete er die Hände, wobei er die Daumen umeinander kreisen ließ. Der Junge versuchte unauffällig an eine Scheibe Brot zu gelangen. Ein strafender Blick. Der Junge erstarrte in seiner Bewegung. Nur sein Blick wurde noch linker. Sein Schwesterchen bohrte derweilen ungeniert in der Nase. Sie wurde nicht zurechtgewiesen. War eben das Nesthäkchen.

*„Na dann erzählen Sie mal!"* Ich sah ihn an und glaubte, nicht richtig gehört zu haben. Meine Halsschlagadern fingen an zu pochen. Kein gutes Zeichen. Ich hatte zwar leise gegrüßt, die Herrschaften aber hatten das nicht nötig. Die Aufforderung zu erzählen, war für die anderen die Aufforderung zu essen.

Sieh einfach nicht hin, sagte ich mir.

*„Was möchten Sie denn hören?"*, fragte ich. *„Nun, ein bisschen was aus der Fremdenlegion!"*

*„Ich hatte eigentlich gehofft, dass Sie mir bei meinem Problem helfen würden. Ich möchte nur noch in das nächste Flugzeug und nach Hause."*

Der Rotzlöffel von Sohn steckte sich gerade ein halbes Brötchen quer in den Mund. Seine Schwester versenkte eine saure Gurke im Orangensaft.

*„Was speziell möchten Sie von der Fremdenlegion wissen?"*

Sag nur was. Ich erzähl dir was. Ich erzähle dir was, dass du und deine Familie kotzen werden. *„Gab es Folter?"* Bingo, dachte ich. Kannst du haben. Ich zeigte auf die Kinder. Er verstand. Trotzdem meinte er, man lerne nicht früh genug fürs Leben. *„Auf beiden Seiten gab es Folter. Eine beliebte Methode war es, den zu Folternden auf einen Stuhl zu setzen und seine Hände hinter dem Stuhl* *zusammenzubinden. Die Beine wurden nur an den Oberschenkeln fest an den Stuhl gebunden. Er konnte also mit dem Stuhl unter dem Hintern gebückt gehen.*" Sofort johlten die Kinder los. Fanden sie das doch lustig. Er blickte fragend seine Frau an.

„*Soll ich weiter erzählen?*"

„*Nur zu, nur zu!*"

„*Sodann wurde dem Delinquenten mit Gewalt der Mund geöffnet. Ein inzwischen zur Weißglut erhitztes Stück Flacheisen wurde nun mit einer Zange in den Mund eingeführt. Dann wurde mit Druck sein Mund geschlossen. Seine Zähne wurden auf das glühende Metall gedrückt. Zuerst werden die Zähne weggebrannt. Dann trifft das glühende Eisen auf die Zahnnerven. Das allerdings war dann der Moment, wo der zu Befragende wahnsinnig wurde. Schreiend vor Schmerzen hüpfte dieser Mensch mit dem Stuhl unter dem Hintern durch die Gegend, bis ihn eine Ohnmacht von seinen Schmerzen befreite.*"

Herr Oberpostdirektor war aufgesprungen. Seine Frau hatte ihre schreiende und strampelnde Tochter an die Brust gedrückt. Sie versuchte ihr krampfhaft die Ohren zuzuhalten. Der Rotzlöffel fing an zu flennen. Herr Oberpostdirektor hatte Schweiß auf der Stirn. Sein Kreislauf schien nicht in Ordnung zu sein. Heftig rang er nach Luft. Diese Variante konnte er mit seiner Domina bestimmt nicht nachstellen. Ich setzte nach: „*Ich kann Ihnen auch noch von der Schwanzfolter erzählen.*" Er nestelte an seiner Hosentasche. Aus der Brieftasche nahm er zwei 100-DM-Scheine. Mit ausgestrecktem Arm hielt er mir das Geld hin. „*Ich nehme das auf meine Kappe.*" Sein Blick ging zur Tür. Die Hausdame brachte mich zum Ausgang.

Wortlos war ich gegangen. Leise verabschiedete ich mich: „*Deinen Boss lass in den nächsten Tagen in Ruhe. Der ist völlig Banane.*"

Der Chauffeur wartete. „*Zum Flughafen, Cowboy!*"

Nicht einmal eine Quittung hatte man von mir verlangt.

Wochen später bekam meine Mutter ihr Geld zurück. Natürlich nach Abzug einer Gebühr.

Der Flug war unproblematisch. Nur meine Socken stanken bestialisch. Die Plastiklatschen taten ein Übriges. Keiner wollte neben mir sitzen. Viel Platz also. Die Stewardess lächelte tapfer. Machte ich doch auf Naturbursche, während die anderen Fluggäste schon herbstlich angezogen waren.

Der Taxifahrer verzog erst das Gesicht. 50 DM im Voraus. Dazu nur eine kurze Strecke. In Ordnung. Ich genoss den heimatlichen Dialekt, die Luft. Ich war zu Hause.

Gern hätte ich das Theater mit der Hauptpost verschwiegen. Auch die Angelegenheit in Italien mit dem Konsulat hätte ich mir gern erspart. So war es aber gewesen.

Jede Ähnlichkeit mit noch lebenden Personen ist indes gewollt. Die Fremdenlegion sollte verblassen, jedoch niemals verschwinden. Fragen Sie meine Frau.

Die Legion sollte mich noch einmal einholen, unter ziemlich dramatischen Umständen.

Jedenfalls hatte ich die Flucht aus der Fremdenlegion geschafft. Mit sehr viel Glück war ich davongekommen. Nun half es nichts, dem geschmissenen Polizeidienst nachzutrauern. Welch eine riesige Dummheit von mir: viereinhalb Jahre Polizei einfach in den Sand gesetzt. Eine schon genehmigte Planstelle bei der motorisierten Polizei war bereits in Aussicht gestellt worden. „Weiße Maus" hätte ich werden können. Ich hatte erst jetzt erfahren, dass meine Kündigung des Polizeidienstes ein Jahr lang in der Schublade des Chefs meiner Bereitschaft gelegen hatte, ehe er sie offiziell werden lassen musste. Mein Chef hatte bis zuletzt gehofft, dass ich wieder auftauchen würde. Vergeblich.

An eine Versöhnung mit meiner Ex-Braut war nicht zu denken. Meine kleine Tochter wurde von mir ferngehalten. Kein Kontakt, keine Chance.

Ich hatte mich verändert. Unmerklich erst. Diese Veränderung hing unzweifelhaft mit dem Erlebten und mit den gegenwärtigen Umständen zusammen. In mir staute sich etwas an; ich suchte förmlich nach einem Ventil.

Schnell wechselte ich einige Arbeitsstellen. Die mir angeborene Fröhlichkeit wich schnell einer inneren Kälte. Die Tendenz ging ganz einfach zum Negativen, was meine Zukunft anging. Die Vergangenheit holte mich wieder ein.

Die Tatsache, dass ich mit elf Jahren mit einem Pappkoffer an der Autobahn stand, um mit einem LKW von Berlin nach Westdeutschland zu fahren. Die Tatsache, dass meine Mutter nicht mehr damit gerechnet hatte, dass mein Vater die sowjetrussischen Lager überlebte. Die Tatsache auch, dass meine Mutter einen anderen hatte. Einen, der Westware wie Strümpfe und Schokolade besorgen konnte. Vor allem aber, er, der Neue war da. Eine Witzfigur meiner Meinung nach.

Was soll's. Ich wollte zu meinem Vater ins Rheinland. Ich fand ihn. Ich war nicht willkommen. Mein Vater war selbst kaputt. Mit Hilfe seines Bruders, einem später sehr bekannten Fernsehjournalisten, hatte er es wieder in den Polizeidienst geschafft. Ich hingegen wurde zwischen der Verwandtschaft, Bekannten und einigen Jugendheimen hin und her geschoben. Letztlich schaffte ich sogar eine Lehre. Heute kann ich mit Stolz darauf zurückblicken. Ich hatte meine Lehre geschafft, ohne fremde Hilfe.

Nach der Lehre wollte ich nach Berlin zurück und ging zur Berliner Bereitschaftspolizei. Das hatte viele Vorteile: 1. Ich war Beamter. 2. Ich hatte ein Zuhause, zwar kaserniert, aber immerhin eine ordentliche Unterkunft. Fünf Jahre sollte die Kasernierung dauern. Damals war die BePo, so die Abkürzung für Bereitschaftspolizei, eine Art paramilitärische Einsatztruppe. Wir erhielten Infanterieausbildung und waren militärisch bewaffnet. Im Ernstfall sollten wir die von „drüben" aufhalten. Das allein war Anreiz genug für mich, um es denen zu zeigen. Nach dem, was die Russen meiner Mutter und mir angetan hatten.

Alles war gut gegangen bis zu dem Tag, als meine Braut zu mir sagte: „Du traust dich nicht!"

O. K., auch einige Freunde, die selbst keinen Bock mehr auf die Polizei hatten, brauchten nicht viel Überredungskunst, um mich zum Eintritt in die Fremdenlegion zu bewegen.

Das aber war Vergangenheit.

Ein wahrer Höllentripp wartete schon auf mich.

# Nachhall

Mit dem Ende des Algerienkrieges verblasste der Glanz der Fremdenlegion. Nichts, aber auch gar nichts würde mehr so sein, wie es einmal war.

Innerhalb der Legion wurden Spezialeinheiten geschaffen. Diese Einheiten wurden beispielsweise im ersten Golfkrieg in den Irak und sonst wohin geschickt. Die Franzosen behielten die Legion als Eingreiftruppe bei. Der Name „Fremdenlegion" sollte noch Respekt einflößen. Auch heute setzt Frankreich an den Brennpunkten seiner Interessenpolitik zuerst Legionäre ein, wenn es hart auf hart kommt. Härte gepaart mit militärischer Effizienz, dieser Ruf ist schon die halbe Miete. Schon zu meiner Zeit standen mit Kameras bewaffnete NATO-Besucher staunend vor den Dingen, die ihnen die Legion in Nordafrika präsentierte. Die Amis waren schon so eine Art Untermieter bei uns. Selbst die Bundeswehr war Gast in bel-Abbès. Einige Ausbilder versuchten, die rauen Sitten für die Ausbildung von Fallschirmjägern zu übernehmen. „Die Schleifer von Nagold", zeterte die Presse. In der Fremdenlegion getrimmt. Viele hatten ein neidisches Auge auf die Legion und die französischen Paras geworfen. Gab natürlich keiner zu.

Aber auch dieser Nimbus geht langsam dahin. Inzwischen gibt es weltweit gleichwertige, ja sogar bessere Sonderverbände, als sie die Legion je hervorbrachte. Aus einem ganz einfachen Grund: Die Konkurrenz ist zwar keineswegs härter, hat aber einen höheren IQ. Diese Verbände und Einheiten bilden körperlich *und* geistig hochqualifizierte Leute aus.

Der Mythos, der die Fremdenlegion einmal auszeichnete, ist dahin, oder? Kann doch wohl nicht sein. Wie kämen sonst immer noch Männer zu ihr, die sich ohne Zwang in ein risikoreiches Unterfangen einlassen? Wegen des gestiegenen Interesses und der geschrumpften Mannstärke sind die Auswahlkriterien viel strenger geworden. Guter Leumund, topfit, vor allem auch geistig. Warum? Heute sind schließlich alle Spezialisten. Kleine, intelligente Kommandoeinheiten. Die Haudrauf-Mentalität ist verpönt. Die ehemals hohen Verluste haben sich auf ein Minimum reduziert. Die Zahl jener Legionäre, die im letzten Jahrhundert für Frankreich ihr Leben lassen durften, wirkt dagegen fast grotesk.

Keine der neuen Einheiten in der Legion sowie der Eliteverbände anderer Armeen werden allerdings jemals das unbeschreibliche „Wir-Gefühl" der alten Fremdenlegion erfahren. Viele Erlebnisse, die von diesem Geist zeugen, sind aufgeschrieben und damit vor dem Vergessen bewahrt worden. Von manchen Berichterstattern vielleicht geschönt, von anderen wiederum dramatisiert. Letztlich aber mit einem wahren Kern. Vor allem aber: Die Fremdenlegion war Heimat, ohne Wenn und Aber. Sie war es.

# TEIL II

# FLUCHTHELFER

# Berlin 1963

Westberlin, 1963. Die Bundesrepublik genoss den Wirtschaftsaufschwung und begann langsam Fett anzusetzen. Politisch war die Lage stabil, aber längst nicht rosig. Die Deutschen auf beiden Seiten, insbesondere aber die Westberliner, störte die Mauer und die Zonengrenze, die sich mitten durch Deutschland zog. Die Teilung war Fakt. Mit jedem Tag wurde die Grenze undurchlässiger. Unzählige Tragödien spielten sich ab.

Daneben herrschte pralles Leben, vor allem in Westberlin. Die Fuggerstraße war Standort der drei größten Nachtbars: *Riffifi, Parisiana und Imperial*. Trotzdem unmöglich, ohne Voranmeldung in einen dieser Läden zu gelangen. Die Straßen um die Kabaretts, wie sich die Einrichtungen nannten, waren mit Ami-Schlitten zugeparkt. Die Türsteher hatten ausgebeulte Hosentaschen, vollgestopft mit DM und Dollars.

Neben diesen sündhaft teuren Lokalen gab es viele kleinere Bars vom Schlage *Lola Montez, Chat Noir* und *Costarica*. Diese gehörten freilich ebenfalls den großen Kabaretts. Super-Möglichkeit, den Kunden restlos auszuwringen. Komisch nur, die Geschröpften kamen alle immer wieder. Manchmal etwas angefressen, meist jedoch lachend und mit ausgebreiteten Armen.

Natürlich gab es nur beste Plätze. Handverlesene Tischdamen sorgten für ein Überangebot an schwüler erotischer Stimmung. Alles ging, nur nicht das Letzte. Keine Prostitution also. Jedenfalls nicht in den Läden. Die Damen tranken auf Provisionsbasis. Während die Herren „Röderer Christal" für damals unglaubliche 350 DM die Flasche bestellten, tranken die Damen lieber „Blaue Luise". Ein einfacher Cocktail kostete 10 DM, der doppelte 19 DM. Das Gemisch: 1 Teelöffel Mixed-Pickles-Früchte, 1 Schuss Selters (damit es nach Sekt aussah), 1 Teelöffel „Bols blau" obendrauf, Zuckerrand, bunter Löffel, Strohhalm – fertig war die Laube, beziehungsweise die „Luise".

Die Damen hatten morgens Bäuche, als seien sie im neunten Monat schwanger. Wenn sie nach Ladenschluss in aller Herrgottsfrühe auf ihre Provisionen warteten, furzten sie völlig ungeniert. Unglaublich, was die Mädels manchmal wegsoffen. Die Kellner waren immer bemüht, ihre meist nur angenippten Gläser auszutauschen. Natürlich gegen neue Cocktails. Der Inhalt vieler Gläser wurde einfach hinter die Sitzgelegenheiten gekippt. Jedenfalls hatten die Putzfrauen den ganzen Tag zu tun, um alles wieder zu reinigen. Eine irre Zeit damals. Alle lebten, allen ging es gut. Mir auch. Zu gut.

Damit fängt diese Geschichte an. Erinnerungen, die mich manchmal noch heute, nachts in Schweiß gebadet, aufwachen lassen. Ist schon was dran an dem Spruch „Wenn es dem Esel zu wohl ist, geht er aufs Eis!". Wie an jedem Tag – oder besser Morgen – flachsten wir vom *Parisiana* mit den Leuten vom *Riffifi*.

Beide Läden lagen sich gegenüber. Ex-Catcher Richard Grupe, Vater des legendären Boxers Norbert Grupe, genannt „Prinz von Homburg", stand mit seinen Kellnern vor der Tür und schnupperte frische Morgenluft. Es war Anfang Mai. Wir, die Kellner vom *Parisiana*, einige Tischdamen, die auf wen auch immer warteten, taten es ihnen gleich. Jeder flachste mit jedem. Meist wurde maßlos übertrieben, wenn es um den Umsatz von Champagner und Whisky ging. Viele Autos von Gästen standen noch immer auf ihren Plätzen. Die Besitzer der Karossen weilten in den umliegenden Hotels mit professioneller Damenbetreuung oder waren mit dem Taxi nach Hause gefahren. Haue abholen bei Muttern. Wie gesagt, ein schöner Morgen.

Unser Geschäftsführer hatte offensichtlich Liebeskummer. Als Chef trank er zwar wenig, aber umso häufiger mit den Gästen. Wenig? Viel wenig ist auch viel. Jedenfalls wollte die Zunge nicht mehr so richtig, als er mich fragte: *„Kommste mit? Wir genehmigen uns noch einen."* Morgens um die Häuser zu ziehen, war absolut Mode. Nicht unbedingt mein Ding. Ich war kein großer Freund von Alkohol. Oft saß man noch um 10 Uhr vormittags auf dem Kudamm oder sonstwo und war am Frühstücken.

Wir betraten die kleine Bar neben dem *Imperial*. Eine Wolke schweren Parfüms schlug uns entgegen. Abgedunkeltes, purpurnes Licht; indirekte Beleuchtung hinter dem Tresen der Bar. Die Klänge von Lionel Hamptons *„Taps part one"* erfüllten den mittelgroßen Raum. Gold- und purpurfarben die Dekoration und das Interieur. Gemütlich, stilvoll und prall. Prall auch, was hinter der Theke stand. Die Inkarnation von Sünde und Versuchung: Brigitte! *„Silvana Mangano ist dagegen ein Suppenhuhn"*, dachte ich so bei mir. Genug Süßholz. Sie war eben ein echter Hammer, würden neun von zehn Männern sagen. Wobei der Zehnte wahrscheinlich blind sein musste. Brigitte war die Angebetete unseres Geschäftsführers. Offensichtlich wurde sein Verlangen nicht unbedingt erwidert. *„Hallo, welch Glanz in meiner Hütte."* Bussi links, Bussi rechts. Edellack auf den Lippen, dazu zwei Reihen Zähne, die dir ein Gewinde in einen bestimmten Teil des Körpers hätten kauen können. Bla, bla, bla. Eben genau das, was man nach einer langen Nacht in Qualm und Alkoholdunst so sagt.

Die Augen meines Geschäftsführers hatten sich an Brigittes Dekolleté festgesaugt, immer in der Hoffnung, dass vielleicht so ein Teil gleich aus der Fassung springen könnte. Brigittes Augen dagegen fixierten ständig mich, ruhig und abwägend. Eben dieser Blick war es dann auch, der mich ehemaligen Fallschirmjäger der Fremdenlegion, dem der Algerienkrieg noch in den Knochen steckte, zur Vorsicht mahnte. Warum, das wusste ich noch nicht. Wäre auch egal gewesen, denn ich saß bereits in der Falle. In einer Falle, aus der mich zu befreien ich Jahre brauchen würde und die mich heute noch nicht völlig losgelassen hat.

Aber schön der Reihe nach.

Mein Geschäftsführer hatte nun richtig einen im Kahn und ich Brigittes Telefonnummer in der Handfläche. Allein über die kurze Berührung unserer Hände konnte ich noch Stunden später den Geruch ihres Parfüms wahrnehmen. „Mitzuko" hieß es und war sündhaft teuer. Später, viel später habe ich mich einmal gefragt, wie viel ich ihr wohl von dem Zeug gekauft hatte. Später, als sie unter den Fittichen von Claus Lanze im horizontalen Gewerbe arbeitete. Die Frau war von einem Mann allein nicht zu halten. Nymphomanin par excellence.

*„Du musst zu Geld kommen"*, meinte sie. *„Ich werde dich mit den richtigen Leuten zusammenbringen."*


## Die Organisation

Wir wohnten damals in der Grunewaldstraße in Schöneberg, gegenüber dem Landeskriminalamt. Brigitte kaufte mir einen Ford Thunderbird. Die Kripobeamten drückten sich die Nasen an den Fenstern platt, wenn wir ins Auto stiegen und Gas gaben. Anfangs war bei mir noch so eine Art Hemmschwelle vorhanden. Diese verflog aber schnell. Ebenso schnell lernte ich dann durch Brigitte die „richtigen Leute" kennen. Der Anfang vom Ende nahm seinen Lauf.

Zuerst vorsichtig, abtastend, lernte ich die Planer, Geldbeschaffer und Hinterleute eines neuen Wirtschaftszweiges kennen. Eine Fluchthelferorganisation schlechthin: Schütz–Bley. Nach langen und spannenden Nächten und Tagen, insbesondere mit Karl-Heinz Bley, war ich entschlossen, in dieser Branche mitzumischen. Bley und ich wurden sogar so etwas wie Freunde.

Ich fing an, für eine Versicherungsagentur zu arbeiten. Wohnte zeitweilig sogar bei Bley und seiner Mutter. Eine einmalig resolute, aber auch liebe Frau. Brigitte war inzwischen fast aus meinem Leben verschwunden. Mein ganzes Sinnen und Trachten konzentrierte sich auf die Dinge, die mit der Ostzone zu tun hatten. In mir schlummerte tief verborgen ein unbändiger Hass auf die Sowjets und ihre Handlanger. Durch die Fluchthilfe-Organisation erfuhr ich vieles, was nicht in den West-Zeitungen stand, was wirklich los war, drüben im „Arbeiterparadies".

Alles, was ich als kleiner Junge auf der Flucht vor den Russen 1944 erlebt hatte, stand wieder vor meinen Augen.

Winter 1944. Wegen der Bombenangriffe auf Berlin hatte die Mutter meine Schwester und mich nach Schneidemühl in Pommern gebracht. Aber die Ruhe dort war nur von kurzer Dauer, denn bald standen die Sowjets an Deutschlands Grenzen. Mein Opa musste zum Volkssturm einrücken. Der Vormarsch der Sowjetarmeen ging rasend schnell. Nachts hörte man schon das Dröhnen der noch fernen Geschütze. Ohne Vorwarnung ging unsere Flucht los. Nachts, bei klirrender Kälte wurden wir in überfüllte Züge gestopft. Züge, die angeblich überall hinfuhren. Nur nicht dahin, wo man hinwollte. Weil mein alter Herr bei der SS war und Opa ein SA-Führer, bekamen wir sogar ein Abteil. Ich war damals sechseinhalb Jahre alt. Ich vergesse nie, wie sich meine Mutter die Hände zerschnitten hatte im Abteil. Irgendein Idiot hatte seine Rasierklingen auf dem Sitz liegen lassen. Kreuz und quer fuhr der Zug durch Pommern, nur nicht nach

Berlin. In der Nähe von Stargard war Schluss. Wir wurden auf Pferdewagen verladen. Immer noch klirrende Kälte. Die Hälfte unseres Gepäcks war schon weg. Die Russen hetzten alles vor sich her.

Schließlich landeten wir in Miltitzwalde. Später stellte ich fest, dass dieser Ort nicht einmal so weit weg von Berlin liegt. In diesem Dorf wurden wir auf einem Gutshof untergebracht. Hier sah ich, wie zwangsverpflichtete Russen und Polen von der Gutsherrin geschlagen wurden. Wochen später wurden die Gutsbesitzer ohne Umschweife und vor unseren Augen von Rotarmisten erschossen.

Nachdem uns die sowjetische Walze überrollt hatte, begann das Grauen für die Frauen im Dorf. Für alle Frauen in allen Dörfern, die von sowjetischen Truppen besetzt wurden. Die Vergewaltigungen! Meine Mutter wurde eines Abends geholt, als die Dunkelheit hereingebrochen war. Ich ging sie suchen. Oma konnte mich nicht halten. Ein Polenmädchen nahm mich an die Hand und führte mich zur Schule des Dorfes. Vor der Tür eines Klassenzimmers stand breitbeinig ein Rotarmist. Vor sich seine „Balalaika", die Maschinenpistole.

Unmenschliche Schreie drangen aus dem Raum. Ich bückte mich und sah durch die Beine des Soldaten. In Reihen lagen die Frauen auf dem Boden.

Auf und über ihnen die halb entkleideten, stinkenden Bestien. Ich weiß nicht mehr, wie viele Männer vor jeder Frau warteten.

Ich rief nach meiner Mutter, hörte sie auch antworten, helfen konnte ich ihr aber nicht.

Noch nicht!

Unvergessen das alles.

Aber nun sollte die Gelegenheit kommen, es diesen Schweinen da drüben, den Helfershelfern der Sowjets, zu zeigen. Die harte Schule der Fremdenlegion und das im Unterbewußtsein schlummernde Erlebte prädestinierten mich zum Fluchthelfer. Und wie wir es den roten Halunken besorgt haben!

Nun ist es immer wieder vorgekommen, dass Fluchthelfer ins Zwielicht gerückt wurden und immer noch werden. Hauptsächlich wurden die Dinge an Geld aufgehängt. An utopischen Summen, die verlangt und verdient worden sein sollen.

Geld und Fluchthilfe – sicherlich ein zweischneidiges Schwert. Vorab aber stellt sich die Frage: Wie hoch ist der Preis der Freiheit?

Schon hebt ein Gejammer und Gezeter an: unverzeihlich, unanständig, Gangstermanieren.

Eine lange Litanei von Beschimpfungen und Unterstellungen. Fakt ist doch wohl: Keiner macht etwas umsonst. Oder operieren Ärzte umsonst? Umsonst der Friseur? Umsonst der Urlaub? Es sage keiner, dass diese Vergleiche hinken.

Also, der Preis der Freiheit. Wie hoch ist er? Wie hoch darf er sein?

Ich stelle gar nicht die Frage, was solch eine Flucht kostet. Man glaube nicht etwa, man steckte dem Vopo an der Grenze 50 DM an den Helm, gab ihm einen Klaps auf die Schulter, und das war es dann. Auch unsere Organisation wurde einst in Westberlin vor Gericht zitiert. Ladungsgrund:

Steuerhinterziehung. Die Anschuldigung? Hat ein Unternehmen ca. 300 Schleusungen (Fluchthilfe von Ost nach West) durchgeführt, für die die in Bundesrepublik geholten Menschen im Schnitt zwischen 10.000 und 15.000 DM bezahlt haben, dann sei dies als berufsmäßiger Handel zu bezeichnen und somit müsse auch das Finanzamt daran partizipieren. Außerdem sei Menschenhandel sowieso verboten.

Die Verhandlung ging anders aus, als sich der Staatsanwalt erhofft hatte. Endresultat: Wir durften nicht als Menschenhändler bezeichnet werden. Wir kauften und verkauften keine Menschen. Steuerhinterziehung? Aus Gründen der Geheimhaltung und zum Schutz der in die Bundesrepublik geschleusten Menschen verweigerten wir dem Gericht die Aussage. Es sollte Fluchthilfe als Gewerbe anerkennen, tat es aber nicht.

Alles, aber auch alles wurde in unseren Köpfen abgespeichert. Pläne, Namen und so weiter, alles im Kopf. Selbst unbedeutende Papierschnitzel oder Zeitungen, die wir in der Öffentlichkeit benutzt und liegen gelassen haben würden, landeten mit Sicherheit bei der Stasi (Staatssicherheit) der DDR in Hohenschönhausen oder bei Informationsspitzeln, die sich ihr Kleingeld bei unzähligen Geheimdiensten in Westberlin verdienten. Ungeachtet dessen bestand die Gefahr, dass abgehörte Telefongespräche immense Schwierigkeiten nach sich ziehen konnten. Ich kann ein Lied davon singen.

Also hieß das oberste Gebot: alles im Kopf bunkern.

Wir hatten einen Code ausgetüftelt; Wochen daran gebüffelt. Einige Male verliefen Aktionen nicht nach Plan. Aber am Ende waren wir dank unseres Codes meist schneller als die Gegenseite.

Ein kleines Beispiel unserer „Chiffrierkunst": Stand auf einem Briefumschlag die Adresse: An Rudi Fenker, Charlottenburg, Straße Nummer sowieso, hieß das nichts anderes als ANRUFEN in Charlottenburg. Der Angerufene und der Anrufer wussten, um wen es sich handelte.

Nicht verstanden? Man nehme die ersten beiden Buchstaben eines jeden Wortes und verbinde sie zu einem Wort – An-Ru-Fen. Wir verwechselten oft die Buchstabenzahl. Wurde fünf gesagt, war es der jeweils fünfte Buchstabe. Natürlich eine simple, wenn auch wirksame Geschichte. Aber es ging um Fluchthilfe, nicht um Spionage oder nachrichtendienstliche Verschlüsselungskünste.

Für den logistischen Teil waren wiederum andere Leute der Organisation zuständig. Das Vertrauen in unsere Sache und zu uns selbst war gewaltig. Es war zugleich aber auch der größte Risikofaktor. Alles und jeder ist käuflich. Auch uns war das klar.

Als einer, der den operativen Teil ausführte oder testete, war mir manchmal besonders unwohl zumute. Wen wohl hätten sie zuerst am Kragen, wenn einer gesungen hätte? Sicherheiten gab es ebenso wenig wie Garantien. Wir versuchten immer alles so zu arrangieren, dass zwar jeder etwas wusste, aber niemals eine Person alles. So erfuhr ich niemals, wer die Geldgeber und die Auftraggeber waren. Auch nicht, auf welche Konten wie viel Geld floss. Umgekehrt kannten die „Strategen" nur den Tag, an dem etwas lief, nicht aber wo und wie. Wir hatten Verbindung zu den in Westberlin sitzenden Geheimdiensten. Diese wussten recht gut darüber Bescheid, was wir so veranstalteten.

Es kam auch zu unangenehmen Berührungen, beispielsweise mit dem US-Geheimdienst. Dass die CIA in der Clayallee saß, wusste in Westberlin jedes Kind. Die anderen Adressen kannten jedoch nur wenige. Alle und jeder, egal von welcher Partei, Institution oder von welchem Geheimdienst, steckten den Kopf in den Sand oder pfiffen „La Paloma". Berlin war eben Tummelplatz vieler, die vieles wissen wollten.

Ging es glatt, war alles in Butter. Aber sonst? Mit jeder erfolgreichen Fluchtaktion wurden auch die von der anderen Seite schlauer.

Aus den Anfängen der organisierten Fluchthilfe ist ein besonders und absolut dreister Coup bekannt geworden. Ausgeführt von unseren Leuten (natürlich ohne mich; zu dieser Zeit war ich bei der Fremdenlegion). Ort der Handlung: Zeuthen bei Berlin.

Die am 13. August 1961 errichtete Berliner Mauer stand erst ein paar Wochen. An einem Herbsttag fuhr der ehemalige Bauer und nunmehr enteignete Zwangsgenosse Blümel auf einem LPG-Trecker, eine Egge hinter sich herziehend, über sein ehemaliges Eigentum. Nunmehr im Besitz der LPG soundso im sozialistischen Arbeiter- und Bauernstaat. Es regnete leicht.

Genosse Blümel, in Wahrheit ein altes CDU-Mitglied, das sein Geld in Westberlin bei der BfG deponiert hatte, döste vor sich hin. Innerlich war die bis gestern herrschende Spannung gewichen. Man hatte ihn wissen lassen, wenn einer nach einem Schraubenzieher verlange, solle er alles liegen und stehen lassen und den Fragesteller sofort und ohne Wenn und Aber begleiten.

Das war vor einer Woche. Blümel war unheimlich aufgeregt. Zuviel müsste man eigentlich noch erledigen. Den Hof anstecken? Den Trecker zerstören? Nein, nichts dergleichen. Einziger Luxus von Bauer Blümel war, dass er jetzt jeden Morgen frische Unterwäsche anzog. Man kann ja nie wissen. Von seiner verstorbenen Frau auf dem Friedhof hatte Blümel schon Abschied genommen. Mit seinem ältesten Sohn hatte er gebrochen. Der war jetzt beim Stasi-Wachregiment „Feliks Dscherschinski". Tut schon weh, dachte Bauer Blümel. Aber sonst? Kaum Kontakt mit den Hiesigen. Waren alles Neue hier. So eine LPG braucht viele Leute. Eigentlich gar nicht so übel, so eine LPG. Läuft wie auf Schienen. Was musste man sich doch früher schinden. Jeder gegen jeden. Bloß, wo bleiben all die Erträge? Uns müsste es doch gut gehen im ersten Arbeiter- und Bauernstaat der deutschen Geschichte? Richtig, unsere Genossen in der Sowjetunion, die die Großlast des Krieges getragen hatten, die mussten noch ein wenig Reparationen haben. Im Klartext hieß das, dass die dafür sorgten, dass wir hier in der Scheiße lagen. Na ja, dachte Bauer Blümel, bald ist das vorbei. Wird schon schiefgehen. Ich habe Workuta in Sibirien überstanden, dann schaff ich das hier auch noch. Traktor wenden, Furche zurück. Bauer Blümel sah den Radfahrer schon von Weitem. Dieser fummelte an seinem Fahrrad herum. Hat wohl eine Panne. Als Blümel gerade am Feldrand wenden wollte, ging der Fremde auf ihn zu und fragte: *„Haben Sie mal einen Schraubenzieher?"* Das Stichwort!

Aus und vorbei mit dem real existierenden Sozialismus.

Bauer Blümel sagte später, in diesem Augenblick sei sein ganzes Leben wie ein Film an ihm vorbeigezogen.

Nun begab sich Blümel, so wie er war, zum vereinbarten Treffpunkt. Dort wartete ein „Papp 70", ein stinkendes Vehikel, das ihn zur Autobahn brachte. Der Wagen fuhr einen Rastplatz an. Während das Fahrzeug langsam zum Stehen kam, fuhr ein großer Ami-Schlitten seitlich ran. Noch im Fahren öffnete sich die Beifahrertür. Ein Mann im feinsten Zwirn winkte Blümel zu. Der war noch nicht ganz ausgestiegen, als er gepackt und ziemlich unsanft in die US-Limousine gezerrt wurde. Die nahm sofort Fahrt auf, während der Fahrer des „Papp 70" sich mühte, den zufällig qualmenden Kühler zur Ruhe zu bringen. Selbst ein hinter der Raststätte parkender Vopo-Streifenwagen hatte nichts mitbekommen. Das sollte sich aber bald ändern. Zur Ehrenrettung der DDR-Grenzsicherungskräfte sei gesagt: Doof waren sie nicht!

Inzwischen passierte Bauer Blümel, pardon, der Gesandte eines westlichen Staates, im Wagen mit Stander, UNESCO-Nummernschild sowie CD-Emblem hochoffiziell den Checkpoint Charlie. Der DDR-Grenzer musterte Blümel nur kurz. Die Diplomatenpässe nahm der Beifahrer, ein hochrangiger westlicher Offizier, wieder entgegen. Der Grenzoffizier salutierte, die Grenzer standen stramm. Der Schlagbaum öffnete sich, und der Wagen fuhr in den Westsektor.

Nach ein paar hundert Metern auf Westberliner Gebiet zog man dem „Gesandten" Cut, Melone und weißes Chemisett wieder aus. Die lehmverschmierten Gummistiefel hatte er noch an. Seine schwieligen und von der Feldarbeit schmutzigen Hände steckten in weißen Handschuhen. Von diesen befreit, rauchte Bauer Blümel seine erste Westzigarette.

Das war es. Bauer Blümel ging im Westen in die Politik und wurde steinalt. Sein Sohn, der Stasi-Angehörige, drehte nach der Wende sein Fähnchen und wurde im Westen Leiter eines Sicherheitsunternehmens.

Dumm von uns war damals nur, dass solch geglückte Unternehmen an die Presse verkauft wurden. Sicher, Gelächter und Schadenfreude waren groß. Aber derartige Bloßstellungen stachelten den Dienstapparat drüben nur an. Freilich waren schon sehr viele Schleusungen mit gefälschten Papieren gelaufen, bevor die erste überhaupt in der Öffentlichkeit publik gemacht wurde. Umso schwieriger wurde es danach, neue Touren vorzubereiten und eben auch zu finanzieren. Daher kostete eine gut vorbereitete Flucht Geld, viel Geld mitunter. Vor allem aber waren Einfallsreichtum und Ideen gefragt.

Ein weiteres Beispiel, sowohl für enorme Eigenkosten als auch für eine pfiffige Idee, lieferte der „Coup Reinshagen". Großformatig berichtete seinerzeit eine große Illustrierte über den erfolgreichen Ablauf dieser Aktion. Durch einen

Zufall entdeckten wir eines Tages an einer Baustelle eine riesige Kabeltrommel. Da das Kabel abgerollt war, konnte man den hohlen Innenraum des Trommelkerns erkennen. Eine Öffnung mit rund 120 cm Durchmesser. Diese Öffnung ließ sich mit den dazugehörigen Holzteilen sowie drei Muttern und Laschen wieder verschließen. Durch das verbleibende kleine Loch in der Mitte kam eine Eisenstange, die an jeder Seite etwas hervorstand. Eine Vorrichtung zum Transport und Aufhängen an Kränen oder dergleichen.

Es war eine Intuition *à la confiture*, sagte ich damals. Noch am selben Abend ließen wir eine leere Kabeltrommel mit der Aufschrift „Reinshagen" stehlen. Jawohl, klauen. Die Trommel wurde in unsere Werkstatt gebracht und in-derselben Nacht stand auch der perfekte Plan.

Sollte jemand aus der Redaktion der Illustrierten etwas am geschilderten Ablauf bemängeln wollen, dann möge er bedenken, dass er nur im Archiv nachzulesen braucht. Ich habe keine Unterlagen mehr und versuche aus dem Gedächtnis, wahrheitsgetreu Dinge und Abläufe zu schildern, die sich vor mehr als 40 Jahren ereignet haben.

Zunächst beobachteten wir genauestens, wie der LKW-Verkehr und speziell die Schwertransporte an der Zonengrenze kontrolliert und behandelt wurden. Standzeiten, Fahrtzeiten, eben alles, was man wissen musste. Ein befreundeter Disponent gab immer wieder wichtige Hinweise.

Die Kuriere, die mit den Fluchtwilligen Kontakt aufnahmen, mussten ganz präzise Angaben und Informationen liefern. Informationen, von denen das Gelingen der Flucht abhing. Aber das brauchte seine Zeit.

Im Kern unserer Kabeltrommel konnten genau vier Personen Platz nehmen. Wie aber sollte man die Flüchtlinge zur Kabeltrommel bringen? Wo sollten die Leute, zum Teil Frauen und Kinder, zusteigen? Wie sollten sie schnellstens und ohne Aufsehen in die Kabeltrommel gelangen? Mit einem Transport mitten auf den Transitstrecken anzuhalten, war viel zu riskant. Und wie die Kabeltrommel überhaupt transportieren?

Alle bisherigen Vorschläge enthielten keine praktikable Lösung, Letztlich kam man auf eine ganz simple, aber auch sehr teure Idee.

Ein Tieflader musste besorgt werden. In der Bundesrepublik kauften wir eine Zugmaschine: einen preisgünstigen Büssing mit Motorschaden und einigen weiteren Macken. Drei Wochen dauerte es, dann lief die Maschine wieder wie ein Glöckchen.

Wir ließen uns von einer Berliner Spedition Kostenvoranschläge machen. Inzwischen liefen die Kosten völlig aus dem Ruder. Durch Vorkasse und die Hilfe einiger uns gut gesonnener Institutionen wurde der Kraftakt gemeistert. Dann bestellten wir bei einem Zulieferbetrieb 150 m Kabel. Viele tausend Mark wurden dafür bezahlt.

Den richtigen Fahrer hatten wir, den Beifahrer auch. Letzterer musste schon einiges auf dem Kasten haben in punkto Standsicherheit und Kraft. Zunächst übten wir auf abgelegenen Straßen den Ernstfall. Der Plan sollte wie folgt ablaufen: Während die Zugmaschine mit dem Tieflader und der darauf fixierten Kabeltrommel das Tempo fuhr, das auf der Transitstrecke durch die Zone vorgeschrieben war, näherte sich an einem bestimmten Punkt von hinten ein Fahrzeug mit den Flüchtigen. Kam unser PKW auf Höhe des LKW, verringerte der Laster das Tempo, so dass die Flüchtlinge während der Fahrt auf den Tieflader übersteigen konnten. Der Beifahrer musste zuvor eine Mutter und eine Lasche an der Kabeltrommel lösen. Die anderen Muttern waren Attrappen. Nach wenigen Sekunden fuhr der PKW weiter, während der Beifahrer ins Führerhaus des LKW zurückturnte. Die vier Flüchtlinge saßen in der Kabeltrommel. Zwei mit Gesicht in Fahrtrichtung, zwei dagegen.

Alle möglichen Begleitumstände und Witterungsverhältnisse, wie beispielsweise Regen, starker Wind, Pannen etc. wurden einkalkuliert und eingeübt. Die Testfahrten liefen immer geschmeidiger, die Zeit fürs Umsteigen wurde immer kürzer. Schließlich war es so weit, und wir konnten genaue Punkte in der Zone festlegen, die als Umsteigerplätze in Betracht kamen.

Dann kam der Tag der Generalprobe.

Am späten Abend machte sich unser LKW auf den Weg, ohne Flüchtlinge aufzunehmen, aber mit den Frachtpapieren und allem, was sonst noch dazu gehört. Wir mussten wissen, wie es in der Praxis aussah. An den Grenzkontrollstellen das gleiche Prozedere wie mit allen anderen Fahrzeugen. Blöde Fragen und die üblichen langen Wartezeiten. Die Transitstrecke selbst war kein Problem. Dann rollte unser Wagen wieder in den Westen.

Die Tour stand.

An die 50 Menschen wurden auf diese Weise aus der SBZ (Sowjetische Besatzungszone, DDR) geholt. Ein eklatanter Fehler war allerdings, auch diese Story an die Presse zu verkaufen. Unter uns gab es eben Leute, denen Effekthascherei und öffentliches Ansehen viel bedeuteten. Mein Freund Bley ließ sich sogar als Fluchthelfer in US-Uniform ablichten, natürlich in Großformat. So hätte er einen Flüchtling aus Ostberlin abgeholt.

Vom Grundsatz her stimmte es. Der Mann wurde in der Mulde eines Fahrzeugs, in der sonst der Ersatzreifen lagerte, versteckt und transportiert. Dabei war es fast zur Katastrophe gekommen. Tatsächlich trug der Schleuser amerikanische Uniform, hatte jedoch die Rangabzeichen falsch befestigt. Der Hammer: Ein Offizier der DDR-Grenzer machte ihn darauf aufmerksam! Der Vorgang wurde von Westberlin aus von Zeugen beobachtet. Nach Passieren des Ostsektors gab der Fahrer Vollgas, raste an den verdutzten US-Militärpolizisten und ihren Westberliner Kollegen vorbei und verschwand mit seiner Fracht im Getümmel. Ich habe nie erfahren, um wen es sich bei dem Geflüchteten handelte. Es machten Gerüchte die Runde, dass ein Außenstehender die Aktion geplant haben soll. Das stimmt aber nicht. Es liegt jedoch die Vermutung nahe, dass bundesdeutsche Behörden Interesse daran hatten, dass dieser Mann nicht die alliierten Sicherheitschecks durchlaufen musste. Muss ja auch nicht jeder alles wissen, oder?

Überhaupt entwickelte sich die Fluchthilfe zu einer echten Wettbewerbsveranstaltung. Einige Gruppen tummelten sich in Westberlin, die mit zum Teil spektakulären Fluchten von sich reden machten. Zu den bekanntesten Fluchthelfern in führender Stellung gehörte ein gewisser Herr Wordel, geliebt und gehasst wie kein Zweiter.

Es hieß, Wordel hätte einst einen US-Piloten gerettet, dessen Flugzeug über der BRD abgestürzt war. Jedenfalls wusste er bei allem, was er auch tat, die schützende Hand von „Uncle Sam" über sich.

Den größten Respekt nötigten mir die fleißigen Tunnelbauer ab. Idealisten, die sich mit einfachsten Werkzeugen von West nach Ost durch Berlin wühlten und teilweise große Erfolge feiern konnten. Das bekannteste Beispiel war der Tunnel in der Bernauer Straße in Berlin-Wedding. Es gab aber noch einige andere. Ich weiß von einem Tunnelbau, der in einer Gärtnerei enden sollte. Als die Jungs den Durchstich vollzogen, standen Vopo und Stasi schon am Tunnelausgang. Die „Maulwürfe" landeten im berüchtigten Zuchthaus von Bautzen.

Je intensiver das Fluchtgeschäft lief, desto intensiver wurden auch die Gegenmaßnahmen der Stasi. Gefälschte Pässe und Dokumente hatten so gut wie keine Chance mehr. Ihre eingebauten Fallen in den Transitpapieren konnte ein Nichteingeweihter unmöglich erkennen. Manchmal wechselte beispielsweise die Sternenzahl auf Begleitpapieren, die für ganz simple Strecken benötigt wurden, täglich. Die Kontrollen waren fast perfekt. Sicher, Einzelaktionen hatten noch gewisse Chancen. Man denke an Segelflugzeuge, Ballons, Durchbrüche mit gepanzerten Autos. Alles Aktionen mit sehr hohem Risiko und oft genug mit schrecklichem Ausgang.

Wegen einer nicht beschaffbaren Plombenzange ließen wir einen Schleusungsversuch fallen. Dabei sollten die Flüchtigen in Taucheranzügen im Tank eines Milchlasters untergebracht werden, natürlich eines gefüllten.

Da wir schon beim Tauchen sind: Für 15.000 DM konnte man damals ein kleines Tauchboot erwerben, Modellbezeichnung „Tigerhai". Und in der Zone gab es die Gesellschaft für Sport und Technik (GST) mit einer Abteilung für Tauchsport. Die Fluchtwilligen sollten in die GST eintreten und sich im Tauchen ausbilden lassen. Am Tag X sollten sie während eines Tauchgangs in der Ostsee einen bestimmten Punkt antauchen und dort an dem auf Grund liegenden „Tigerhai" festmachen. Unter Wasser in die Freiheit? Zu teuer, zu riskant. Aber durchaus wert, darüber nachzudenken.

Auch auf der Ostsee hatten NVA und Grenztruppen mittlerweile aufgerüstet und lagen mit Lauschgeräten permanent auf der Lauer. Die gescheiterten Fluchtversuche auf der Ostsee sind Legende. Tote reden nicht und Zeugen gibt es keine mehr. Außer den Mördern natürlich.

Was haben DDR-Bürger nicht alles unternommen, um dem „Arbeiterparadies" zu entkommen! Ein Tiefkühl-LKW mit tiefgefrorenen Schweinehälften flog auf. Im Inneren standen, zwischen den von der Decke hängenden Schweinehälften, die Flüchtigen. Mitunter stundenlang. Besonders tragisch endete eine winterliche Flucht in einem Transporter für Schlachtabfälle. In leeren Fässern hockten die Flüchtlinge. Über ihren Köpfen befand sich eine genau eingepasste Platte. Von der Platte nach oben zum eigentlichen Fassdeckel blieben rund 20 cm. Dieser Zwischenraum wurde mit Därmen gefüllt. Allein schon der Ablauf ist ein Horror. Der Gestank muss furchtbar gewesen sein. Der Kühlwagen wurde kontrolliert, ohne dass die Grenzer etwas zu beanstanden wussten. Allerdings fiel einem Grenzer die Alkoholfahne des Fahrers auf. Kurz, der Wagen wurde in eine besondere Halle gefahren. Der Fahrer musste zur Ausnüchterung in die Grenzbaracke. Der Rest war eine echte Tragödie. Die Leute in den Fässern, darunter Frauen, froren erbärmlich. Nach einigen Stunden hoben die ersten die Deckel an und stiegen aus ihren Verstecken. Den Rest hat keiner erfahren.

Warum nun all die alten Storys und das Wiederkäuen? Einmal, weil in der Öffentlichkeit alles schon wieder fast vergessen ist und weil die Opfer des SED-Regimes bis heute, nachdem mehr als 15 Jahre seit dem Fall des „antifaschistischen Schutzwalls", des Eisernen Vorhangs, vergangen sind, nicht in vollem Umfang entschädigt worden sind.

# BULGARIEN – DIE LANGE REISE

Damals wurde unserer Gruppe jedenfalls schnell klar, dass alle Operationen – egal ob aus Westberlin oder aus der Bundesrepublik gestartet – zu riskant geworden waren. Wir mussten neue Wege gehen. Lange Wege! Wir mussten dort einhaken, wo es die Gegenseite noch nicht vermutete: Im so genannten sozialistischen Ausland, in den „Bruderländern" der DDR, zum Beispiel in Bulgarien.

Hinter unseren Überlegungen stand die Annahme, dass die dortigen Grenzer noch nicht soviel Erfahrung mit so „ausgeschlafenen Typen", für die wir uns hielten, gesammelt hatten. Zumindest war bis zu diesem Zeitpunkt nichts bekannt geworden, dass es etwa in Bulgarien zu besonderen Vorkommnissen mit Fluchthelfern gekommen wäre.

Zuerst also das Terrain sondieren. Schnell bekamen wir durch Mittelsmänner und Kuriere heraus, dass besonders verdiente Arbeiter und SED-Aktivisten aus der DDR neuerdings ans Schwarze Meer reisen durften; nach Nessebar, den Goldstrand Bulgariens. Von Berlin-Schönefeld flogen sie mit *Interflug* nach Bulgarien. Die Bulgaren hatten extra Hotels für „Ossis", dazu einige weitere für „Wessis" errichtet.

Wir fanden Dinge heraus, die damals nicht selbstverständlich waren, die heute aber jeder Tourist in Prospekten über Bulgarien findet. Wir erfuhren viel, aber doch nicht alles. Ein Restrisiko sollte bleiben.

## Istanbul 1966

Um erst einmal den Ausgangspunkt für mögliche Unternehmen zu erkunden, flogen Schütz und Bley nach Istanbul. Istanbul sollte Ausgangspunkt des ersten und danach Drehscheibe möglicher Folgeunternehmen werden.

Die 6. US-Flotte lag oft am Bosporus, sehr zur Freude der Flottenangehörigen. Die Kontrolle des Ein- und Ausgangs zum Schwarzen Meer und der Dienst auf See waren eine Sache, die orientalischen Vergnügungen beim Landgang die andere. Viele US-Soldaten ließen private Fahrzeuge in der Türkei zurück, sehr zur Freude der Einheimischen. Sämtliche amerikanischen Automarken waren in den verstopften Straßen Istanbuls zu sehen; oft Stoßstange an Stoßstange. Der Verkehr war noch „orientalischer" als heute. Ständiges Hupen, ein irres Konzert. Dazu in den Autos ein Heidenlärm orientalischer Radiomusik. Herrschte mal freie Fahrt, fuhr jeder wie der Teufel mit durchgetretenem Gaspedal. Die Wagen meist überbesetzt, auf dem Autodach alles, was dort nicht hingehörte. Selbst Ziegen konnte man auf den Autodächern entdecken, verpackt und verschnürt wie Reisigbündel. In Istanbul nun wollte unsere Organisation versuchen, ein für Fluchtzwecke geeignetes Fahrzeug zu kaufen. Außerdem mussten Kontakte zu befreundeten Dienststellen aufgenommen werden. Das Motto lautete: Auch in Istanbul unter keinen Umständen auffallen. Bei dem herrschenden babylonischen Sprachgewirr und den Besuchern aus vielen Ländern an sich kein Problem. Die Besatzungen der auf Reede liegenden Zerstörer sowie eines Flugzeugträgers der Amerikaner hielten die Stadt und die amerikanische MP ohnehin in Atem. Dennoch war Vorsicht geboten. Unter diesen neuen Verhältnissen, in einer fremden Stadt, in der alles erst wachsen musste, konnte ein falsches Wort an falscher Stelle sofortiges Misstrauen erzeugen.

Mitten in dieser vorbereitenden Schnupperphase ging die Nachricht ein, dass zwei Personen aus der DDR in einigen Tagen in Nessebar einträfen. Ein Ehepaar, das in den Westen wolle. Eine Fehlinformation? Eine Falle? Nein, nichts dergleichen. Seitens der Stasi konnte niemand wissen, dass wir in der Türkei etwas Neues aufbauen wollten.

Ein Mittelsmann hatte in Erfahrung gebracht, dass das Ehepaar nach Bulgarien in Urlaub fährt. Auf irgendeiner vertraulichen Liste stand, dass das Paar in den Westen flüchten wolle. Sicher wussten wir es noch nicht. Zu stoppen war der Urlaub der beiden allerdings nicht mehr, so dass unsere Mittelsmänner entsprechende Ratschläge hätten erteilen können. Andererseits musste aber Verbindung aufgenommen werden, um festzustellen, ob sie eventuell schon alle Kontakte zu ihrem bisherigen Umfeld abgebrochen hatten. Bei dem dichten Bespitzelungsnetz in der DDR wäre dies ein höllischer Fehler mit fürchterlichen Folgen gewesen. Unsere Mittelsmänner wurden angewiesen, ihnen keinerlei Andeutungen beziehungsweise Versprechungen zu machen, sie während ihres Urlaubs aus Bulgarien rauszuholen.

Sie waren also praktisch schon unterwegs, und wir saßen in der Zwickmühle. Was tun? Sollten wir das Ehepaar seinem Schicksal überlassen?

Am Abend des 25. Mai 1966 erhielt ich telefonisch den Auftrag, sofort nach Istanbul zu fliegen. Am nächsten Tag war ich dort. Bley und Schütz erwarteten mich im damaligen Hilton-Hotel. Die beiden machten einen genervten Eindruck. Zum einen lag es an allerlei schlechten Nachrichten, die sie zu verdauen hatten, zum anderen an den Folgen ihrer Vergnügungssucht. Der Geruch der typischen Parfums, die üblicherweise in orientalischen Puffs wabern, haftete an ihrer Kleidung. Die Gesichter verrieten Spuren des Genusses sicherlich großer Mengen von Whisky und Champagner. Genauso kannte ich meine Pappenheimer.

Bisher waren alle ihre Bemühungen zum Kauf eines amerikanischen Fahrzeugs gescheitert. Natürlich fehlten auch die Papiere, deren Beschaffung sicherlich noch längere Zeit in Anspruch nehmen würde. Schließlich sollte mit CD-Schildern und großer Aufmachung gearbeitet werden. Punktum, wir mussten schnellstens eine Entscheidung treffen. Inzwischen hatten wir erfahren, dass die beiden Eheleute Wissenschaftler waren. Allein der Gedanke, dass die beiden auch noch wichtiges Material bei sich haben könnten, jagte uns Schauer über den Rücken. Unvorstellbar was passierte, wenn man die beiden schnappen würde. Dann kam uns, wie wir glaubten, die rettende Idee. Dafür, dass unsere Pechsträhne noch etwas anhielt, sorgte nun ich.

Bei der Ankunft in Istanbul hatte ich mir direkt am Flugplatz einen Wagen gemietet. Immerhin waren es rund 25 km Fahrstrecke bis zur Innenstadt. Für einen ziemlich ramponierten Pickup, Marke Dodge, mussten 400 Dollar hinterlegt werden, in bar versteht sich. Ich bekam keine Zulassungspapiere, nichts, nur den Schlüssel. Meine Einwände schmetterte der Vermieter mit dem Hinweis ab, dass jeder in Istanbul das Kennzeichen kenne und wüsste, wo der Wagen hingehört, nämlich an den Flugplatz. O. K., aber die vielen Beulen und Schrammen? Kein Problem, man sieht doch, dass es alte Beulen sind, und „Aleman" sind gute Autofahrer. Die begleitenden türkischen Sätze verstand ich nicht. Ich bin mir aber sicher, dass man mir Flöhe und Wanzen an den Hals wünschte. „Inschallah", hieß es. Wie dem auch sei, ich brauchte die Karre und nahm sie.

Die Freude war von kurzer Dauer. Ich fädelte in den Verkehr der Autobahn ein und gab richtig Gas. Mit einem lauten Knall brach das Bodenblech durch. Es hing nur noch an den Pedalen. Der Asphalt der Autobahn war durch das Loch gut zu erkennen. Rechts ran!

Blitzschnell war auch die Polizei da. Meine Gebärdensprache muss ihnen gefallen haben, denn sie nahmen meine Erklärungen ohne größere Kommentare hin. Der Wagen wurde abgeschlossen und blieb einfach stehen. Keine Sicherung ansonsten, nichts dergleichen. Mir schwante neues Unheil.

Die Polizei fuhr mich freundlicherweise ins Hotel.

Nachdem wir uns im Hilton darauf geeinigt hatten, das Ehepaar herauszuholen, änderte sich der bisherige „Aufbauplan für die Türkei". Wir mussten schnellstmöglich nach Deutschland zurück, um die nunmehr unter Druck stehenden Vorbereitungen zur Fluchthilfe abzuschließen.

Gemeinsam fuhren wir mit dem Taxi zum Flugplatz. Auf der Strecke sollte ich den abgestellten Dodge abholen und am Flugplatz abgeben. Nur, wo war der Wagen? Kein Dodge mehr da. Das hob die Stimmung keineswegs.

Der Taxifahrer war ein Sprachgenie. Seine Kunden waren wohl vielfach Amerikaner. „Yankees" nannte er sie. Unter seinen im Yankee-Slang abgegebenen fatalistischen Versicherungen, dass alles in Allahs Hand liege, begaben wir uns zum Autovermieter, der mich bereits erwartete. Das nachfolgende Erleben lässt mich bis heute nicht los. Damals wurde ich zum echten Bewunderer türkischer Schauspielkunst. Man sagte mir später, die sind alle so, super Talente.

Auf einem erhöhten Sitz in der von allen Gerüchen des Orients durchwehten Halle saß ein fettleibiger Mensch, korrekt gekleidet, mit schneeweißem Hemd. Durch seine rechte Hand kreiste unaufhörlich eine schwarze Perlenkette. Ihm zu Füßen – im wahrsten Sinne des Wortes – hockte der Autovermieter in einem vor Schmutz starrenden Overall, der mit Sicherheit allein hätte stehen können. Er zog ein Gesicht, als wolle man ihn gleich entmannen. Zwei Autobahnpolizisten saßen neben dem Hochsitz und schlürften unüberhörbar Tee. Die restliche

Belegschaft stand mit betretenen Gesichtern herum. „Caros Lachbühne" oder „Hennesken Theater", dachte ich. Mir sollte das Grinsen jedoch schnell vergehen. Unvermittelt fing der Autovermieter zu zetern und zu jaulen an. Er sei praktisch ruiniert durch mich, ein fast neues Auto mit geringem Kilometerstand und so weiter und so fort.

Der auf dem Hochsitz fragte mich dann in gutem Deutsch, nachdem er alles übersetzt hatte, welche Strafe ich wohl akzeptieren würde.

„*Die Hände abschlagen!*", meinte lauthals mein Freund K. H. Bley. Dabei fing er an zu lachen, und wenn K. H. Bley lachte, dann war er nicht mehr aufzuhalten. Es waren die reinsten Anfälle.

Ehrfurchtsvoll hörte die erlesene Clique zu, um dann in ein babylonisches Stimmengewirr zu verfallen. Mir war allerdings schon klar, dass das dicke Ende nicht lange auf sich warten lassen würde. Ich erklärte, den Ambassador der bundesdeutschen Botschaft einschalten zu wollen. Die Wogen glätteten sich wieder.

K. H. Bley konnte sich allerdings nicht die blöde Bemerkung verkneifen, dass die Türken schon mal Haue bekommen hätten auf dem Amselfeld, und Fußball könnten sie sowieso nicht spielen. Die Fronten waren wieder verhärtet. „*Richtige Freunde werden wir niemals ...*", dachte ich schon damals.

Nach der Androhung von Beugehaft und einem Hinweis auf die strengen und leider auch etwas schwierigen Verhältnisse und Zustände im türkischen Knast, einigten wir uns auf eine Zahlung von einmalig 1.500 Dollar. Die Kaution von 400 Dollar war zudem weg. Höflichkeitshalber boten sie uns Tee an und lobten Deutschland als das Land der unbegrenzten Möglichkeiten. Das war in den 60ern. Wie Recht sie doch behalten sollten!

An Bord der Lufthansa-Maschine spülten wir den Ärger hinunter. So besoffen wie in Frankfurt bin ich weder zuvor noch danach aus einem Flugzeug ausgestiegen.

In Frankfurt ging es unmittelbar an den Kauf eines Fahrzeugs, eines ganz bestimmtes Autos. Dass Wochenende war, tat nichts zur Sache. Wer ein Auto verkaufen will, hat auch am Wochenende Zeit. Mit einem Stapel Zeitungen saßen wir in einem Frankfurter Hotel. Einige Anrufe vergeblich. Dann aber hatten wir das von uns gewünschte Fahrzeug: Ein Opel Kapitän aus Privatbesitz, erste Hand. Der Besitzer fing beinahe an zu heulen. Wenn du wüsstest, dachte ich, was wir aus deiner Möhre machen und wozu wir den Wagen benutzen werden! Vollgetankt und mit Kaufvertrag, Fahrzeugschein und -brief sowie dem gegebenen Versprechen, den Wagen schnellstens umzumelden, machten wir uns auf den Weg. Dieser Weg sollte uns nun auf Umwegen an die Südostflanke Europas führen. Nach Bulgarien.

Da Schütz und Bley nicht durch den Ostblock fahren konnten, blieb nur der Weg außen herum; also über Italien nach Griechenland und weiter in die Türkei. Ich sollte zunächst die Grenze nach Bulgarien erkunden. Unterdessen wollten Schütz und Bley nach einer Autowerkstatt suchen. Eine, die den Wagen nach ihren Angaben umbauen würde. Wir machten uns also auf den Weg.

# Von Frankfurt nach Nessebar

Schütz lehnte es kategorisch ab, den Wagen zu fahren, warum auch immer. Bley und ich wechselten uns ab. Den größten Teil der Strecke fuhr ich. Eine Behinderung Bleys ließ keine längere Fahrzeit zu.

Vor der Fahrt hatten die beiden zahllose Telefonate geführt und Blitz-Postanweisungen getätigt. Man brauchte schließlich Geld. Warum sie nicht einfach auf der Bank Geld abholten? Sie hatten keine offiziellen Konten. Das Finanzamt hätte dies sicherlich gern gesehen.

Es gibt Menschen, die behaupten steif und fest, es gäbe Dinge zwischen Himmel und Erde, die man mit dem Verstand nicht erklären könne. Mag sein. Jene aber, die an Vorsehungen glauben, sollten im Nachhinein Recht von mir bekommen. Die Fahrt sollte zu einem echten Horrortrip werden. Hätte ich nur die Zeichen zu deuten gewusst! Heute weiß ich, dass ein Sprung aus dem fahrenden Auto oder Ähnliches mir viel, viel Leid erspart hätte. Aber „wenn und aber" und „hätte", die kleinen Schwestern von „Mist", zählen nicht.

Den ersten Fingerzeig gab es in Norditalien. Bley hatte beim Fahren ziemlich gebummelt. Es galt, verlorene Zeit aufzuholen. Auf einer engen Strecke herrschte viel Zwielicht wegen der Bäume am Straßenrand. Vor uns zwei Brummis mit Anhänger. Zuerst dachte ich, es sei nur ein LKW. Beim ersten Versuch zu überholen, entdeckte ich aber den zweiten. Beide fuhren Stoßstange an Stoßstange. Die Straße war kurvenreich, kaum Gegenverkehr. Mehrmals versuchte ich zu überholen, vergeblich. Entweder kam gerade einer entgegen oder Kurven versperrten die Sicht.

Die beiden Brummifahrer, nach dem Kennzeichen zu urteilen Italiener, hatten meine Bemühungen längst bemerkt. Sie fuhren nicht langsamer und ließen auch keine Lücke. Durch ihre überlauten Signalhörner schienen sie sich sogar noch gegenseitig anzufeuern, das Überholen zu vereiteln.

Schütz und Bley saßen steif auf ihren Plätzen. Gelblicher Schweiß auf Bleys Stirn zeigte an, dass ihm nicht ganz wohl bei der Sache war. Schütz erging sich in Selbstgesprächen, in denen er bekundete, dass seine Person für solche Unternehmen nicht geeignet sei. Ich tanzte wie ein Derwisch auf Gas, Bremse und Kupplung herum. Der Schalthebel fühlte sich schon ganz heiß an. Mir kam es jedenfalls so vor. Schließlich hatte ich genug von meinen Mitfahrern und von den zwei Lastzügen vor mir. Ich setzte zum Überholen an. Wenn tausend Worte auf eine Zeile passten, wäre jetzt der geeignete Moment gekommen. Runter geschaltet in den zweiten Gang, Vollgas, die Scheinwerfer aufgeblendet. Der Motor heulte auf. Die Drehzahl bis zum Anschlag hochgejagt. Der Wagen schoss vorwärts.

Wir befanden uns schon auf Höhe des Führerhauses des ersten Lastzuges, als von vorn, ebenfalls mit Höllentempo, so schien es mir, ein PKW auf uns zuraste. Kein bisschen Platz ließen die beiden Brummifahrer. Trotzdem versuchte ich mich zwischen sie zu drängen. Ein furchtbares Geräusch, gefolgt von einem Schlag. Der Hinterreifen des vorne fahrenden LKW oder der Reifen des

Anhängers schliff unseren rechten Kotflügel bis auf den blanken Stahl ab. Den hinteren Kotflügel malträtierte die Stoßstange des zweiten LKW. Dazu ohrenbetäubender Lärm der Signalhörner.

Alles spielte sich in Bruchteilen von Sekunden ab. Ich hatte nur Augen für den entgegenkommenden PKW. Es knallte höllisch. Der Seitenspiegel und die Zierleisten flogen weg. Der PKW war an uns vorbei, der Fahrer die Fäuste drohend erhoben und mit weit aufgerissenen Augen. Unseren Wagen konnte ich abfangen. Wieder rauf aufs Gas. Dann waren wir an den LKW vorbei.

Keine Zeit zum Halten, auch keine Lust. Die beiden Brummifahrer schien das nicht zu stören, sie wirkten teilnahmslos. Unser Wagen hatte einiges abbekommen, ihre Laster jedoch nichts.

Informierten sie über Funk die Polizei? Ich wollte es nicht austesten, also Vollgas und ab.

Meine beiden Mitfahrer hätten gerne ihre Notdurft verrichtet. *„Kneift die Arschbacken zusammen, Jungs! Das hier ist kein Vatertagsausflug!"* In Mailand tauchten wir im Großstadtverkehr unter und machten dann Pause.

Schütz holte telefonisch Auskünfte ein. In Rimini würden wir uns nochmals erkundigen. Es ging um die Abfahrt der Fähre nach Griechenland. Von Mailand ging es nun nach Rimini, das wir ohne Zwischenfall erreichten. Schütz telefonierte. Welch eine Freude, für mich jedenfalls, die Fähre fuhr schon um 14.00 Uhr. Da es bereits 11.00 Uhr vormittags war, konnten wir es nicht mehr schaffen. Also war Baden angesagt.

Wenn ich daran denke, wie es damals in Rimini am Strand aussah im Gegensatz zu heute! Bley baggerte gerade im Wasser eine füllige Braut aus Stuttgart an, als Schütz am Strand aufgeregt winkte. Wir also raus aus dem Wasser; Bley mit Beule in der Hose.

Schütz erklärte, er habe nochmals telefoniert: Die Fähre ging heute um 20.30 Uhr.

Der Zeitfaktor zählte. Wir mussten doch noch in Istanbul den Wagen umbauen lassen und hatten nur noch drei bis vier Tage. Also rein in die Klamotten. Bley kaufte noch 20 Pizzas. Kam uns jedenfalls so vor, als er mit einem Riesenberg Pappkartons auftauchte.

Diesmal fuhr Schütz. War ja auch schön, immer an der Adriaküste entlang. Bley bekam gewaltige Blähungen, war er doch schon bei Pizza Nr. 4 oder 5.

Fahrerwechsel. Rechnen; Ergebnis: Schütz hatte schön gebummelt. Die Straße war ja keine Autobahn mehr. 500 km auf einer landschaftlich durchaus reizvollen, aber ansonsten gar nicht so tollen Küstenstraße in rund acht Stunden. Nun durften keine unvorhergesehen Ereignisse mehr eintreten. Endlos zog sich die Straße hin. Gut, dass wir einen Benzinkanister im Kofferraum hatten. In Bologna angekommen, lagen wir zeitmäßig wieder im Soll.

Ohne Vorwarnung kam der zweite Fingerzeig. Kein Schild, nichts zeigte an, dass die Straße über eine Brücke führte. Die Brücke über den Cerraro oder den Carapelle war nur einspurig befahrbar. Wer zuerst da war, fuhr über die Brücke.

Kniehohe seitliche Begrenzungen. Es war wenig Wasser im Flussbett, und es ging steil abwärts. Das Abendlicht und die Restsonne schräg von vorn erschwerten die Sicht. Im letzten Moment riss ich das Lenkrad nach links. Sonst wären wir nicht über die Brücke, sondern seitlich an ihr vorbei in den Abgrund gerast. Schlingernd fegte der Wagen über die Brücke.

Natürlich erntete ich von meinen Beifahrern wenig Lob für diese Aktion.

Langsam wurde es dunkel. Die seitlichen Randbefestigungen waren in einem saumäßigen Zustand, ähnlich wie bei vielen Straßen im heutigen Deutschland. In unregelmäßigen Abständen ließen sich ehemals weiße Begrenzungssteine erahnen. Dann sah ich das Licht, klein, schwach, rot. Voll auf die Bremse. Ich wollte zur Straßenmitte ausweichen, um links an dem Etwas vorbeizuziehen – eine landwirtschaftliche Maschine. Etwa sechs Meter breit und von einem unbeleuchteten Trecker gezogen. Je eine zierliche rote Leuchte hinten und in der Mitte machten auf das Riesenvehikel aufmerksam. Keine Ahnung, wie unser Wagen ohne Schrammen an dem Teil vorbeikam.

Meine Leidensgenossen waren nun fest davon überzeugt, dass ich mit dem Leibhaftigen im Bunde stünde. Das war der dritte Fingerzeig. Auch ihm schenkte ich keinerlei Beachtung.

Kurz vor 20.00 Uhr erreichten wir eine Anhöhe. Unterhalb die Hafenstadt Brindisi, im Hafen ein mittelgroßes Fährschiff. Serpentinen führten nach unten. Also los! Auf halber Strecke hörten wir laut heulende Schiffssirenen. Bley schwitzte schon wieder. Dann sah ich sie, eine Straße. Schnurgerade abwärts bis zum Hafen. Rückwärtsgang rein, links rum und Tempo. Die Straße entpuppte sich als unendlich langgezogene Treppe. Alle vier bis fünf Meter eine Stufe. Hühner, Hunde und Katzen flohen, Omas und Opas wünschten uns die Pest an den Hals. Manch einer riss schnell den Hocker zur Seite. Eimer und Körbe purzelten die Stufen runter. Mit quietschenden Reifen kurvten wir in den Hafen, direkt zur Auffahrtsrampe. Diese war schon halb hochgezogen. Schütz und Bley raus aus dem Wagen. Palaver, Palaver! Geldscheine wechselten den Besitzer. Ein Blick in unsere Pässe. Alles war paletti. Die Klappe ging wieder runter. Rauf auf den Dampfer.

Ich stieg aus. Für heute hatte ich die Schnauze restlos voll. Einige Passagiere hatten belustigt zugeschaut. Unter Deck standen einige griechische LKW. Sonst kein PKW. Es wurde ein lustiger Abend. Natürlich mit Wein, Weib und Gesang. Bley flirtete mit einer anderthalb Köpfe größeren Norwegerin mit furchterregender Oberweite. Schlaf war für mich wichtiger. So schaukelte der Kahn in Richtung Griechenland.

Der Morgen war grau und diesig. Die Luft voll Feuchtigkeit. Ohne Probleme gelangten wir an Land. Igoumenitsa hieß der winzigkleine griechische Fährhafen. Zuerst war da noch eine Straße. Sie führte bergauf. Dann wandelte sie sich zur Geröllpiste, teilweise in die Felsen gesprengt. Seitlich ging es steil abwärts. Keine Begrenzung, nichts. Laut Straßenkarte handelte es sich um die heutige Europastraße Nr. 90.

Ernst wurde es, als uns an einer Felsecke ein rückwärts fahrender LKW entgegenkam, der einen Anhänger hinter sich her zog. Ein Unding. Was tun? Kein Raum zum Ausweichen oder Wenden vorhanden. Wir fuhren rückwärts, bis wir einen verbreiterten Seitenstreifen entdeckten. Bley sagte leise, ich sollte doch noch die Handbremse anziehen. Er öffnete die Beifahrertür. Darunter gähnende Leere, weit drunten der Hafen. Der LKW zog vorbei. Wie der nach unten kam, blieb mir ein Rätsel.

Mitten in den Bergen eine kleine Stadt. Am Straßenrand eine einzelne Zapfsäule. Benzin! Ein alter Grieche mit runzeligem Gesicht und hellwachen Augen bediente. Auf dem Rücken hing ein alter englischer Karabiner. Das Benzin musste mit einem Schwengel in einen 2-Liter-Glaszylinder gepumpt werden, dann lief es in den Tank. 25 Mal das Ganze. Der Grieche rauchte dabei und lächelte. Ein guter Tagesumsatz.

Hunger machte sich bemerkbar. Jedenfalls bei mir. Bley hatte allen Proviant klammheimlich aufgefressen. Die Europastraße lief nun schnurgerade abwärts. Schließlich gelangten wir in die Türkei. Eine Höllenfahrt lag hinter uns. In Istanbul mieteten wir uns zuerst im Hilton ein, wechselten dann aber in ein kleineres Hotel. Der Autoverkehr war unverändert chaotisch, man hätte gut daran getan, zu Fuß zu gehen. Hupen ohne Ende, Stoßstange an Stoßstange. Beulen und Kratzer kein Problem. Wie Schütz und Bley allerdings die richtige Autowerkstatt ausfindig machten, war mir ein Rätsel. Erst jetzt wurde mir klar, weshalb unser PKW ein Opel Kapitän sein musste.

Öffnet man die Motorhaube, erkennt man zwischen Kühlergrill und Kühler einen etwa 20 bis 25 cm breiten Spalt. Ein Hohlraum; für gewisse Zwecke auch in der Höhe ausreichend.

Über dem rechten Vorderrad wurde ein Gestänge eingeschweißt, darauf eine dünne Blechplatte befestigt. Der Kühlergrill wurde innen mit einem schwarzen Tuch verhängt. Löste man nach Öffnen der Motorhaube zwei Schrauben, ließ sich der Kühlergrill herausnehmen.

Die zu schleusende Person kroch durch diese Öffnung und lag dann, im rechten Winkel abgeknickt, mit dem Oberkörper und weit ausgestreckten Armen auf dem Abdeckblech über dem rechten Vorderreifen. Hüfte und Beine befanden sich vor dem Kühler. Der Kühlergrill wurde wieder eingesetzt. Motorhaube zu. Fertig. Auch im Radkasten, wo der Oberkörper lag, war Platz genug. Regen allerdings wäre nicht so gut gewesen. Unmöglich? Dreieinhalb Minuten brauchte man, um in das Versteck zu gelangen. In der Werkstatt haben es einige Leute ausprobiert. Angst vor Verrat? Die Antwort lautet: Geld.

Zusätzlich wurde aus der hinteren Sitzbank die Federung des Polsters herausgeschnitten. Die Rückwand ließ sich nach vorn klappen. Hier konnte eine Person blitzschnell im Kofferraum verschwinden.

Schütz wollte nun schnell wieder nach Hause. Geschäfte. Jahre später habe ich mich oft gefragt, ob er Verrat geübt hat. Die Antwort liegt bei der Gauck-

Behörde in Berlin. Zwischenzeitlich wird Schütz jedoch das Zeitliche gesegnet haben. Es kommen aber auch noch einige andere für Verrat in Frage.

Bley und ich machten uns am 1. Juni 1966 auf den Weg nach Edirne, eine Stadt in unmittelbarer Nähe der türkisch-bulgarischen Grenze. Stundenlang beobachteten wir den Grenzverkehr. Keine oder kaum eine Bewegung, die man als Grenzverkehr bezeichnen könnte, war festzustellen. Die Türken langweilten sich offensichtlich. Auf der anderen Seite Totenstille. Nichts, aber auch gar nichts zu sehen. Ein türkischer Offizier erklärte, die Grenze auf der anderen Seite sei mit breiten Minengürteln, Licht- und Alarmanlagen gesichert. Außerdem gäbe es getarnte Bunker und Gräben. Der Qualm stinkender Zigaretten verriet oft, wo gerade ein Posten stand.

Gebäude lagen weit zurück und für den Laien gut getarnt. Stahlseile waren über die Straße gespannt und verhinderten jeden möglichen Versuch, mit einem Fahrzeug gewaltsam in Richtung Türkei durchzubrechen. Das alles, so der Offizier, sei unter der Leitung der Sowjets gebaut worden. Im Übrigen hätte es hier an der Grenze noch keine Zwischenfälle gegeben. Gut zu wissen.

In Edirne herrschte eine Bullenhitze. Der Muezzin sorgte dafür, dass wir am nächsten Morgen nicht restlos verschliefen.

Wir waren uns einig, dass ich ohne Waffe nach Bulgarien fahren solle. Bley mahnte nachdrücklich, nichts zu riskieren. Es sei nicht unsere Schuld, dass die Fluchtwilligen viel zu früh nach Bulgarien gereist seien. Sollte sich jedoch eine günstige Möglichkeit ergeben, solle ich sie mitbringen. *„Achte auf alles und fotografiere, wenn möglich. So, wie das hier an der Grenze zurzeit läuft, können wir eine neue Tour aufbauen."*

Wir waren so etwas wie Freunde. Freunde jedenfalls, wenn es darum ging, dem Ostblock eins auszuwischen. Ich gab Bley die Fotos des Ehepaars zurück. Hotelnamen und der Ort Nessebar waren im Gehirn abgespeichert.

*„Schöne Grüße an Charlie!"* Der Codename bei der Kontaktaufnahme. Vollgetankt und mit dem Nötigsten versehen, reiste ich am 2. Juni 1966 ins sozialistische Bulgarien ein. Kurzer Gruß, und schon war ich über der Grenze. Keinerlei Schwierigkeiten; weder von Seiten der Türken noch der Bulgaren. Es sollte das Letzte sein, was mich in den nächsten Jahren an die Freiheit erinnern sollte.

An dieser Stelle nun, liebe Leser, werde ich scherzhafte Bemerkungen und dergleichen etwas einschränken. Der Respekt vor jenen, die wie ich im sowjetischen Machtbereich gestellt, verurteilt und zu unmenschlichen, langen Zuchthausstrafen verurteilt wurden, erlaubt mir keine großen Scherze mehr.

Von nun an war ich im Feindesland; der Kalte Krieg ab sofort spürbare Realität.

Bulgarien befand sich 1966 in einem jämmerlichen Zustand. Wäre für das Land ein Lebenshaltungsindex erstellt worden, hätte Bulgarien wahrscheinlich an zweiter oder dritter Stelle hinter Äthiopien rangiert. Der Lebensstandard der durchschnittlichen Bevölkerung lag weit unter der Grenze dessen, was ein menschenwürdiges Leben ausmacht. Ein Agrarland mit den beiden Häfen Varna und

Burgas sowie der Donau als Hauptverkehrsader. Die erzeugten Waren gingen meist als Reparationen in die Sowjetunion. Bulgarien war 1944 von den Sowjets besetzt worden und ist seitdem kommunistisch. Todor Schiwkow amtierte als diktatorischer Präsident.

An der Schwarzmeerküste, insbesondere im bulgarischen Nessebar, hatte sich, wie erwähnt, ganz zart eine Art Tourismus für DDR-Bürger entwickelt. Verdiente SED-Funktionäre und Parteigenossen ließ man an die Schwarzmeerküste zum Goldstrand nach Nessebar reisen. Einheitshotels, Einheitsküche und Einheitsvergnügungen. Nur die Länge des Aufenthalts im Wasser war noch nicht reglementiert.

Da sie Devisen benötigten, bauten die Bulgaren auch einige Hotels für Westtouristen. West und Ost in friedlicher Koexistenz. Kurios daran war nur die einseitige Abschottung. Gingen „Westmenschen" zum Speisen in ein Osthotel, kümmerte sich dort kein Mensch um sie. Sie konnten stundenlang sitzen, zu essen gab es nichts. Es sei denn, sie waren ausdrücklich eingeladen worden.

Sie wurden beäugt, abgeschätzt und dann nicht weiter beachtet. Nun, der Schein trog. Spitzel nahmen akribisch zur Kenntnis, wer so aus dem Westen auftrat und mit wem er sich in längere Gespräche einließ oder gar speiste.

Auf dem Weg nach Nessebar kam mir vieles in den Sinn. Niemals unaufmerksam sein. Dinge, die zufällig in deiner unmittelbaren Nähe passieren, sind vielleicht keine Zufälle. Also immer schön konzentriert bleiben.

Das war im Auto gar nicht so leicht, denn es herrschte eine unheimliche Hitze. Trübe Gedanken ließen mir keine ruhige Minute. Was ist wenn? Jede erdenkliche Situation nochmals bis ins kleinste Detail Revue passieren lassen. Auch der Umstand, dass hier alles gemächlich und in Ruhe vor sich ging, durfte nie darüber hinwegtäuschen, dass man sich im Feindesland befand.

In Gedanken vertieft, bemerkte ich nicht den Schienenstrang, der quer über die Straße lief. Ein mächtiger Knall! Der Kopf knallte gegen die Wagendecke. Der Wagen schleuderte – und stand. Schon dachte ich, die Vorderachse sei abgerissen. Aber nichts dergleichen; keine sichtbaren Schäden, nichts gebrochen. Die Vorderradfelgen hatten zwei Dellen. Sicher stimmten Spurstangen und Aufhängung nicht mehr. Aber was soll's; Hauptsache, der Wagen fuhr. Kein Verkehrszeichen weit und breit, dass ein Schienenstrang die Straße kreuzte. 10 cm hoch standen die Schienen über dem Straßenbelag.

Am frühen Nachmittag des 3. Juni 1966 traf ich schließlich in Nessebar an der Schwarzmeerküste ein. Ein tatsächlich goldfarbener Strand, blauer Himmel und dazu das Meer. Eigentlich das ideale Bild von Sommer und Ferien. Wenn da nicht ...! Ja, wenn da nicht diese sozialistischen Betonklötze gestanden hätten. Dazu die roten Fahnen mit Hammer und Sichel; mit den Köpfen von Lenin, Marx und Engels.

Noch schlimmer jedoch der Anblick der Badegäste. Farblose, verhärmte, graue Gesichter. Einige mit einem Anflug von Bräune – unübersehbar Menschen aus der Zone. Das soll kein Werturteil sein, die Leute malochten schließlich für ihr System. Belohnt wurden diese linientreuen Genossen mit einem Aufenthalt am Schwarzen Meer. Wer jedoch von den Privilegierten glaubte, er sei hier unbeaufsichtigt, täuschte sich gewaltig. Die Herren von der Staatssicherheit waren überall. Ob im Hotel oder Restaurant als Personal oder Bedienung, bei den Veranstaltungen und auch am Strand. Der Nachbar auf der Liege nebenan, der gerade so schön über den Sozialismus lästerte, genau der war der Anreißer, der dich zum Mitlästern provozieren sollte.

Darauf war ich vorbereitet. Trotzdem beging ich den Fehler, am Strand in ein Ostrestaurant zu gehen. Den Wagen, der ansonsten nicht besonders auffiel, hatte ich zuvor an einer versteckt liegenden Parkanlage abgestellt. Ich war auch lange genug im Auto geblieben, um zu sehen, ob irgendwelche PKWs rein zufällig in der Nähe hielten oder parkten.

Beruhigt machte ich mich auf die Suche nach meinen Fluchtwilligen. Ich betrat also dummerweise ein Osthotel mit Restaurant. Die speisenden Gäste schienen durch mich hindurchzusehen wie durch ein Fenster. Stoisch verzehrten sie die Einheitskost, die auf den Tellern lag. Wenn die so schmeckte, wie es in diesem Laden nach Fabrikkantine stank, dann prost Mahlzeit! Ich spürte instinktiv, dass ich einen falschen Schritt getan hatte; keineswegs nur wegen des Essens. Eine geschlagene Viertelstunde wartete ich auf eine Bedienung. Fehlanzeige! *„Westdeutsche gehen in besonders kenntlich gemachte Restaurants"*, sagte ein Mann im Vorbeigehen. Gut sichtbar am Revers seines Sakkos, oder was es darstellte, war ein Abzeichen mit zwei sich waschenden Händen. Parteiabzeichen. Ohne ein weiteres Wort ging er vorüber. Meine Westzigarette verglomm im Ascher. Scheiße, dachte ich. Oberstes Gebot war doch, um keinen Preis aufzufallen.

# Der Coup am Goldstrand

Nachdem ich den Laden verlassen hatte, setzte ich mich erst einmal auf eine Bank und ließ die Badegäste an mir vorbeimarschieren. Ich genoss den Anblick des Meeres und auch die Kurven manch netter Ostbraut. Natürlich beobachtete ich stets aus den Augenwinkeln, ob sich jemand in der näheren Umgebung für mich interessierte. Meine Kleidung hob sich von der der meisten Urlauber ab. Das sollte aber nicht überbewertet werden. Inzwischen hatte ich auch einige Westdeutsche entdeckt: besonders laut, besonders fett und besonders provokant. Bloß keinen Kontakt zu denen, sagte ich mir. Inzwischen war es Spätnachmittag geworden. Ich wollte meine Fluchtwilligen suchen.

Das Hotel war natürlich ein Osthotel. Wie ausgestorben, alle am Strand? Es könnte schwierig werden, die Verbindung herzustellen. Außer dem Codewort hatte ich nichts.

Dann sah ich den Mann auf einer Brüstung lehnen. Ich ging in das Foyer des Hotels, setzte mich in einen Plastiksessel, schnappte mir die „Rabotnichesko Diello" und tat so, als könnte ich den kyrillischen Buchstabensalat lesen.

Der Mann von draußen betrat den Vorraum. Nach etwa 30 Minuten erschien eine kleine dunkelhaarige Frau mit Badesachen. Sie sprach mit dem Mann. Dann blickten sie zu mir herüber, worauf sie wieder etwas zu dem Mann sagte. Der kam nun herüber, beugte sich etwas abgewandt über den Tisch mit den Zeitungen des Ostblocks, lachte und wartete offensichtlich auf etwas.

Das sind sie, sagte ich mir!

Mist, beide im Hotel am Nachmittag. Alle anderen lagen am Strand. Das sollte eigentlich auffallen. Wie lange lungerten die beiden schon im Hotel herum? Tage? Was tun?

Da musst du durch, Alter.

„Schöne Grüße von Charlie", das Codewort. Der Mann drehte sich um und wollte mich umarmen, was ich gerade noch verhindern konnte. „Mensch, Herr Lange, wie kommen Sie denn hierher?" Wir schüttelten uns die Hände. Benita, so der Name seiner Frau, hatte sich inzwischen zu uns gesellt. Freudige Begrüßung. Inzwischen hatte auch die Dame an der Rezeption mitbekommen, dass die Familie Lange Besuch hatte. Leise sagte ich: „Lasst uns auf euer Zimmer gehen." Das taten wir dann auch. Die Dame an der Rezeption tat gelangweilt.

War das Treffen im Hotel ein Fehler?

„Wie lange warten sie schon?" „Seit drei Tagen", meinte der Mann. Sie seien immer in der Nähe des Hotels geblieben, zumindest einer von beiden. Der Urlaub sei beinahe um und zurück könnten sie nicht mehr. Sie hätten alle Zelte hinter sich abgebrochen. Da sie Wissenschaftler seien, würde sie die DDR, wenn sie bei der Flucht erwischt würden, besonders hart bestrafen.

„Wissenschaftler?" Ich spielte den Ahnungslosen.

„Ja, Atomwissenschaftler!"

Mein Hals zog sich zusammen, als hinge ich schon an Mielkes Galgen.

Minuten vergingen. Verzweifelt überlegte ich, wie ich aus dieser Nummer wieder heraus käme. Die Gedanken überschlugen sich. Wenn das schiefgeht, dann haben sie dich richtig am Wickel. Andererseits – wenn es klappt, macht es im Westen Furore. Außerdem sind wir hier in Bulgarien, weit weg von BRD und DDR. Im Falle des Falles ist man schnell wieder raus aus dem Knast hier, freigekauft. Wenn aber nicht?

Die beiden sahen mich an. Hoffnung und Verzweiflung lagen in ihren Augen. Baltendeutsche aus Riga, die unter den Sowjets viel zu leiden hatten.

Das war's! Ich sah meine Mutter unter den Russen liegen und …

*„In Ordnung …"*, ich biss auf die Zähne. Die Spannung im Raum hörte man förmlich knistern. *„Es geht los."*

Wir besprachen schnell, wo wir uns in etwa 30 Minuten treffen würden. Ja, heute noch!

Dann durchsuchte ich beide, um sicherzustellen, dass keine Waffen oder sonstige Dinge mitgenommen wurden. Film aus der Kamera. Alle wichtigen Dinge waren sowieso in Aufbewahrung des „Reiseleiters". Zuerst durchsuchte ich den Mann. Nichts. Dann die Frau. Scham oder Skrupel? Ich hätte in ihren Slip sehen sollen. Geheime Unterlagen waren da gebunkert. Die hatte sie eben noch versteckt, bei einem Gang zur Toilette.

Davon hatte ich noch keine Ahnung.

Nachdem der Ablauf abgesprochen war, verließ ich die beiden. Es dämmerte bereits. Ein letzter Blick aufs Meer. Die frische Meeresluft tief einatmen. Möwen am Abendhimmel. Frei!

Frei sollte ich nicht mehr lange nicht sein. Kein Meer und keine Möwen, nur grau gestrichene Wände und Gitter. Aber noch lief die Kugel im Kessel des Lebens. Wo fällt sie ins Loch?

Wie verabredet, erschien zuerst die Frau. Sie stieg hinten ein. Der Mann stand auf der Promenade. Er stieg zu. Zuerst fuhren wir am Strand entlang. Gespräche kamen nicht richtig in Gang. Jeder war mit seinen Gedanken beschäftigt.

*„Das ist aber doch kein Amischlitten und überhaupt, wir dachten …"* Bedenken und Argwohn konnte ich zerstreuen. Es sei doch egal, worin sie aus dem Käfig Ostzone herauskämen. Das gefiel ihnen. So hatte mit ihnen noch nie jemand über den Arbeiter- und Bauernstaat gesprochen.

Mein Hauptaugenmerk galt dem Fahrzeugverkehr hinter mir. Wiederholt stieg ich aus, ging in Läden oder in das, was Läden sein sollten. Von drinnen beobachtete ich, was sich draußen tat. Fußgänger gingen vorüber. Mancher Blick musterte das Auto mit dem Westkennzeichen. Manche Blicke waren anerkennend, andere wieder abweisend. Es fielen belehrende Bemerkungen von Reiseleitern an DDR-Besucher, die abschließend der vagen Hoffnung Ausdruck verliehen, dass in der DDR solche Fahrzeuge bestimmt auch bald zu haben seien.

Bald? In 100 Jahren? In knapp 25 Jahren Freunde, nach dem Fall der Mauer. Das sah zu diesem Zeitpunkt aber noch keine Menschenseele voraus. Inzwischen war es dunkel geworden. Außerhalb von Nessebar hielt ich nochmals an. Jeder sollte nochmals seine Notdurft verrichten. Später ging es nicht mehr, es sei denn in die Hose. Auch zu dieser Zeit war kein auffälliges Auto zu bemerken. Ich kroch unter den Wagen: keine Wanzen auszumachen.

Ich erklärte die Verstecke. Der Frau war es egal. Der Mann murrte etwas vor sich hin.

Der Opel Kapitän nahm Fahrt auf in Richtung Grenze, nach Edirne. Die Nacht hatte uns geschluckt. Trotzdem war es nicht stockdunkel. Diffuses Licht, eine Sommernacht eben. Streckenweise fuhr ich ohne Licht, da keinerlei Gegenverkehr herrschte. Auch hinter uns war nichts Auffälliges zu bemerken.

Dann, in einem Bruchteil einer Sekunde, blitzte Scheinwerferlicht weit hinter uns auf. Ich hielt. Mein Verlangen nach Handgranaten und einer Waffe soll man mir nachsehen. Ich war tatsächlich ohne „Kompott" in den Ostblock gefahren. Für einen Durchbruch, mit Waffen? Niemals. Keiner in unserer Organisation wusste, was einen an der Grenze erwarten würde.

Ich hielt nochmals auf der holprigen Strecke, stieg aus und horchte: keine Motorengeräusche zu hören. Die Hand verdeckte die aufglimmende Glut der Zigarette. Die beiden „Gäste" verhielten sich vollkommen gelassen. Bei ihrer Intelligenz war ihnen wohl klar, dass Angst und Zweifel nichts nutzen konnten. Sie hatten sich völlig in meine Hand begeben. Ob sie diese Chance nutzten oder nicht, sie würden ohnehin in ein Fiasko geraten.

Du musst das hinkriegen, dachte ich bei mir. Denk mal an Afrika. Wegen deiner Erfahrung haben sie dich doch zuerst genommen. Überhaupt, dem beschissenen System eins auswischen. Zu viele offene Rechnungen mit den Roten.

Die letzte Zigarette vor der Grenze war geraucht.

Langsam wurde es Zeit, dass die beiden ihre Verstecke einnahmen. Etwa 10 km vor dem Grenzübergang ergab sich seitlich des Weges eine geeignete Möglichkeit. Zuerst die Frau. Sie musste nicht unbedingt mitbekommen, wie unbequem es ihr Mann haben sollte. Umarmungen nochmals. Hoffnungsvolle Blicke wie aus Hundeaugen.

Keine Sentimentalitäten jetzt.

Die Rückwand hinter dem Vordersitz war schnell entfernt. Die Federn der Polsterung des Rücksitzes waren ja raus geschnitten worden. Sie hatte genug Platz für sich und bekam genügend Luft.

Ich hatte ihnen klargemacht, dass husten, räuspern, niesen oder geräuschvolle Bewegungen fatale Folgen haben könnten. Dies vor allem in den Momenten, in denen der Wagen an der Grenze zum Halten kommt. Keinen Mucks! Beide hatten verstanden.

Dann musste der Mann in sein Versteck.

Ich öffnete die Motorhaube und zog mit schnellen Griffen zwei Schrauben aus dem Kühlergrill. Hinter dem Grill befand sich das dunkle Tuch zur Abdeckung. Somit konnte man nicht sehen, was sich hinter dem Kühlergrill befand. Eine hohe, breite, aber nicht sehr tiefe Öffnung tat sich auf. Der Mann ging in die Hocke. Ich leistete ihm Hilfestellung. Links seitwärts, noch auf der linken Seite liegend, schob er sich mit dem Oberkörper am Motor vorbei in den Radkasten. Wie schon beschrieben, war über dem rechten Vorderrad eine Platte eingeschweißt, auf der nun der Oberkörper ruhte. Hüfte und Beine befanden sich zwischen Kühlergrill und Kühler. Der Mann fluchte. Wir hatten das alles zigfach getestet, aber leider mit kaltem Motor. Die Motorhitze war wohl enorm. Außerdem verbrannte er sich den Oberschenkel am Kühler. Zu spät. Ich fand die Situation auch nicht gerade toll. Aber um den Preis der Freiheit?

Es ging los. Langsam. Ich fragte, wie es den beiden ginge. Die Frau war zufrieden, der Mann wohl weniger. Er sagte keinen Ton mehr. Die Nervenanspannung stieg ins Grenzenlose.

Da war sie. Plötzlich und unerwartet tauchte die Grenzstation auf. Kein vorheriger Hinweis, kein Schild und keine Laternen. Eine schwach beleuchtete Postenstelle, die eher einer verlassenen Tankstelle glich. Schnell versuchte ich, die Lage einzuschätzen.

Einfach los und Gas geben? Aber was war direkt am Schlagbaum? Drahtseile? Wassergefüllte Gräben, die durchfahren werden müssten?

Ein Mann trat aus der Tür. Seine Uniform glich der Montur der Russen im Zweiten Weltkrieg. Auf dem Rücken hing eine PPSch-41-„Balalaika" mir rundem Trommelmagazin. Absolut zuverlässig, obwohl nicht mehr ganz zeitgemäß. Die Uniform war fleckig, die Stiefel mit Staub bedeckt. Ein einsamer Orden schmückte die linke Brust. Alles registrierte ich blitzschnell. Sollte er mich zum Handeln zwingen, würde ich ihn mit der Fahrzeugtür umhauen. Doch er hielt Abstand zum Wagen. *„Dokumenta!"*, forderte er.

Ich reichte ihm meinen Reisepass. Er blätterte den Pass auf und sah sich die Seiten sehr genau an. Er schüttelte den Kopf. Was, verneinte er? Später erfuhr ich, Kopf schütteln bedeutet bei den Bulgaren „ja", nicken hingegen „nein".

Mit dem Pass in der Hand trottete er los in Richtung Wachlokal. Über die rechte Schulter blickend deutete er an, dass ich ihm folgen solle. Klar doch, dachte ich, er muss dir ja einen Stempel in den Pass drücken.

Ich öffnete die PKW-Tür, ließ sie aber weit offen stehen. Man weiß ja nie. Zeit könnte eine große Rolle spielen. Wenn ich zum Beispiel mit einem Satz in den Wagen zurück müsste.

Zeit sollte ab diesem Moment für die nächsten Jahre keine Rolle mehr für mich spielen. Zeit sollte ich genug haben.

Schlagartig wurde es taghell an der alten „Tankstelle". Blendende Scheinwerfer wie in einem riesigen Fußballstadion.

Vorn an der Grenze stieg eine farbige Leuchtrakete in den Himmel. Wie aus dem Boden gestampft, standen plötzlich jede Menge bulgarische Milizionäre und Sowjetsoldaten mit Maschinenwaffen im Anschlag im Kreis um das Auto. Kurze gutturale Befehle. Eindeutig die Aufforderung, mich flach auf den Bauch zu legen. Ein Dutzend Maschinenpistolenläufe verliehen ihr Nachdruck. *Fini, Game over*, das Spiel ist vorbei, Feierabend! Zielstrebig ging ein höherer Dienstgrad auf den Opel zu. Nachdem er den Kofferraum geöffnet hatte, rief er etwas hinein. Dabei lud er die Pistole durch und zielte wohl auf die Rückwand des Rücksitzes.

Zu meinem Erstaunen half er der Frau sehr höflich, ja fast schon galant aus ihrem Versteck. Hocherhobenen Hauptes schritt sie vorbei, mich keines Blickes würdigend. Nun wartete ich darauf, dass man ihren Mann aus seinem Versteck befreien würde. Nichts geschah. Durch Gesten versuchte ich darauf aufmerksam zu machen, dass noch jemand im Wagen ist. Man schüttelte den Kopf, tat aber nichts. Stimmt: Nicken bedeutet „nein".

Schließlich rief die Frau aus dem Wachlokal etwas heraus, das wie Russisch klang. Richtig, sie waren ja Riga-Deutsche. Sofort stürzten einige Leute raus.

Mich hatte man inzwischen in das Gebäude gebracht und mit Handschellen auf einem Stuhl fixiert. Nach dem Krach zu schließen, zerlegten sie das Auto inzwischen in seine Einzelteile. Dann fanden sie den Mann. Mit starken Verletzungen an den Oberschenkeln schleiften sie ihn in einen Nebenraum. Einige Milizionäre kamen zu mir, grinsten und schlugen mir kumpelhaft auf die Schulter, so als wollten sie die gescheiterte Flucht nachträglich als Meisterleistung würdigen.

Nachdem man uns in Fahrzeuge verfrachtet hatte, gingen die Lichter an der Grenze wieder aus. Mücken und Motten schwirrten um die nun wieder spärliche Beleuchtung. Von türkischer Seite aus wurde übrigens alles beobachtet. Unser Empfangskomitee musste in Deutschland harsche Kritik einstecken.

## Zentralgefängnis Sofia

Wie ich ins Zentralgefängnis von Sofia kam, weiß ich nicht. An der Grenze hatten sie mir Rotwein zu trinken gegeben, der komisch schmeckte. Danach kann ich mich an nichts mehr erinnern. Das Ehepaar sollte ich nie mehr wiedersehen.

Es war der 7. Juni 1966. Nachdem ich aus einem totenähnlichen Schlaf erwacht war, musste ich erst einmal erbrechen. Ich lag im Dreck, auf einem 10 cm hohen Holzsockel, 2 m lang, 2 m breit, in einer viereckigen Zelle. In einer Ecke stand ein offenes, mit Fliegen besetztes Behältnis zum Urinieren. Es stank entsprechend. Mit uraltem Putz versehene kahle Wände, keine Sprüche daran, keine Zeiteinteilung, kein Hinweis, dass hier schon einmal Menschen eingesperrt waren.

Später bemerkte ich frische Spuren an den Wänden. Alles, was andere an Mitteilungen hinterlassen hatten, war abgekratzt oder mit Hämmern abgeklopft worden. Das Fenster, natürlich vergittert, vielleicht 30 cm hoch und 50 cm breit. Kein Glas im Fensterrahmen. Kälte oder Wärme konnten ungehindert eindringen. Der Boden bestand aus irgendetwas Undefinierbarem. Jedenfalls war er undurchdringlich. Die Tür massiver Stahl mit einem Miniloch zur Kontrolle der Insassen. In einer Ecke der Zelle befand sich hinter einem Glasbaustein eine

Birne, die wohl zu reinen Dekorationszwecken diente. Licht spendete sie jedenfalls nie. Kein Stuhl, kein Tisch, kein Wasserhahn.

Ich betrachtete gerade mein Erbrochenes, als plötzlich die Tür aufflog. Ein blasser Typ in fleckiger dunkler Hose und olivgrünem Blouson mit Schulterstücken stand im Raum. Auf dem Kopf eine Mütze mit bulgarischem Hoheitsabzeichen.

Er besah die Schweinerei auf dem Boden und schob mir mit dem Stiefel ein Stück Blech zu. Er deutete an, ich solle das Erbrochene auf das Blech tun. Mit bloßen Händen reinigte ich den Boden. Dann forderte er mich auf, ihm zu folgen. Keine Handschellen?

Ich trottete hinter ihm her durch einen langen Gang. Immer wieder Nischen, in denen Wächter oder Wärter standen. Lang war der Gang, sehr lang. Vor einem größeren Raum hielten wir.

Wasserhähne und eine Art Schweinetrog aus einem anderen Jahrhundert. Heftig gestikulierend machte mir mein Bewacher klar, dass ich mich waschen solle. „Fünf Minuten", gab er mit Handzeichen zu verstehen.

An einer Kette hing tatsächlich ein Rasiermesser, dazu ein abgewetzter Hosengürtel. An diesem Gürtel war das Messer wohl geschärft worden. Rasierseife? Fehlanzeige. Trotzdem tat das eisige Wasser gut. Handtuch? Er zeigte auf meine Hand.

Dann lenkte er meine Aufmerksamkeit auf ein Loch von 10 cm Durchmesser im Boden. Er reichte mir ein Blatt Papier. Fragend sah ich ihn an. Grinsend steckte der Mann seinen Zeigefinger in der Mitte durch das Papier. Er tat so, als würde er mit seinem Finger den Hintern säubern. Nun bog er die Papierenden auf seinem Finger nach vorn zusammen und zog also das Papier an seinem Finger lang. Der Finger war für ihn somit gereinigt. Der Hintern auch. Das Papier warf er in einen Korb.

Staunend hatte ich zugesehen. Er drehte sich eine Zigarette aus Zeitungspapier.

Willkommen in der Steinzeit, dachte ich, tat es ihm aber trotzdem nach. Er ließ zu, dass ich mir danach die Finger waschen konnte.

Weiter ging es durch den Gang. Mir fiel nun auf, dass keine Stimmen von anderen Gefangenen zu hören waren. Seltsam. Viele Stahltüren, ähnlich wie die meiner Zelle, aber es war absolut nichts zu hören. Es stank bestialisch nach Mottenpulver, Sagrotan und was weiß ich noch. Das musste die Kleiderkammer sein.

Nun sollte ich mich entkleiden. Uhr, Ring und Halskette hatte man schon am Abend einkassiert. Meine Sachen wurden fachmännisch beäugt. Eine rege Debatte setzte ein. Einer versuchte, sich meine Jacke anzuziehen. Ein anderer probierte die Schuhe. Verteilten diese Banditen meine Habe? Kein Papier, worauf fein säuberlich vermerkt wurde, was sie mir alles abgenommen hatten. Dafür bekam ich eine Art Hose, Modell 30er Jahre, aus Sisal. Dazu ein Hemd ohne Knöpfe mit einem langen und einem kurzen Arm. Keine Unterhose, keine

Socken. Dafür aber ausgetretene Sandalen, Latschen, in denen der alte Moses schon dreimal um die Welt geschlurft war. Handtuch, Zahnbürste, Kamm oder Seife? Alles Fehlanzeige.

Zurück in die Zelle. Krachend flog die Tür zu. Auf dem Boden stand ein verbeulter Napf mit Wasser, daneben ein Stück Brot sowie ein weißes Etwas, eingewickelt in der *Rude Bravo* oder wie die Zeitung hieß. Das weiße faustgroße Etwas, das wie getrockneter Putz zum Spachteln aussah, entpuppte sich als knochentrockener Schafskäse. Kein warmes Essen?

Vorweg gesagt, zweimal wöchentlich schipperte ein aufgeschnittener Benzinkanister durch den Gang des Zellentrakts. Dann wurde mit einer Büchse als Kelle *Bob Schorba*, Bohnensuppe, verteilt. Lauwarmes, rötliches Wasser mit Tomatenschalen darin. Mit viel Glück einige Bohnen auf dem Boden. Das war es! Andere warme Kost gab es nicht. Einmal am Tag Brot, Käse, Wasser. Zweimal pro Woche *Bob Schorba*, so klang es jedenfalls phonetisch.

Wieder ging die Tür auf. *„Dawai!"* oder so, mitkommen. Wieder ging es durch den langen Gang. Der Aufseher schob mich in ein Zimmer und blieb dann draußen. Er hatte eine Pistole umgeschnallt und schob nun Wache vor der Tür.

Im Raum war es halbdunkel. Zuerst fiel mir der Stuhl in einer Ecke auf. Dann der Schreibtisch und hinter dem Schreibtisch sitzend ein Mann. An der Wand hing das Konterfei des Oberkaziken von Bulgarien. Sonst war nichts weiter im Raum, nicht einmal ein Kaktus.

Der Mann hinter dem Schreibtisch deutete auf den Stuhl. Ich setzte mich. Sinnierend betrachtete er mich. Sein Gesicht war schmal, eher mager, so wie die gesamte Figur. Er war ärmlich, aber sauber gekleidet. Er rauchte ein „Ziegenbeinchen", eine auf besondere Art gefaltete Zigarette.

*„Ich kann dir leider keine anbieten, Werner. Wir sind ein armes Volk"*, begann er in fließendem Deutsch. Ich atmete durch. Wenigstens einer, mit dem man reden konnte.

Mein Vernehmer lachte, gesunde Zähne, ein herzliches Lachen. *„Später, später"*, meinte er. Hoffnung machte sich breit. Langsam wich die Spannung von mir.

*„Dieses Verbrechen am bulgarischen Volk hat schwerwiegende Folgen für dich."* Schneidend nun der Tonfall. Vorsicht also. Er versuchte es mit Zuckerbrot und Peitsche. Wir schwiegen uns an; jeder jeden taxierend. Dann begann er zu fragen, stundenlang, an diesem und an den folgenden Tagen. Schnell hatte ich gemerkt, dass Fluchthilfe in Bulgarien völliges Neuland war. Eine Faustregel besagt: Ein gefangener Agent ist ein toter Agent. Also durfte man getrost die Fragen beantworten, die gestellt wurden, jedenfalls die meisten. Längst war hinter jedem gestellten oder enttarnten Agenten sauber gemacht worden. Genau gesagt: Nachforschungen verliefen garantiert im Sande. Klar jedoch war auch, dass man trotzdem höllisch aufpassen musste. Also keine langen Storys, um Widersprüche zu vermeiden.

Innerhalb kurzer Zeit entspannte sich die Lage sichtlich.

Mit dem Stuhl war ich nun vor den Schreibtisch des Vernehmers gerückt. Ungeniert stützte ich den Kopf auf meinen Arm, der auf seinem Schreibtisch lag.

Selbst Papier war bei meinem Vernehmer knapp. Kleinste Buchstaben, Ränder und Absätze gab es nicht. Er erzählte mir sogar Persönliches; etwa, dass er in Berlin-West studiert und in Berlin-Witzleben, nahe dem Funkturm, gelebt hätte. Zwischen den Sätzen merkte ich auch, dass er wohl gerne im Westen geblieben wäre, wenn nicht …? Ja wenn nicht – die Antwort blieb offen.

Dann lobte er wiederum die Errungenschaften des Sozialismus. Ich brauchte mich nur fragend im Raum umzuschauen, und schon wechselte er das Thema. *„Kommt alles zu seiner Zeit"*, meinte er nur trocken.

Mein Leben in dem Mistloch von Zelle beschränkte sich auf Schlafen, Grübeln und Gymnastik. Kein Hofgang, keine Frischluft. Schnell verlor ich jede Menge Gewicht.

Eines Tages steckten sie mir einen Typen in die Zelle. Mir war sofort klar, dass er mich aushorchen sollte. Natürlich behauptete er gestikulierend, dass er kein Deutsch verstehe. Er gab vor, Pilot gewesen zu sein. So jedenfalls war seine mit Händen und Füßen beschriebene Tätigkeit zu deuten. O. K., dachte ich, Flieger. Bestimmt können auch die Flieger des Ostblocks bestimmte englische Ausdrücke. Das Fliegeralphabet, einige dahingeworfene Begriffe in Englisch, die jeder Pilot kannte. Keine Reaktion, außer dass er grinste.

Ich berichtete meinem Vernehmer davon. Der lachte, und im Handumdrehen war die Filzlaus aus der Zelle verschwunden. Dann kam der Tag, an dem ich den Staatsanwalt kennen lernte, der meinen Fall betreute. Eine stattliche, asketisch wirkende Person, schätzungsweise um die 70 Jahre alt. Ein Mann, dem man Respekt zollt. Instinktiv hatte ich mich vom Stuhl erhoben, als er den Raum betrat. Das allerdings veranlasste seine bewaffneten Begleiter, sofort die Waffen auf mich zu richten.

Der Staatsanwalt stellte sich vor. Den Namen habe ich vergessen.

Freundlich deutete er mir an, mich wieder zu setzen.

*„Werner, ich will Ihnen heute schon erklären, was Sie erwartet"*, sagte er in fließendem Deutsch. Pause. *„Wir Bulgaren sind ein freundliches Volk. Wir möchten mit allen Völkern in Frieden leben. Dazu gehört auch der gegenseitige Respekt, auch vor den Grenzen. Das haben Sie leider nicht gezeigt. So mutig Ihr Versuch auch zu betrachten ist, so tadelig ist der Versuch, unsere Grenze zu verletzen."*

Keine großen Phrasen, nichts. *„Sie werden vor meinem Gericht erscheinen. Ich werde sie zu vier bis sechs Jahren Haft verurteilen. Nach Verkündung des Urteils werden sie umgehend an die türkische Grenze gebracht und abgeschoben."*

Mein Herz fing tatsächlich an zu rasen und vor Freude zu hüpfen. Unglaublich!

Der Staatsanwalt erklärte weiter, dass die Verhandlung unter Ausschluss der Öffentlichkeit vor bulgarischen Jurastudenten stattfinden würde. – Kaum zu glauben, was ich da eben gehört hatte. Noch vor wenigen Tagen hatte mir ein weiterer Vernehmer, ein ergrauter russischer Offizier, behangen mit Auszeichnungen wie ein Weihnachtsbaum, einen Rat gegeben. Aus seiner von scharfem Machorka-Tabak gebeizten Kehle rollten folgende unvergessene Worte: *„Wernerrr, wann sagen du Wahrheit, du bekommen kleine Strafe. Zwölf bis fünfzehn Jahre. Aber wenn du luggen, dann du musst sitzen und denken, bis schwarzes Rabe auf Dach ist weiß!"*

Also würde die Drohung des alten KGB-Mannes nicht wahr werden.

Doch noch war die Verhandlung nicht anberaumt. Der Gefangenenalltag hatte mich wieder. Langsam bekam ich wegen der schlechten Verpflegung gesundheitliche Probleme. Schwindelgefühle und permanentes Unwohlsein ließen die Tage zur Qual werden. Der Hunger wurde immer größer.

In Gedanken versuchte ich mir die nahende, neu gewonnene Freiheit auszumalen. So etwas sollte nicht mehr passieren! Ich glaube, mein Schutzengel hat in diesem Moment nur die Augen verdreht.

Unerwartet öffnete sich die Zellentür. Der *Starchi* (Bewacher) deutete an, ihm zu folgen. Irgendwo ging eine Tür auf. Ich trat ein. Die Tür hinter mir viel ins Schloss. Ratsch-ratsch, dann Stille. Ein Raum mit einem Bett, zwei Decken, einem strohgefüllten Kissen und einer Art Toilette. Der Hammer aber war – ein Wasserhahn. Wasser ohne Ende! In einer Ecke stand sogar ein Hocker. Es gab auch ein Fenster, allerdings mit einem Gitter aus Eisenstäben, so dick wie Handgelenke. Davor eine Blende, so dass man nicht nach draußen sehen konnte. Ich öffnete das Fenster. Frische Luft drang herein. Ich hörte Vogelstimmen und von irgendwoher Radiomusik. Nachdem ich den Raum fast unter Wasser gesetzt hatte, legte ich mich aufs Bett und überdachte meine Lage. Sicher stand die Verhandlung kurz bevor. Sollte ich tatsächlich mit einem blauen Auge davonkommen?

Die Tür flog auf. Vor der Tür standen fünf Mann. Vier mit Kalaschnikow AK-47 bewaffnet, der fünfte mit einer übergroßen „Zimmerflak" (Pistole).

*„Folgen!"* Die Vier mit den Kalaschnikows nahmen mich in die Mitte, der Fünfte ging voraus. Klar, dachte ich, muss ja abschreckend wirken, so eine Verhandlung. Nur, die Klamotten, die ich trug? Sicher bekomme ich gleich meine Sachen wieder. Wir steuerten den Vernehmungsraum an. Vor der Tür standen zwei Posten mit Maschinenpistolen. Die Tür wurde geöffnet. Beim Betreten des Raumes wusste ich mit einem Blick, dass alle Hoffnungen soeben geplatzt waren. Man deutete mir an, auf einem Stuhl in der Mitte des Raumes Platz zu nehmen. Auf einem Stuhl in der Ecke saß ein Typ und grinste. Auf seinem Revers die zwei sich waschenden Hände, das Parteiabzeichen der SED.

Mit dem Rücken zu mir stand ein hochaufgerichteter Mann. Das Gesicht hatte er dem Fenster zugewandt. Die Hände hielt er auf dem Rücken.

Mein Vernehmer saß wie ein Häufchen Elend auf seinem Stuhl hinter dem Schreibtisch. Den Kopf hatte er in die Hände gestützt. Das Gesicht hielt er nach unten gerichtet.

Zwei Bewacher richteten ihre Waffen auf mich. Sekunden unheimlicher Stille. Nur der Typ in der Ecke wippte mit dem Fuß.

Schließlich drehte sich der Mann am Fenster um und sprach folgende Worte, die mir für den Rest meines Lebens in Erinnerung bleiben werden: *„Ich weiß nicht, ob es überhaupt opportun ist, dass ich mich Ihnen vorstelle. Aber bitte. Ich bin der stellvertretende Staatsanwalt der Deutschen Demokratischen Republik. Auf Grund des bestehenden Rechtshilfeabkommens zwischen den sozialistischen Bruderländern werden Sie noch heute an die Deutsche Demokratische Republik ausgeliefert. Zeigen sie sich kooperativ, wird man das vor dem Obersten Gericht der Deutschen Demokratischen Republik zu würdigen wissen."*

Während er sprach, musterten mich seine eiskalten Augen. Seinen Namen nannte er nicht.

Der in der Ecke grinste noch immer. Ich blickte meinen bulgarischen Vernehmer an. Der zog seinen Kopf noch tiefer zwischen die Schultern.

*„Prima"*, sagte ich, *„ihr habt ja wohl in eurem eigenen Hause nichts zu sagen!"*

Ich weiß nicht, wie es kam. Ich habe auch nichts gesehen. Völlig unerwartet traf mich eine fürchterliche Ohrfeige. Ich flog mitsamt Stuhl bis an die Tür.

Der grinsende Typ – ein Major der Stasi, wie sich noch herausstellen sollte – hatte mir das Ding verpasst. Der saß inzwischen wieder auf seinem Stuhl und grinste. Mein linkes Ohr dröhnte.

Ich schwor mir innerlich, dass ich, bevor ich diesen Raum verlassen würde, diesem Mistkerl eines in die Fresse hauen würde. Egal, welche Folgen es haben würde, ich würde zuschlagen.

Ein Stich in den Oberarm. Noch eine weitere Person war in den Raum gekommen. Der Stich bewirkte, dass mir sofort die Sinne schwanden.

Stunden später erwachte ich in einem Auto. Links und rechts neben mir saßen Wachleute. Ich hatte noch immer die Gefängniskluft an. An den Füßen rostige Schellen mit einer Kette von Fuß zu Fuß. Diese Kette ging seitwärts hoch zu den auf den Rücken gefesselten Händen. Mir war speiübel. Also kotzte ich in den Wagen. Die Bewacher maulten, schlugen mich aber nicht.

Langsam wurde ich klar im Kopf.

Einen weiteren Wagen erkannte ich vor unserem Fahrzeug. Die Fahrt dauerte nicht lange. Wir bogen auf eine Rollbahn ein. Dort stand eine Maschine der *Interflug* mit laufenden Propellern; die Gangway war bereits entfernt. Meine Entführer, so will ich sie bezeichnen, verhandelten mit dem Piloten, der aus dem Cockpitfenster sah. Minuten vergingen. Schließlich öffnete sich eine Tür vorn an der Kanzel. Eine Leiter wurde herabgelassen. Alle Fahrzeuginsassen waren inzwischen ausgestiegen. Der Wind der laufenden Propeller peitschte die Rollbahn und wirbelte Staub auf.

Plötzlich ein Gezänk zwischen den Bulgaren und den Stasi-Schergen. Wie sollte ich die steile Leiter hochkommen? Mit gefesselten Händen auf dem Rücken? Die Fußfessel ging ja noch gerade so von der Länge her. Der Streit endete damit, dass wohl feststand, dass der Schlüssel vergessen worden war. Jedenfalls schien das Vertrauen der Bulgaren zu den Stasi-Leuten nicht sehr groß zu sein. Sicher hätten sie ihnen sonst eine moderne Fesselung mitgegeben. Fakt blieb: der Schlüssel war weg.

So hievten mich die Stasi-Leute unter Mithilfe beider *Interflug*-Piloten in das Flugzeug, wobei ich passiven Widerstand leistete. Ich wurde in der ersten Reihe hinter der Kanzel verstaut.

Die Maschine war voll mit Urlaubern vom Schwarzen Meer. Lauthals wurde in allen Sprachen gegen die Verspätung protestiert. Viele wollten von Berlin-Schönefeld sofort weiter nach London oder sonst wohin. Bei dem Geschiebe und Gedränge fiel plötzlich dem DDR-Staatsanwalt die an einer Kette hängende Pistole aus dem Gürtelbund.

Totenstille in der Kabine.

Sofort nutzte ich die Gelegenheit. Schnell stand ich auf. In diesem Augenblick hob der Stasi-Major die Waffe auf und reichte sie seinem Staatsanwalt.

*„Ich werde gerade entführt. Bitte sagen sie in Westberlin Bescheid. Mein Name ist Werner Bäcker. Ich bin Westberliner ...!"*

Weiter kam ich nicht. Eine Jacke über dem Kopf verhinderte das weitere Sprechen.

In der Kabine nun lautes Stimmengewirr. Viele hatten mitbekommen, was hier abging. Während des Fluges immer wieder laute Fragen. Die Stasi-Leute antworteten. Sie logen, was das Zeug hielt.

Vielleicht würde jemand in Berlin etwas sagen. Brauchten sie auch nicht.

Das würde hochoffiziell geschehen.

# Zu Gast bei der Stasi

## Berlin-Hohenschönhausen

Meine Mutter hatte Feierabend. Wie jeden Abend saß sie vor dem Fernseher und lackierte gerade die Fingernägel. Im Fernsehen lief gerade die Berliner Abendschau; eine Art Sondermeldung!

Auf dem Bildschirm, umgeben von zwei muskulösen Stasi-Männern, stand ihr Sohn, in Lumpen und in Ketten.

Es war eine Sondermeldung des Ostfernsehens, die mitteilte, dass im sozialistischen Bruderland Bulgarien ein Provokateur und Grenzverletzer festgenommen worden sei. Dieser Fluchthelfer, wie der Sprecher sagte, würde angesichts des bevorstehenden 13. August, des Jahrestages des Baus des „antifaschistischen Schutzwalles", vor Gericht gestellt werden.

Jahre später erzählte mir meine Mutter, wie sie von meiner Festnahme erfahren hat.

Ich hatte zwar Fotografen bemerkt, Fernsehkameras waren mir aber nicht aufgefallen.

Erst als alle Passagiere das Flugzeug verlassen hatten, war ich an der Reihe. Zwei neue Stasi-Leute lösten die beiden Helden neben mir ab. Staatsanwalt und Major verschwanden.

In einem Barkas ging es durch Ostberlin. Eingepfercht wie ein Stück Vieh. Die Luft in dem Besenschrank, in dem ich glaubte zu sitzen, stank penetrant nach Zweitakt-Gemisch.

Irgendwann hielt der Barkas. Stimmen, militärische Kommandos!

Sofort fiel mir der sächsische Dialekt auf. Ein furchtbares Kauderwelsch. Ich erinnerte mich sofort an eine Behauptung, dass besonders linientreue Sicherheitskräfte aus Sachsen kämen.

Die Tür des Barkas öffnete sich. Handschellen hatte ich keine mehr an. Die bulgarischen Ketten waren schon auf dem Flugplatz mittels eines Bolzenschneiders durchtrennt worden. Dabei wurden mir fast die Hand- und Fußgelenke gebrochen. Auf die Bulgaren verspürte ich keinen Hass. Dieses arme Land war, ohne gefragt zu werden, vom Kommunismus einverleibt worden.

Das war es nun, dachte ich. Ich war im ersten sozialistischen Arbeiter- und Bauernstaat der deutschen Geschichte gelandet. Mitten im Stasi-Hauptquartier in der Normannenstraße in Berlin-Hohenschönhausen. Ich erinnerte mich an Luftbilder. Diese konnten bei Weitem nicht zeigen, wie es wirklich dort aussah.

*Die berüchtigte Stasi-Zentrale in der Berliner*
*Normannenstraße (Foto vor 1989)*

Die Stasi hatte bemerkt, dass die überfliegenden Maschinen der PanAm oder der *British Airways* Luftbilder machten, und hatte irreführende Gegenmaßnahmen getroffen. Einzelne Objekte wurden besser getarnt. Die „Hundekäfige", in denen die Gefangenen ihre Freistunde verbringen „durften", wurden meist nur außerhalb der Linienflugzeiten benutzt. Nahten Flugzeuge, wurde der Laufsteg über den Gefangenenbuchten von den Aufsehern sofort geräumt, die sich dann in den Wachturm zurückzogen. Erwartungsvoll stellte man sich als Gefangener dann in die Mitte des Käfigs. Das Haupt nach oben gerichtet in der Hoffnung, dass die da oben Fotos machten. So scharfe Aufnahmen, dass man das Gesicht darauf erkennen konnte.

An dieser Stelle sei bemerkt, dass das Interesse des Westens an uns „kleinen Würstchen" nicht gerade berauschend war. Zwischen den Anwälten Stange (BRD) und Vogel (DDR) lief zwar ein Freikaufdialog, das aber war es dann auch schon. Immerhin wurde gehandelt; mit Menschen als Ware. In Hohenschönhausen kam die Ware meist aus dem so genannten *U-Boot*. Der Trakt, in dem

*Zentrale Untersuchungshaftanstalt der Stasi in Berlin-Hohenschönhausen: Blick in eine unbeheizte Einzelzelle in einem unterirdischen Zellentrakt, der auch als „U-Boot" bezeichnet wurde (1991)*

das MfS (Ministerium für Staatssicherheit) seine Klientel unterbrachte – Saboteure, Fluchtwillige, Fluchthelfer und Spione. Das Geschäft war für das Regime sehr einträglich, brachte es doch Devisen; Westwährung, Dollar und DM, die der marode Staat so dringend benötigte. Von Mangel an Devisen schien bei den Herren von der Stasi keiner etwas gehört zu haben. Sie trugen feine Westklamotten und teure Uhren. Selbst Feuerzeuge der Marke Dupont durften nicht fehlen. Den Inhalt der Westpakete für die Inhaftierten in Hohenschönhausen und anderswo fraßen diese Typen selbst auf. Westautos vom Feinsten standen in der Fahrbereitschaft, natürlich mit westdeutschen Kennzeichen. Die Stasi verkehrte schließlich in Westberlin, wann und wo sie wollte.

Von den westlichen Geheimdiensten hörte man wenig. Gerade mal dann, wenn der eine oder andere Agent auf der Oberbaumbrücke in Berlin ausgetauscht wurde.

Nun war das System in der Ostzone/DDR so aufgebaut, dass das Anschwärzen und Denunzieren schon den Kleinsten eingebleut wurde. Dem so

143

genannten Ministerium für Staatssicherheit konnte darin keiner auch nur annähernd das Wasser reichen. *Chapeau*, Herr Wolf. Diese Erkenntnis bleibt als fader Beigeschmack.

Schließlich sollte es Jahre dauern, bis ich „freigekauft" werden sollte. So weit war es 1966 noch lange nicht.

Nun stand ich auf dem Hof des Ministeriums in der Normannenstraße. Allein schon der Name „Normannenstraße" ließ viele Menschen drüben in der Zone in Angstzustände verfallen. Zügig ging es dann durchs Gebäude. Begleitet von zwei unbewaffneten Beamtinnen in der NVA-ähnlichen Stasi-Uniform. Frauen? Unbewaffnet? Die Stasi war sich hier ihrer Sache vollkommen sicher. Nur schwer zu erkennen, wo überall die elektronischen Augen saßen. Eine der beiden Frauen war ziemlich hübsch, die andere weniger. Die Damen sahen ungeniert zu, wie ich entlaust, geduscht und eingekleidet wurde. Ich erhielt ein gestreiftes Hemd, eine verwaschene blaue Arbeitshose und Schuhe. Zumindest sahen die Treter aus wie Schuhe. Eine Decke und ein Handtuch kamen obendrein.

Die Zelle war ziemlich hell. Grelles Licht hinter Draht über der Tür. Gegenüber der Tür befand sich eine Wand aus Glasbausteinen, kein Fenster. Durch die Glasbausteine konnte man nichts erkennen. Links neben der Tür eine

*Blick in einen Zellentrakt des gefürchteten „U-Bootes"*

Toilettenschüssel, offen und ohne Deckel. Durch den Spion in der Tür konnten die Wärter auch die Toilette beobachten. An der rechten Wand ein Betonabsatz als Liegestatt. Ein weiterer Betonabsatz an der gegenüberliegenden Wand. Zwischen den Schlafgelegenheiten ein am Boden festgeschraubter Tisch. Die Wände graublau gestrichen. Ein Metallbecken mit Wasserhahn. Sonst nichts. Vor allem nicht die geringste Möglichkeit, etwas abzumontieren.

Die Tür wurde verriegelt. Absolute Stille, kein Ton zu hören. Ich saß im „U-Boot". So genannt, weil es hier keine Fenster gab und dauernd das Licht brannte. Man konnte nicht feststellen, woher Frischluft kam.

Bei der Essensausgabe mussten die Gefangenen von der Tür zurücktreten. Die Klappe ging auf, ein Blick aus gebührender Entfernung, dann wurde das Essen durchgereicht. Zum Leben zu wenig, zum Verhungern zu viel.

Zunächst jedoch begannen die Vernehmungen. Mein spezieller Freund aus Bulgarien, der Stasi-Major, und ein hagerer Blonder wechselten sich ab. Beide waren die gleichen Ekel, arbeiteten aber mit unterschiedlichen Vernehmungstaktiken. Fuhr sich einer fest, machte der andere am nächsten Tag an der gleichen Stelle weiter, auf seine Weise.

Der Vernehmungsraum war ein ganz normales Büro mit quadratischem Grundriss. Ich saß auf einem Stuhl links neben dem Eingang, die Hände auf den Knien. Vor dem mit einem Vorhang verhangenen Fenster standen ein Schreibtisch sowie der Stuhl des Stasi-Vernehmers. Kein technischer Schnickschnack. Ein Bild von Erich Honecker verunzierte den Raum.

Man machte keinen Hehl daraus, dass meine Überstellung – oder besser gesagt: meine Entführung – aus Bulgarien beinahe gescheitert wäre. Man gestand offen ein, dass die Genossen Bulgaren eine etwas differenziertere Auffassung vom Sozialismus und besonders vom Kommunismus hätten. Nur, bis ich darüber im Westen meine Freude kundtun könne, vergingen bestimmt Jahre. Bis dahin hätte man die Genossen Bulgaren schon auf Spur gebracht.

Der Witz der Vernehmungen bestand zunächst darin, den Vernehmenden nach Möglichkeit aus der Fassung zu bringen. Stunden- und tagelang immer die gleichen Fragen. Zur Familie, zur Person, zum Zweiten Weltkrieg und zur Rolle meines Vaters bei der Waffen-SS, zur Fremdenlegion und zu hundert anderen Dingen. Sprunghaft von einem Thema zum nächsten. Scheinbar ohne System kamen immer wieder die gleichen Fragen. Je öfter das Gleiche gefragt wurde, desto besser bekam man seinen Grips in den Griff. Viele Gefangene sind bei dieser Art der Befragung aus dem Ruder gelaufen. Die Befragungen waren zwar anstrengend, wurden aber bald zur Routine für mich. Selbst der Stasi fielen letztlich keine neuen Fragen mehr ein.

Die unzähligen Beleidigungen meiner Eltern und verwandter Personen gehörten einfach in den Denkapparat der Stasi. Besonders heiß wurden sie immer, wenn das Thema Fluchthilfe und die Organisation Schütz–Bley an der Reihe waren. Sofort war ich hellwach. Ich bestätigte nur, was sie bereits wussten. Leugnen half nichts. Sonst keine Angaben. Sie gaben sich teilweise selber Antworten auf Fragen, die nur ganz wenige von uns in der Organisation wussten. Nun war es an mir, den Erstaunten zu spielen. Mein Spiel durchschauten die Stasi-Leute aber ebenfalls, und so endeten die Vernehmungen meist mit Beschimpfungen und irren Strafandrohungen. Kurz, am Ende erfuhr ich mehr über die Organisation Schütz–Bley durch die Stasi, als ich zuvor im Westen gewusst hatte.

Natürlich schoben sie mir auch alles Mögliche in die Schuhe. Manchmal ging es haarscharf am Eingemachten vorbei. Die Stasi kam manchem Fall von Schleusung oder Republikflucht, von dem ich wusste oder an dem ich persönlich beteiligt war, sehr nahe. Für die Vernehmer war ich jene Person in der Organisation Schütz–Bley, von der sie nur gehört, die sie aber niemals fotografiert hatten. Um wen es sich genau handelte, wussten sie nicht. Nun glaubten sie, diese Person zu haben.

Der größte Trumpf der Stasi aber war der Faktor Zeit. Ich muss eingestehen, dass dieser Faktor nicht zu unterschätzen war. Zeit hatten die Mielke-Schergen ohne Ende. Langsam jedoch kristallisierte sich ein zu erwartendes Ende der stereotypen Fragen an.

Es nahte der 13. August. Der Tag, an dem die Welt im Jahr 1961 den Atem anhielt. Heute sollte man besser formulieren: Der Tag, an dem die Deutschen glaubten, die Welt hätte den Atem angehalten.

Wegen dieses 13. August, dem Jahrestag des Mauerbaus („antifaschistischer Schutzwall"), mussten vorzeigbare Ergebnisse im Kampf gegen „Revanchismus, Imperialismus und Kapitalismus" her, egal wie. Ein Prozess gegen „verbrecherische subversive Elemente" kam da wie gerufen.

Schnell merkte ich, dass die Herren an etwas bastelten. Etwas, das bedrohlich näherkam und auf folgenden Sockeln aufgebaut werden sollte:

• Verschleppen von Atomwissenschaftlern,
• Missbrauch von Diplomatenpässen (CD),
• Dienst in der Fremdenlegion,
• verbrecherische Ranger-Ausbildung,
• Beziehen von Schleusergeldern.

Etwas, das mit voller Kraft gegen den Arbeiter- und Bauernstaat wütete. Gegen den verlässlichen Schild vor der Sowjetunion nebst sozialistischen Bruderstaaten.

Ich konnte die rot getünchten Floskeln nicht mehr hören.

Sie endeten immer damit, dass die Zukunft dem Kommunismus gehörte und die kriegstreibenden Imperialisten auf der Strecke blieben. Zuvor würde mich aber die ganze Härte einer gerechten Strafe treffen.

Der Prozess stand also unmittelbar bevor.

Erwähnenswert bleibt noch, dass sie mir einen Spitzel auf die Zelle gelegt hatten. Ein armes Arschloch namens Hans, der mir das Schachspielen beibrachte.

Dafür lehrte ich ihn, wie man Leute geschickter ausfragt. Am Tag, an dem ich ihm meine Analyse kundtat, war sein Gastspiel auch schon vorbei. Er verschwand so plötzlich wie er gekommen war.

Dem Stasi-Major warf ich bei der nächsten Vernehmung an den Kopf, ich sei enttäuscht. Man hätte sich wirklich etwas mehr Mühe bei mir geben können. Das ganze Leben sei ein Schachspiel, und es käme sehr darauf an, welche Figur man setze.

Der Major erklärte mir eines Tages, dass er am Ausgang des Prozesses gegen mich keinerlei Zweifel hätte. 15 Jahre seien Standard. Ich bestreite nicht, dass sich mir die Fußnägel dabei kräuselten. Obwohl mir damals schon bekannt war, dass diese unmenschlichen Strafen in der Regel nach zwei Jahren endeten. Die Bundesrepublik kaufte ihre Schäfchen wieder frei. Ein winziger Funke Hoffnung blieb also.

Verstärkt suchten sie mir nun die Errungenschaften und Perspektiven des Sozialismus und vor allem des Kommunismus beizubringen. Ich will mich hier nicht über die Vor- und Nachteile des Kommunismus auslassen. Dafür gibt es berufenere Leute. Nur so viel: Der Kommunismus hat schon einige Punkte, über die es sich nachzudenken lohnt. Aber bei dem Pfusch der Herren Ulbricht, Honecker und Mielke hätten selbst Marx und Engels den Kasper bekommen. In die Tonne damit. Sachte geäußerte Zweifel an der Echtheit des vom Bauernstaat praktizierten Sozialismus hatten zur Folge, dass ich regelrecht niedergebrüllt wurde. Allerdings haben mich die Stasi-Leute in Hohenschönhausen nicht geschlagen. Alles an seinem Ort.

Der Major und der farblose andere Stasi-Vernehmer erklärten mir kurz vor dem Prozess den genauen Ablauf. Ja, selbst einen Pflichtverteidiger würde ich für die zwei Prozesstage bekommen. Allerdings erhielte ich keine Möglichkeit, mit dem Verteidiger eine Verteidigungsstrategie auszuarbeiten. So nach dem Motto: Warum lässt man die ausreisewilligen Bürger der DDR nicht gehen? Warum versuchen sie zu flüchten? Schön wäre es ja. Nein, keine Absprachen mit dem Pflichtverteidiger.

Der Prozess würde vor dem Obersten Gericht der DDR stattfinden. Den Vorsitz als Richter hätte ein gewisser Genosse Ziegler. Später erfuhr ich, dass Ziegler ein Zögling der berüchtigten „roten Hilde", sprich Hilde Benjamin, war, einer besonders berüchtigten Schergin des SED-Regimes. Hochgradige Sachverständige und Gutachter würden den Prozess begleiten. In den ersten Reihen würden verdiente Parteigenossen in Ledersesseln Platz nehmen. Dahinter drei Reihen für die eingeladene Presse, auch Westpresse. (Tatsächlich soll sich auch ein Schreiberling aus dem Westen gefunden haben, der für irgendein kommunistisches Käseblatt arbeitete.) Das Gros der Zuhörer stellten jedoch verdiente Arbeiter und LPG-Bauern sowie Armeeangehörige. Alles ausgewählte Leute. Fest stand also, dass wir Angeklagten keineswegs mit La-Ola-Wellen rechnen konnten. Man verzeihe mir diesen flapsigen Ausrutscher.

Bis zum Prozessbeginn hatte ich jegliche zeitliche Orientierung vollkommen verloren. Keine Zeitung, kein Radio oder gar Fernsehen, nichts.

Vor dem Prozesstag durfte ich duschen. Ich wurde rasiert, und man verpasste mir einen geruchsneutralen Anzug nebst Zubehör, anzuziehen am kommenden Morgen, dem 1. Prozesstag. Man schnitt mir die Haare.

Innerlich war ich sehr gefasst. Die werden nicht erleben, dass ich einknicke, schwor ich mir. Keinesfalls. Dann ging es nochmals zu „meinen" beiden Stasi-Leuten. Wir waren uns noch genauso unsympathisch wie am ersten Tag.

Ein lockeres Schwätzchen. Jetzt nur den Delinquenten nicht noch verunsichern, dachte ich bei mir. Da kam der Hammer vom Stasi-Major: Sollte auch nur der geringste Zwischenfall von mir beabsichtigt sein, würde man mir blitzschnell anstatt sechs Jahren Haft lebenslänglich aufbrummen. Das ginge ganz schnell. Dabei öffnete der Stasi-Mann eine Schublade und entnahm dieser eine Akte.

Hatte ich schon einen trockenen Hals, sollte mir gleich die Luft wegbleiben.

*„Was sagen Sie denn zu der von Schütz–Bley und Ihnen geplanten Flugzeugentführung?"*

Das war es, dachte ich. Immer hatte ich gehofft, dass ausgerechnet dieser Punkt nie aufs Tablett käme. Nun war er da. Ich schluckte, behielt aber die Fassung. Ich versuchte, so erstaunt oder so blöd als möglich aus der Wäsche zu gucken.

*„Natürlich keine Ahnung, wovon ich spreche"*, so der Major. Weiter gespieltes Erstaunen. *„Na, dann werde ich Ihnen auf die Sprünge helfen."*

Dann erzählte er Dinge, die nur im engsten Kreis von Schütz–Bley und mir besprochen worden waren. In stundenlangem Kreisen um die Frage, wie man Fluchtwillige aus der Zone loseisen könne. Es wäre wohl die erste Flugzeugentführung in Europa geworden. Jährlich fand die Leipziger Messe statt. Aus allen Teilen der Welt kamen Aussteller und Besucher. Maschinen der ostzonalen *Interflug* brachten die internationalen Gäste von Berlin-Schönefeld nach Leipzig. Durch Kuriere informiert, sollten die Fluchtwilligen, die sich untereinander nicht kannten, an einem bestimmten Tag zu einer bestimmten Zeit eine bestimmte Maschine der *Interflug* buchen.

Dieses allein schon wäre eine subversive Meisterleistung gewesen.

Das Flugzeug vom Typ Iljuschin sollte auf dem Flug von Berlin nach Leipzig entführt werden. Drei unserer Leute an Bord würden kurz nach dem Start das Cockpit stürmen. Dabei spielte ein kegelförmiger, spitz zulaufender Schlüssel eine Rolle, mit dem sich damals so ziemlich jede Flugzeugtür öffnen ließ.

Einer sollte an der Tür bleiben und die Fluggäste beruhigen. Zwei Mann sollten den Piloten dazu bringen, die Maschine nach Westberlin-Tempelhof zu steuern. Bei Widerstand des Piloten sollte der Co-Pilot mit einem Oberschenkeldurchschuss verletzt werden. Man hoffte dann auf die Einsicht des Piloten. Sollte er weiter störrisch bleiben, hätte es ihn ebenfalls erwischt. Einer von uns hätte sich vor der ganzen Aktion praktische Flugkenntnisse angeeignet, so dass mit Hilfe des Towers in Berlin-Tempelhof eine Notlandung möglich gewesen wäre.

Zu den Vorbereitungen gehörte auch das Abhören des Funkverkehrs. Wichtig auch deshalb, weil die sowjetischen Abfangjäger etwa 13 Minuten gebraucht hätten, um zu starten und die Maschine zu stellen. Acht Minuten sollte der Flug von Berlin-Schönefeld nach Berlin-Tempelhof dauern, mit 40 bis 50 Fluchtwilligen an Bord. So weit unsere damaligen Gedanken, die ein Planungsstadium aber längst nicht erreicht hatten.

Ruhig und ohne sichtliche Erregung erzählte mir der Major davon. Mir war klar, dass diese Angelegenheit viele Jahre mehr im Zuchthaus bringen könnte.

Meine Gegenargumente wurden überhört. Man wolle ja nur andeuten, was alles möglich sei, wenn ich aus der Reihe tanzen würde. Das ganze Theater sollte nämlich *live* im Ostfernsehen gesendet werden.

Zuletzt sogar ein dezenter Hinweis vom Major. *„Ihre Leute"* – gemeint waren Schütz–Bley – *„sollten nicht zu viel auf Papier kritzeln."*

Ich hatte verstanden. Sicherlich hatte jemand in irgendeinem Café oder einer Kneipe Gedanken zu Papier gebracht. Diese Zettel sind wohl sorgfältig von Stasi-Zuträgern gesammelt worden. Diese Gedanken beschäftigten mich die ganze Nacht. Hatten wir einen Maulwurf in unseren Reihen?

Unausgeschlafen kam ich zum Prozessbeginn am 30. Juli 1966 vor dem Obersten Gericht der DDR, 1. Strafsenat, 104 Berlin, Scharnhorststr. 37, Aktenzeichen IA 18/66.

Mein Verteidiger saß bereits auf seinem Platz. Kaum, dass er sich vorgestellt hätte. Ansehen konnte oder wollte er mich nicht. Vor ihm lagen ein leerer Block und darauf ein Kugelschreiber.

Neben mir saß ein Angeklagter, ebenfalls aus Westberlin. Ein Dritter befand sich ganz links. Er versuchte verzweifelt sein Gesicht zu verbergen. Hinter jedem Angeklagten stand ein Stasi-Wachmann.

Während des gesamten Prozesses sagte mein „Anwalt" kein Wort oder machte auch nur die geringste Notiz. Er traute sich nicht einmal, Männeken auf den Block zu malen.

Die Veranstaltung hatte den typischen Ostanstrich. Parolen, Drohungen, rosige Zukunftsaussichten für die DDR. Vor allem aber nieder mit den imperialistischen Machthabern.

Einige der Strategen, ich sehe da einen Oberst Job v. Witzleben vor dem geistigen Auge, geiferten derart, dass es selbst dem roten Ziegler zu viel wurde. Er fuhr mehrmals dazwischen.

Wir Angeklagten ließen das Ganze großteils schweigend über uns ergehen und beantworteten die Fragen von Richter und Staatsanwalt knapp. Mit Rechtsprechung und einem fairen Prozess hatte die Verhandlung natürlich nicht das Geringste zu tun. Aber was sollten wir machen? Selbst wenn, ja wenn wir aufgemuckt hätten, hätte es nichts genutzt. Sie hätten uns schlicht niedergebrüllt.

Und dann schwebte immer noch die Drohung des Stasi-Majors wie ein Damoklesschwert über mir. Mein Nebenmann und Mitangeklagter, Jürgen Hanke, und ich verständigten uns mit den Augen. Egal wie hoch die Strafe auch ausfallen würde, wir würden nicht in Tränen ausbrechen.

Am 11. August berichteten bundesdeutsche und Westberliner Zeitungen sowie das Westfernsehen von diesem Prozess, den die DDR anlässlich der Wiederkehr des 13. August veranstaltete.

Der Anklageschrift und dem Urteil ist aus meiner heutigen Sicht nichts hinzuzufügen. Wozu auch? Sie sprechen für sich und das Regime. Außerdem habe ich Jahre in Bautzen gesessen. Was hilft da noch nörgeln und deuteln um Worte und Begriffe. Derartige Tragödien und Schauprozesse wiederholten sich „drüben" nur allzu oft.

Großes Leid wurde über viele Menschen gebracht. Sippenhaft und Kollektivstrafen waren an der Tagesordnung.

Überhaupt hatten sich an Zonengrenze und Berliner Mauer unbeschreibliche Szenen und menschliche Tragödien abgespielt. Der Bau so genannter Grenzbefestigungen und Minenfelder waren ein Stich ins Herz des deutschen Volkes; hüben wie drüben. Die westlichen Alliierten und die Sowjets hielten sich bedeckt. Westberlin war ein Bauernopfer, höchstens.

# Bautzen II

Prustend, stinkend und zeitweise stotternd fuhr der Barkas über die mit Schlaglöchern übersäte Autobahn von Berlin (Ost) in Richtung Süden. Das Reiseziel hieß Bautzen; genau gesagt Bautzen II, das Stasi-Zuchthaus mit der höchsten Sicherheitsstufe (auch „Stasi-Knast" genannt). Bautzen II war schließlich so etwas wie eine Schatztruhe. Häftlinge, für die es Devisen gab, saßen hier ein. Man musste diesen Schatz hüten. Pflegen war nicht vorrangig.

Neben Bautzen II gab es noch Bautzen I, wegen des Anstrichs „Gelbes Elend" genannt. In Bautzen I saßen inhaftierte DDR-Bürger, beispielsweise Fluchtwillige, Deserteure, aber auch Diebe und Mörder. Im Gegensatz dazu beherbergte Bautzen II die „echten Verbrecher". Unter anderem „Westler", die man bei jeder Gelegenheit nachdrücklich darauf hinwies, dass sie schlimmer als Mörder und mit nichts zu vergleichen wären!

Als Zuchthaus war der Bau von außen auf den ersten Blick nur schwer auszumachen. Hinter meterhohen Mauern erhoben sich Gebäudefassaden aus den 1930er Jahren mit Erkern und Türmchen, die einen Innenhof umgaben. Darauf stand ein Gebäudetrakt, der sich im rechten Winkel an das umgebende Hauptgebäude anschloss. Ein Wachturm bildete den Mittelpunkt eines Kreises, der wie Tortenstücke aufgeteilt war. Die einzelnen Segmente umgaben hohe Mauern. Der Auslauf für die Verbrecher. Wärter mit Maschinenpistolen wachten im Turm, wenn die Verbrecher in den Freistunden wie aufgezogen zwischen den Mauern umherschlichen. Dann gab es noch einen Platz mit einem Faustballnetz.

Im hinteren Bereich der Anlage, vor dem Trakt, der wie ein Gerichtsgebäude aussah, wurden auf drei Etagen die männlichen Gefangenen verwahrt. Im vorderen Gebäude befanden sich der Frauentrakt und, ebenerdig zur anderen Seite hin, spezielle Zellen für Sonderbehandlungen und Extrastrafen.

Die Zellen, fünf Schritte bis zum Fenster, vier Schritte zurück, hatten Holzfußböden. Über Generationen abgelaufen, gestrichen und mit einer Art Bohnerwachs behandelt. Allein beim Gedanken an diesen Geruch wird mir heute noch übel.

*Der Hauptzellentrakt des Stasi-Gefängnisses Bautzen II (2001)*

Ein Stahlbett. In der Ecke ein Brett zum Sitzen, eingemauert in die Außen- und Zwischenwand. In der Mitte ein viereckiger Brettertisch. Es gab auch Zellen, in denen links und rechts des Tisches Bretter als Sitzgelegenheiten in die Wände eingelassen waren.

Neben dem Eingang befanden sich eine Toilette aus Gusseisen, ein kleines Waschbecken und ein Hahn mit fließendem Wasser. Die persönliche Habe verstaute man über dem Tisch in einem offenen, grau-grün gestrichenen Gestell. An der Decke hing hinter einem fest verschraubten Gitter eine Lampe. In anderen Zellen hing die Lampe direkt über dem Holztisch. Eine dicke Stahltür mit Spion und einer Klappe als Durchreiche schloss die ganze Sache im wahrsten Sinne des Wortes ab. Ach ja, über der Tür befand sich noch eine Art Ampel. Sprang sie von Gelb oder Grün auf Rot, hieß das für den Insassen: „Sofort aufstehen" oder „Mit dem Rücken zum Fenster" und, wenn die Tür geöffnet wurde, „Meldung machen": *„Strafgefangener sowieso, Zelle sowieso, bei der Arbeit."*

Nichts zu tun – das heißt, keine Arbeit – gab es nur an den Wochenenden. Wer aber nur etwas Tabak oder auch nur ein paar Süßigkeiten kaufen wollte, falls es überhaupt welche gab, musste dafür schon ein Mordspensum an Arbeit hinlegen. Manche bekamen wegen der Menge des zu verarbeitenden Materials neben ihrer Wohnzelle eine Arbeitszelle.

Wer schon länger einsaß und Spuren von Agonie und Hoffnungslosigkeit zeigte, konnte in ein Arbeitskommando kommen. Die Arbeitskommandos stellten so genannte Schaltschütze im „Werk Oppach" her. Natürlich im Akkord und unter permanenten Ermahnungen, dass Sabotage einen gehörigen Nachschlag an Zuchthausjahren bringen würde.

Die Zuteilung zur Gruppenarbeit verfolgte nebenher noch andere Zwecke. Einige Mithäftlinge hatten zwischenzeitlich die Seiten gewechselt. Unter Druck, oder weil die Stasi sie sonstwie umgedreht hatte. Die Lumpen arbeiteten sehr geschickt. Man musste aber nur Geduld haben. Im Laufe der Zeit machten sie kleine oder kleinste Fehler, und dann wusste man, wen man vor sich hatte. Am besten war es, „Geschichten aus dem Wienerwald" zu erzählen. Wurde es zu bunt, kassierten die Zinker schon mal eins in die Fresse. Das brachte dann Extra-Knast, meist zwei bis sieben Tage in einer Spezialzelle mit zusätzlichem Innengitter und ohne Bett. Kein Wasserhahn, ein Scheißkübel. Kleinste Rationen. Die Kleidung musste vor der Zelle abgelegt werden. Acht Mal habe ich diese Extratour durchlaufen. Warum? Wegen nichts, aber dazu später.

Zurück zum Tage der Ankunft: Nach Verlassen des Barkas, in dem ich mich erbrochen hatte, ging es in die Kleiderkammer zur Einkleidung. Alte Militärmäntel, bräunlich-blau, undefinierbar. Auffällig ein senkrechter, breiter gelber Streifen auf dem Rücken. Dazu altes, aber sauberes Blauzeug, Socken, Unterwäsche, ein Handtuch, zwei Decken und blaukariertes Bettzeug.

Die Zelleneinweisung übernahm ein Wärter, der wegen seines rasanten Mundwerks bei mir fortan nur noch der „Schnellsprecher" hieß. Richtige Namen gab es sowieso keine von den Herren. Dazu gesellte sich ein kleiner untersetzter

Dicker, den ich „Mecki" taufte. Der „Schnellsprecher" erklärte mir, was zu tun und zu lassen sei. Was war nicht alles verboten: Schreien, Singen, Pfeifen, Trampeln oder Klopfen an den Wänden, aus dem Fenster rufen, sich aufs Bett legen, Onanieren, Wachpersonal angreifen, Briefe schreiben. Radio und Fernsehen gab es sowieso nicht. Kurzum, es war praktisch alles verboten. Wer gegen Verbote verstieß, musste Strafen und Sonstiges fürchten. „Sonstiges" klang zunächst sehr geheimnisvoll. Das Geheimnis währte indes nicht lange: „Sonstiges" bedeutete Prügel von mehreren Stasi-Leuten mit dicken Gummiknüppeln.

Die beiden Wärter trugen übergroße Filzpantoffel über den Stiefeln. Mit ein Grund, weshalb das Zuchthaus Bautzen so furchtbar war. Die absolute Stille. Nichts, aber auch gar nichts war zu hören. Bis auf die Schreie, die manchmal durch die Gänge hallten. Bald empfand ich jedwedes Geräusch als störend. Man versank langsam wie im Sumpf, wurde immer apathischer. Erinnerungen verblassten, wurden sogar lästig. Oft, zu oft hatte man im Laufe der Jahre alles wiederholt durchlebt, durchdacht und neu angedacht, bis schließlich alles in weite Ferne rückte.

Stille und Zeit können zur Folter werden. Eine schleichende Folter, von der Stasi bewusst ins Kalkül gezogen. Diese Erfahrung aber hatte ich noch vor mir. Hätte ich damals auch nur ansatzweise erahnen können, wie ewig lang mir die Zeit in Bautzen werden würde, hätte ich mich umgebracht.

Nach der Einweisung fiel die Zellentür ins Schloss. Erstmalig umfing mich diese besondere Art der Stille – Totenstille.

Auch Männer weinen. Alles musste endlich einmal raus. Wut, Enttäuschung, Selbstmitleid und ein unbändiger Hass auf diesen Flecken Erde, nachdem der „real existierende Sozialismus" meiner habhaft geworden war.

Dann richtete ich meine Zelle ein.

Sofort war „Mecki" da.

Ich sprang an die Wand. Mein Bettzeug flog auf den Boden. *„Das ist kein Bettenbau!"*, tobte er. Dieses Prozedere wiederholte sich oft in den nächsten Tagen und Wochen. Nach einigen Monaten verloren er und die anderen Wärter allerdings die Lust an solchen Spielchen. Außerdem war die Zelle in Topzustand.

Ein Ereignis aus der Anfangszeit ist mir besonders im Gedächtnis haften geblieben.

Eines Tages wurde ich zum „Onkel" gebracht. Der „Onkel" war der Leiter des Zuchthauses, ein Stasi-Mann natürlich. Ein überdimensionales Portrait von „Erich" und eine riesige schwarz-rot-goldene Fahne mit Hammer und Zirkel hingen an der Wand seines Büros; die Embleme des Staates, bei dem ich zu Gast war.

Der „Onkel" saß hinter dem Schreibtisch. Kaum ein Gefangener kann behaupten, ihn jemals stehend gesehen zu haben. Außerdem war offensichtlich, dass er sehr klein war. So ein Miststück wie Mielke. Der „Onkel" musste einmal vom Pferd getreten worden sein oder einen sonstigen Unfall gehabt haben. Sein

Gesicht durchfurchte eine tiefe Narbe. Sie verlieh dem Mund beim Sprechen einen besonders zynischen Ausdruck.

Mit im „Häuptlingszimmer" befanden sich immer einige Wärter und ein Stasi-Offizier, der permanent am Grinsen war. Egal wann, der Mann grinste immer.

Der „Onkel" begann nun den Sozialismus über den grünen Klee zu loben und bekundete seine Verachtung für den Imperialismus und seine Schergen. Fehlte nur noch, dass wir am Ende alle aufgestanden wären und gemeinsam die „Internationale" oder „Good bye Johnny" gesungen hätten. Kennen sie nicht? Die Melodie der ostzonalen Nationalhymne.

Man brachte mich zurück. Ich hatte was zu grübeln. Ein Scheiß-Unterhaltungsprogramm, dachte ich.

Viele Wochen saß ich tagein, tagaus nur in der Zelle. Keine Arbeit, keinerlei Beschäftigung, bis auf die paar Runden auf dem Hof in einer abgetrennten Parzelle, dem so genannten „Kuchenstück". Stunde, Tag, Monat? Keinen Schimmer. Der Tagesablauf ließ mich schätzen, wie spät es sein könnte. Die Jahreszeit musste man sich bei dem Freigang draußen erriechen, erspüren oder erraten.

Das Essen war schlecht. Kartoffeln wurden in einem Netz ausgegeben. Meist war nur Matsch darin. Dazu Lungenhaschee, oft zum Übelwerden. Oder Buchteln, so etwas Ähnliches wie Hefe- oder Germknödel. Dazu eine gelbe Soße mit dem Geschmack abgebissener Bleistiftenden. Trockene Wurst und Kommissbrot. Kaffee oder Tee ohne jeden Geschmack.

Natürlich waren in den Getränken Mittel und Medikamente. Auch solche, die den Geschlechtsdrang verhindern sollten. Niemals sprach jemand bei der Essensausgabe mit mir. Essensklappe auf, Essen rein, Klappe zu. Kein Ton.

Essen? Ich habe vergessen zu erwähnen, dass jeder Gefangene einen Teller, eine Schüssel, eine Blechdose, einen Löffel und eine Art Messer bekam. Das Messer wurde mit dem Hinweis ausgegeben, dass Versuche, die Pulsadern zu öffnen oder in den Holztisch zu stechen, den sofortigen Einzug des Messers bedeuteten. Für immer!

Ich durchsuchte die Zelle nach irgendwelchen verborgenen Zeichen ehemaliger Zellenbewohner. Nichts zu finden. Einmal brach mir ein Fingernagel ab. Zuerst lag er eine Weile irgendwo auf dem Boden. Dann hob ich ihn auf und vertrieb mir damit die Langeweile. Ich schloss die Augen, schnippte den Fingernagel in die Zelle und fing an zu suchen. Das konnte auf dem rissigen Holzboden mitunter Stunden dauern. Diese Art Beschäftigung steigerte sich später, als ich etwas zu rauchen hatte, zum „gesellschaftlichen Ereignis". Ich warf drei Feuersteine über meine Schulter. Dann begann die Suche. Ich begann zu zählen, während ich wie besessen Zentimeter für Zentimeter den Boden nach den Feuersteinen abkämmte. Außerdem betrieb ich Zellensport und machte Kniebeugen und Liegestützen ohne Ende.

Diese Spiele und Aktivitäten blieben freilich nicht unbemerkt.

Jedenfalls dachten sie wohl, der dreht irgendwann durch.

Ratsch-Ratsch! Sprung zur Wand, Meldung. Der „Schnellsprecher" warf zwei Bücher aufs Bett. Es zerriss mich fast. Musste ich doch mein Bett nochmals bauen. Nachdem das passiert war, besah ich fast ehrfürchtig die beiden Schinken. Auf einem Einband war das Bildnis eines alten Mannes mit Vollbart. Der Titel: „Marx". Ich schluckte. Das andere Buch war rot eingebunden und ziemlich zerfleddert, so als hätten es schon einige Leute mehrmals an die Wand geworden. Der Titel: „Das kommunistische Manifest". Na klasse, dachte ich.

Dabei wurde ich die ganze Zeit durch den Spion beobachtet. Die Wärter vor der Tür freuten sich doch sicherlich, wenn der Umerziehungsprozess gut startete. Also tat ich ihnen den Gefallen. Nicht mit spitzen Fingern, nein. Ich griff nach den Büchern so, als freute ich mich, in die Scheiße fassen zu dürfen.

Also: Alle Menschen sind Brüder! Alle Menschen sind gleich!

Nachdem ich das erste Buch hinter mich gebracht hatte, tat sich zwangsläufig ein gewisser Widerspruch zur Realität auf; so nach dem Motto: Nanu, einige Menschen in der Ostzone sind aber wohl gleicher als gleich. Wieso die ganzen Privilegien für die Obrigkeit?

Wochen brauchte ich, bis ich das Geschriebene verstanden hatte. Vor allem, wie sich der Kommunismus ursprünglich definierte. Monatelang erhielt ich sozialistische Lektüre. Mehrmals und besonders langsam las ich das Erbe seiner Strategen. Schließlich war mir, als kannte ich Wladimir Iljitsch Uljanow, genannt Lenin, und andere marxistische Theoretiker persönlich.

Danach bekam ich Geschichtsunterricht über den Zweiten Weltkrieg verabreicht. Den Zweiten Weltkrieg in einer mir bisher unbekannten Form. Schließlich kannte ich jeden einzelnen Helden der ruhmreichen Roten Armee vom Zeitpunkt an, als die Deutschen kurz vor Moskau standen, bis zu jenem Moment, als ein Sowjetsoldat die rote Fahne mit Hammer und Sichel auf dem Dach des Reichstags befestigte. Von sämtlichen Schlachten erfuhr ich; vor allem aber auch, dass Schuld und Sühne ein weites Feld sind.

Schnell wurde mir klar, dass die DDR als SBZ – Sowjetisch Besetzte Zone – unendliche Reparationen an die Sowjetunion leisten musste. Dieser Aderlass trug wesentlich mit dazu bei, dass es der Bevölkerung an allem fehlte. Gefördert durch die absolute Sowjet-Hörigkeit des DDR-Regimes, dessen Repräsentanten sich auf Kosten der Bevölkerung selbst schadlos hielten. Der Bau der Mauer war eine zwangsläufige Reaktion, mit der sich der marode Staat vor dem k. o. rettete. Zumindest vorerst.

Hatte mich der Bazillus Kommunismus infiziert?

Dann gab es Arbeit. Monat für Monat schraubte ich Schaltschütze auf meiner Arbeitszelle.

Ungefähr nach einem Jahr wurde ich eines Tages nach Berlin-Hohenschönhausen verfrachtet. Zunächst hatte es den Anschein, als wolle man mich in dem berühmten Lager X umdrehen und zur Gegenspionage einsetzen. Ein Major zeigte mir von einem Nebenzimmer aus ein Gelände mit Schwimmbad und Sprungturm. Flache Baracken, davor einzelne Personen, auch Frauen. Dort könnte ich meine Strafe verbringen und auf eine Begnadigung hoffen, wenn ...

Meine Antwort muss ihn sehr getroffen haben: Wie die Fahne meines Deutschlands aussah, hätte ich nicht vergessen.

In Bautzen II zog ich dafür wieder einmal in den Spezialknast im Seitentrakt. Sozusagen der Nachtisch für das Verhalten in Berlin. In Hohenschönhausen wurde ich auch Leuten hinter einer Glasscheibe vorgeführt. Sie sollten mich als

*Stasi-Gefängnis Hohenschön-hausen: Nach dem Mauerbau am 13. August 1961 diente es vor allem als Haftanstalt für so genannte „Republikflüchtlinge", aber auch für SED-Kritiker.*

Fluchthelfer bei anderen Schleusungen enttarnen. Dies erfuhr ich später in Berlin-Marienfelde, dem Auffanglager für Mitteldeutsche, von einem *Insider*. Der Mann erkannte mich wieder und erzählte mir die Begebenheit. Er hatte sein Spezialwissen genutzt und wusste, wie und wo man noch türmen konnte. Er war über den Bahnhof Friedrichstraße gekommen. Ein echter Schwachpunkt mitten im Herzen von Ostberlin. Glück gehabt, dachte ich.

In Bautzen war Glück seltener Gast. Einmal hatte ich trotzdem Glück – aber letztlich doch wieder Pech. Eines Tages brachte mich der „Schnellsprecher" zum „Onkel". Vor dem „Onkel" lag auf dem Schreibtisch ein kleines Paket; Gewicht höchstens 1 kg. Der „Onkel" deutete auf das Paket. Dann fragte er, was es Neues gäbe. Pflichtschuldig erwiderte ich, dass ich mein Arbeitspensum erfüllt hätte. Er wollte wohl etwas anderes hören. Jedenfalls öffnete er das Paket. Es war von meiner Mutter. Plötzlich steckte mir ein Kloß im Hals.

Eine Tafel Schokolade, Kekse, Zahnpasta, Rasierklingen und eine Schachtel Zigaretten kamen zum Vorschein. Der „Onkel" besah sich alles seelenruhig. Die Rasierklingen und die Zigaretten legte er zur Seite.

Den beiliegenden Brief las er in aller Stille durch und zerriss ihn anschließend in kleine Schnipsel. Der „Schnellsprecher" stand schon neben mir. Der „Onkel" öffnete die Verpackung der Kekse. Die meisten zerbrach er. Ebenso die Schokolade, alles in kleine Stücke. Zuletzt drückte er die Zahnpasta auf Keksen und Schokolade aus.

Als ich zum Sprung ansetzte, traf mich das komplette Schlüsselbund des „Schnellsprechers" am Hinterkopf. Fünf Schlüssel, die so zusammengelegt waren, dass sie wie ein kompaktes Stück Eisen aussahen – und wirkten.

Auf der Zelle erwachte ich. Der Kopf dröhnte; die Kopfhaut war geklammert. Die Kopfschmerzen durfte ich wieder in der Sonderzelle bedauern. Bereits zum dritten Male.

Schlagartig wurden alle Sicherheitsmaßnahmen verschärft. Durch leises Klopfen an den dicken Wänden ging die Nachricht um, dass in der Tschechoslowakei ein Aufstand losgebrochen sei. Man stelle sich vor: Bautzen ist nur 7 km von der tschechischen Grenze entfernt. Außerdem befänden sich, natürlich rein zufällig, derzeit 30.000 Amerikaner in der Tschechoslowakei, die angeblich als Komparsen für den Film *Die Brücke von Remagen* fungierten. Bis solche Nachrichten, von wem auch immer, ausgestreut waren und ihre Empfänger erreichten, verging viel Zeit. Oft klopften die Stasi-Leute selber an die Mauern, um Reaktionen zu provozieren. Dann flog plötzlich die Zelle auf, und man landete im Sonderknast.

Selbst das Klopfen war in diesem Reich der Stille so leise, dass man sein Ohr regelrecht an die Wand pressen musste, um überhaupt etwas mitzubekommen. Man brauchte Monate, wenn nicht Jahre, bis man mitklopfen konnte. Die ansonsten in Gefängnissen für Signalzwecke gern benutzte Toilettenschüssel kam nicht in Frage, da zu laut.

Grundsätzlich wusste die Stasi also, dass wir untereinander Verbindung hatten. Einmal darauf angesprochen, erwiderte ich, dass konspirative Verhaltensregeln ja in fast allen Büchern kommunistischer Autoren genauestens beschrieben würden.

Eines Tages wurde ich in den Keller gebracht. Es war bekannt, dass dort Gruppen von Gefangenen gemeinsam arbeiteten. Zu meinem Staunen befanden sich schon weitere sechs Mann in dem Raum. Jeder bekam einen Platz zugewiesen. Dort nun sollten wir im Akkord arbeiten, Schaltschütze schrauben.

Sieh mal an, der Mitangeklagte Jürgen Hanke war auch hier unten. Natürlich haben wir beim Arbeiten gesprochen. Hanke hatte für eine andere Fluchthilfeorganisation gearbeitet. Wir mussten immer wieder staunen, wie viele Gemeinsamkeiten unsere Bosse hatten.

Die anderen fünf Männer waren alle wegen „Verleitens zur Republikflucht" verurteilt worden. Zwei waren darunter, die uns ausspionieren sollten. Jedenfalls hatten wir es vermutet. Oft haben wir falsche Spuren gelegt. Direkt entlarven konnten wir sie aber nicht. Nach der Entlassung fand ich ihre Namen als Zeugen in anderen Prozessen.

Wenn abends die fertigen Schaltschütze aus dem Raum geholt wurden, befanden wir uns bereits auf den Zellen. Trotzdem bekamen wir ab und an Kontakt zum so genannten Vorarbeiter. Sei es, weil etwas kaputt ging oder weil auf das Arbeitstempo gedrückt wurde und einem die fertigen Teile unter den Händen weggezogen wurden. Dieser Mann zischte uns manchmal kurze Informationen ins Ohr. Im Raum selber hielten sich keine Wärter auf. Umso sicherer durften wir sein, abgehört zu werden.

Trotzdem war es ein großes Plus, in einer Gemeinschaft zu sein. Geradezu ein Luxus, dass wir freitags unter die Dusche durften. Die Dusche war eine kleine Bucht ohne Tür direkt hinter dem Arbeitsraum. Und einmal im Monat durften wir für 15 Ostmark im ebenfalls im Keller gelegenen HO-Laden einkaufen. Vorausgesetzt, man hatte sein Soll erfüllt. Natürlich erhielten wir kein Bargeld. Die 15 Ostmark zogen sie einem irgendwo ab. Kleine Pfeifen gab es zu kaufen, dazu zwei, drei Tütchen Tabakgruß, zusammengefegte Reste aus Zigarettenfabriken. Alles also, was einmal auf dem Boden gelegen hatte. Auf der Zelle wurde dann aussortiert, was nicht hinein gehörte: Haare, Papier, Gummi, Steine. Egal, dann wurde erst einmal geraucht. Ansonsten war das Warenangebot ziemlich ausgereizt. Vielleicht noch einige Bonbons, mit viel Glück ein kleines Glas Gurken, falls vorhanden. Dann war wirklich Schluss! Trotzdem fühlte man sich wie ein Schneekönig. Unvermittelt endeten dann die Gemeinschaftsarbeiten, und man saß wieder allein. Warum? Keine Ahnung.

Dann die Bücherei. Sie gab ihr Bestes, im wahrsten Sinne des Wortes. Alle Bücher, irgendwo konfisziert und mit einem Sichtstempel versehen. Drucke auf feinstem Seidenpapier, echte Schätze. Niemals im Leben wäre ich so an Kant und Hegel, an Schopenhauer und andere große Geister gekommen. Mehrfach las ich Werke von Dostojewski, Gogol und Mann.

Man muss schon unter „Verschluss" sein, um die tiefgründigeren Werke als Laie einigermaßen verstehen zu lernen. Die Zeit bringt es.

Dann entdeckte ich das Schachspielen. Zeitweise und ohne erkennbares System hatte man mir J. H. auf die Zelle gelegt. Wir bekamen ein Schachspiel. Ehrlich, mit einem Schachspiel und einem guten Partner kann man monatelang ohne Unterhaltung Schach spielen. Die alten Großmeister, wie zum Beispiel Capablanca, tolle Partien hatten die gespielt. Ich konnte es in Büchern der Zuchthausbücherei nachlesen.

Der Aufstand in der Tschechoslowakei war gescheitert. Die Monate und Jahre liefen davon. Frühling, Sommer, Herbst und Winter. Ewig monotoner Gleichklang.

Wir wunderten uns, dass der Gefangenenfreikauf so ins Stocken geraten war. Die Gründe sollten uns unbekannt bleiben. Bedingt durch den Mangel an Informationen hatten wir keine Ahnung, was sich außerhalb der Mauern ereignete. Wir hatten weder Radio, TV noch Zeitung; nicht einmal das blöde SED-Organ „Neues Deutschland" durften wir lesen. Also vollkommen abgeschnitten.

Die Vergangenheit wurde immer und immer wieder durchlebt und überdacht. Hättest du das so gemacht und jenes vielleicht so? Warum hast du da nicht anders reagiert? 1.000 Mal die gleichen Fragen, 1.000 Mal die gleichen Erlebnisse.

Dann kündigte sich eine seltsame Wandlung an. Ich hockte stundenlang regungslos auf dem Boden, keines Gedankens mehr fähig. Ich bekomme heute noch ein Würgen im Hals, wenn ich an diesen Zustand denke.

Je länger die Haft dauerte, desto lethargischer wurde ich. Irgendwann so im fünften Haftjahr hatte ich auch die letzte gedankliche Verbindung nach draußen verloren. Ich fing an, vor mich hinzuvegetieren. Ich aß, schlief, arbeitete; alles wie in Trance.

Ich hatte alle Hoffnung aufgegeben, und es war mir alles gleichgültig geworden. Scheißegal. Nicht einmal mehr traurig war ich. Auch kein Aufbäumen zwischendurch. Nein, ich war fertig. Sie hatten mich geschafft.

Sie führten mich durchs Gebäude. Wohin? Arzt oder „Onkel"? Auf dem Hof trieben sie mich zum Freigang an: *„Bewegung, Bewegung!"*

Ein Wunsch wurde in mir übermächtig. Lasst mich in Ruhe oder bringt mich um! Nichts dergleichen geschah aber.

# BUSSE IN DIE FREIHEIT

Eines Nachts nahm ich ein Klopfen wahr. Es dauerte lange, bis ich aus den Signalen schlau wurde: Busse waren da gewesen. Es geht wieder los!

Das Klopfen war so laut, dass es mir wie das Schlagen eines Löffels auf einem Teller vorkam.

Spielt die Stasi wieder mit? Sicher holen sie gleich einen aus seiner Zelle.

Am selben Tag wiederholte sich das Klopfen, es kam nun aus allen Richtungen. Es war unheimlich. Was war hier los?

Mein Knastkumpel Jürgen behauptete, dass F r a n n e k weg sei! Hinter „Frannek" verbarg sich der Westberliner Gerd Franz, einer aus unserem Arbeitskommando. Sofort war wieder Saft im Kabel. Hoffnung keimte auf. Wenn man doch nur etwas mehr erfahren könnte. Nein, klopfte Jürgen Tage später, mehr wüsste er auch nicht. Dann kam kein Klopfen mehr von Jürgen. Hatten sie ihn etwa wieder in den Sonderknast gesteckt? Wochen vergingen, von meinem Mithäftling kam kein Ton mehr …

Dann ging eines Tages die Zellentür auf.

Der „Schnellsprecher" und „Mecki" mit einem Zigarrenstumpen im Mundwinkel standen in der Tür. Ich war längst an der Wand und hatte Meldung gemacht. Warum aber liefen mir plötzlich Tränen über die Wangen? Der „Schnellsprecher" wippte auf seinen Stiefeln und grinste mich an: *„In fünf Minuten holen wir dich ab. Vergiss dein Eigentum nicht!"*

Ich Blödmann stotterte: *„Aber ich habe mein Pensum doch noch nicht fertig!"*

Das habe ich tatsächlich gesagt. So weit hatten sie mich schon kleingekriegt. Der „Schnellsprecher" grinste. „Mecki" ließ beim Verschließen der Zellentür seinen Stumpen in die Zelle fallen. Hellwach und gierig zog ich den Zigarrenrauch in mich hinein.

Als sie mich holten, geschah alles wie im Traum. Vor allem: Wie oft schon hatte ich diesen Traum geträumt? Ich weiß es nicht.

Dann wurde ich mit irgendwelchen DDR-Textilien eingekleidet. Mehrmals mussten die Sachen gewechselt werden, zu groß, zu klein. *„Mann, geben Sie sich doch Mühe!"* Die Augen waren eben immer noch feucht. Außerdem war mir total gleichgültig, wie ich in den Ostplünnen aussah.

Zum ersten Mal gingen wir einen anderen Weg als all die Jahre zuvor. Er führte hinaus auf den Innenhof. Dort stand ein großer Bus. Die Fenster waren zugezogen. Die ersten Reihen hinter dem Fahrer waren sogar komplett verhängt. Ganz hinten wiesen sie mir einen Platz zu. Einzeln wurden Gefangene in den Bus geführt. So, wie man besonders gute und süße Südfrüchte einzeln verpackt. Reichlich Abstand zwischen den Gefangenen. Mehrmals wurden wir angewiesen, auf keinen Fall zu sprechen. Jede, aber auch jede unvorhergesehene Störung würde unweigerlich zum Abbruch der Aktion führen. Der Bus brachte uns nach Karl-Marx-Stadt (Chemnitz). Zwischenstation im dortigen Gefängnis. Man machte jetzt kein Hehl mehr daraus, wohin die Reise gehen sollte. Schon bei der Einfahrt in den Gefängnishof fiel einem der Radau auf. Überlaute Radiomusik dröhnte über den Hof. Und der Duft erst, der in der Luft lag! Kaffeearoma und Zigaretten ...

Jeder Gefangene hatte im Zuchthaus Geld verdient. Dieses Ostgeld mussten wir nun in einem HO-Laden im Keller des Gefängnisses ausgeben. Rund 900 Ostmark hatte ich zur Verfügung. Ich kaufte zwei Beutelchen Kaffee und vier Schachteln Zigaretten. 850 Ostmark blieben übrig.

Hier gibt es schöne Hemden, hier Anzüge und hier dieses und jenes. Alles Spitzenware der DDR, hieß es. Beim Betrachten dieses Mülls konnte einem übel werden.

Dann entdeckte ich Wein, Tokaier aus Ungarn. Ich erstand zehn Flaschen Tokaier und einen Koffer zum Transport. Obwohl die Preise sehr hoch waren, blieben immer noch 400 Ostmark übrig.

Ein fragender Blick des Wärters. Er deutete auf eine Dose auf dem Verkaufstresen. Die Dose war bereits rappelvoll. Hier wurde gesammelt, angeblich für Menschen in Not. Ich verkniff mir die Frage, ob es so etwas in der DDR überhaupt gibt.

Jedenfalls war ich meinen Lohn für 67 Monate Zuchthaus los.

In den Zellen herrschte eine Stimmung wie auf dem Münchner Oktoberfest. Kein Wärter griff ein. Natürlich wurde nicht geschlafen. Betten gab es sowieso nicht genug. Wir lagen zum Teil auf Strohsäcken auf der Erde. Alles, was wir gekauft hatten, wurde allerdings außerhalb der Zellen aufbewahrt.

Dann kam der letzte Akt. Der erfreulichste und zugleich der beschämendste, den man sich vorstellen kann: Der Austausch von Menschen gegen Geld; ein Viehhandel zwischen Deutschen, in dem sie ihre eigenen Landsleute wie Waren verschacherten.

Wieder wurden Plätze in Bussen angewiesen. Wieder der Hinweis, keinerlei Störungen zu verursachen. Im Bus befanden sich zwischenzeitlich auch Frauen aus dem DDR-Frauengefängnis. Manche waren total fertig und mussten gestützt werden, als man sie in den Bus setzte. Dann fuhr der Bus aus dem Gefängnisgelände.

Es ging in Richtung Grenze und weiter nach Herleshausen.

Heute steht am ehemaligen Grenzübergang eine nette Brücke an der Autobahn. Alles sehr schön anzusehen, aber damals ...

Auf halber Strecke zur Grenze stiegen auf einem Rastplatz die Rechtsanwälte Stange (West) und Vogel (Ost) zu. Freudige Begrüßung. RA Stange begrüßte seine Klientel und schüttelte jedem die Hand. *„Tut mir leid, dass es so lange gedauert hat."* Kein Wort von Freikauf, nichts. Wieder wurden wir vergattert.

Keine Aktionen, keinerlei Störungen. Dann waren wir wieder allein. Der Bus war verschlossen, vor und hinter uns fuhr die Stasi-Eskorte.

Es war schon dunkel, als der Bus einen Seitenweg hinunterfuhr. Wir wurden ordentlich durchgerüttelt. Dann hielt er hinter einem anderen Bus an. Unter absolutem Schweigen stiegen wir um. Schon beim Einsteigen in den neuen Bus fiel uns ein eigenartiger Geruch auf. Schwestern mit weißen Hauben, auf denen das Rote Kreuz leuchtete, nickten uns zu, legten dabei aber alle den Finger auf den Mund. Ruhe!

Draußen wurde das Gepäck umgeladen. Endlich schlossen sich die Türen. Jemand zählte nochmals nach, ob auch alle an Bord waren. Langsam erklomm der Bus den Seitenweg am Grenzübergang Herleshausen.

Auf der Autobahn nahm der Wagen Fahrt auf, so als würde er nie mehr halten wollen. Durch die vordere Windschutzscheibe sah man den Grenzkontrollpunkt näher kommen. Er war hell erleuchtet, besonders hell im Westen. Mit einem Höllentempo überquerte der Bus die Demarkationslinie.

Sofort nach Überfahren der Grenze ging im Bus das Licht an. Wir waren im Westen.

Wir waren frei! Unbeschreiblich, die Gefühle … auch heute noch.

Die Krankenschwestern begaben sich zu denen, die Hilfe brauchten.

Aus dem Radio erklang das Lied „Butterfly" von Danyel Gérard.

Hinter der Grenze standen Zelte des Roten Kreuzes. Erstversorgung.

Taxen, Busse und auch Polizei warteten, um die ehemaligen politischen Gefangenen zu Flugzeugen, Bahnhöfen oder ins Polizeipräsidium nach Frankfurt am Main zu bringen.

Auch mein Weg führte nach Frankfurt. Meine Ex-Braut hatte vor Jahren einen Haftbefehl wegen fehlender Unterhaltszahlungen gegen mich erwirkt. Tags darauf war auch das erledigt.

Fazit: Erfahrungen hatte ich genug gesammelt. Schlauer bin ich nur bedingt geworden.

Das Bundesverdienstkreuz wird heute an Hinz und Kunz verliehen.

Die noch lebenden ehemaligen politischen Gefangenen der DDR sind bis zu diesem Tage nur unzureichend entschädigt worden.

# DOKUMENTENANHANG

*a) Urteil des Obersten Gerichtes der DDR in der Strafsache gegen Laudahn/Hanke/Bäcker „wegen Spionage, Sammlung von Nachrichten, staatsgefährdender Gewaltakte, Verleitung zum Verlassen der DDR und fortgesetzter Urkundenfälschung" vom XX. August 1966.*

```
              Oberstes Gericht                Ablichtung
                    der                                          245
    Deutschen Demokratischen Republik
              1. Strafsenat
           1 Zst (I) 3/66



                 I m   N a m e n   d e s   V o l k e s  !



         In der Strafsache
         gegen
                   1.  L a u d a h n , Günter,
```

```
                   2.  H a n k e , Hans-Jürgen,
```

```
                   3.  B ä c k e r , Werner,
                       geb. am 4. 7. 1937 in Berlin,
                       wohnhaft Westberlin-Charlottenburg, Bellermannstr.13
                       geschieden,
                       Beruf: Versicherungsvertreter,
                       in Untersuchungshaft seit dem 21. Juli 1966,



         wegen   Spionage, Sammlung von Nachrichten, staatsgefährdender
                 Gewaltakte, Verleitung zum Verlassen der Deutschen
                 Demokratischen Republik und fortgesetzter Urkunden-
                 fälschung
```

246

hat das Oberste Gericht der Deutschen Demokratischen Republik
durch den 1. Strafsenat in der Sitzung vom 5., 6., 8., 9. und
10. August 1966, an der teilgenommen haben:

Vizepräsident  Z i e g l e r
als Vorsitzender,

Oberrichter M ü h l b e r g e r
Richter  E r m i s c h
als beisitzende Richter,

Stellvertreter des Generalstaatsanwalts
W e n d l a n d
und Staatsanwalt W i n d i s c h,

Sekretärin  D a n n o w s k i
als Protokollführer,

für Recht erkannt:

Es werden verurteilt:

1. der Angeklagte  L a u d a h n

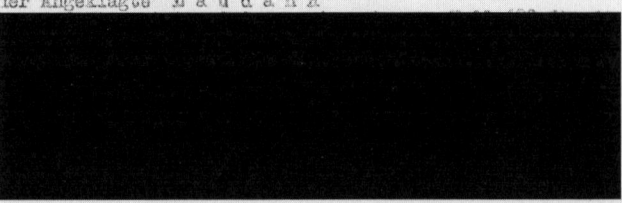

2. der Angeklagte  H a n k e

3. der Angeklagte  B ä c k e r
   wegen Verleitung zum Verlassen der Deutschen Demokratischen
   Republik (§ 21 Abs. 1 Ziff. 1 StEG)
   zu
   6 - sechs - Jahren Zuchthaus

247

Den Angeklagten Henke und Bäcker wird die Untersuchungshaft angerechnet und zwar dem Angeklagten Henke seit dem
10. 7. 1966 und dem Angeklagten Bäcker seit dem 3. 6. 1966.

Die Personenkraftwagen Typ Simca, Pol. Kennzeichen HB-BR 13,
und Opel Kapitän, Pol. Kennzeichen F - IM 22, werden eingezogen.

Die Auslagen des Verfahrens haben die Angeklagten zu tragen.

G r ü n d e :

3. Der 29jährige Angeklagte Werner Bäcker ist der Sohn eines Drehers, der jetzt Polizeioberrittmeister in Wuppertal ist. Nachdem der Angeklagte die Facharbeiterprüfung als Dreher bestanden hatte, trat er 1955 in den Dienst der Westberliner Bereitschaftspolizei, den er bis 1959 verrichtete. Im April 1960 trat er freiwillig in die Französische Fremdenlegion ein, in der er in Marseille und in Algerien als Fanger und Fallschirmjäger ausgebildet wurde. Im Sommer 1962 verließ der Angeklagte die Fremdenlegion und begab sich nach Westberlin. Dort wechselte er häufig die Arbeitsstellen. Er war als Dreher, Eisenflechter, Geschäftsführer in einem Spielclub, Bardiner und Bauhilfsarbeiter tätig. Zuletzt war er durch Vermittlung des Terroristen Bley bei der Versicherungsgesellschaft "Iduna Germania" beschäftigt.

Im Sommer 1965 lernte der Angeklagte die in der "Kostan ka Bar" in Westberlin-Schöneberg als Bardame beschäftigte Prostituierte Neumann kennen, die eine intime Vertraute von Schütz ist. Durch sie erhielt er im September 1965 mit den Terroristen und Menschenhändlern Bley/Schütz und Jensch Verbindung, die offenbar durch die Neumann über seine ehemalige Zugehörigkeit zur Fremdenlegion unterrichtet waren. Die Neumann erklärte dem Angeklagten, daß Bley und Jensch "Fluchthelfer" seien. Beide befragten ihn, ob er in der Lage sei, ein Flugzeug vom Typ "ILJUSCHIN" zu fliegen. Sie stellten ihm einen "Verdienst" von 10.000,- Westmark in Aussicht. Sie forderten ihn auf, eine Woche später an einer in der Gaststätte des Schütz stattfindenden Beratung teilzunehmen. Während dieser Aussprache wurde der Angeklagte von Schütz, Bley und Jensch in den Plan der Entführung einer Maschine der Interflug eingeweiht, in welcher etwa 40 Bürger der Deutschen Demokratischen Republik während der Leipziger Messe nach Westberlin gebracht werden sollten. Diese 40 Personen sollten durch Kuriere veranlaßt werden, Plätze für eine bestimmte Maschine der Interflug zu buchen, ohne untereinander davon Kenntnis zu haben. Der Angeklagte, Gerhard Schramm und andere Angehörige der Organisation Schütz/ Bley/Jensch sollten mit in Gütersloh ausgestellten Personaldokumenten und mit Handfeuerwaffen ausgerüstet werden und in

— 24 —

27

die Hauptstadt der Deutschen Demokratischen Republik ein-
reisen. Hier sollten sie mit ihren Lichtbildern versehene
Personalausweise der Deutschen Demokratischen Republik erhalten und für das gleiche Flugzeug Plätze buchen. Nach dem
Start sollten sie den Copiloten durch einen Oberschenkel-
schuß kampfunfähig machen und den Piloten mit vorgehaltener
Schußwaffe zwingen, die Maschine in Westberlin-Tempelhof zu
landen. Die Aufforderung, an diesem Gewaltakt mitzuwirken,
lehnte der Angeklagte ab, da er sich nicht in Lebensgefahr
begeben wollte.

Die Verbindung des Angeklagten zu diesen Terroristen wurde
von Oktober 1965 bis Januar 1966 unterbrochen, weil er eine
Freiheitsstrafe verbüßen mußte. Während dieser Zeit erfuhr
der Angeklagte durch die Presse, daß Schütz und Bley eine
Schleusungsaktion unter Verwendung amerikanischer Uniformen
organisiert hatten. Später hörte er, daß sie dabei von dem dem
FBI angehörenden Gerhard Schramm aktiv unterstützt worden
waren.

Nach seiner Entlassung aus der Strafanstalt Tegel nahm der
Angeklagte an einem gegen Bley, Schütz und Schramm in Westberlin durchgeführten Prozeß teil, in dessen Ergebnis sie
lediglich wegen Diebstahls alliierten Eigentums zu gering-
fügigen Strafen verurteilt worden sind. Wie der "Tagesspiegel"
vom 5. Februar 1966 schreibt, hielten Schütz und Bley nach
dem Prozeß eine Pressekonferenz ab, auf welcher sie die
Berliner SPD, das Ostbüro der Berliner CDU und den Senat
von Westberlin als ihre Auftraggeber entlarvten. Ein Senats-
sprecher erklärte dazu bezeichnender Weise: "Es ist offensichtlich, daß durch das unverantwortliche Gerede der Fluchthelfer Schütz und Bley nicht den Interessen Berlin gedient
worden ist...". Der Angeklagte Bäcker bestätigte, daß die
Terrororganisation Schütz/Bley Kontakte zu diesen Stellen
unterhielt. Desweiteren ergab die Beweisaufnahme, daß diese
Organisation mit der amerikanischen Spionagezentrale "P 9"
bzw. "X 10", mit der Westberliner Politischen Polizei und mit
der verbrecherischen Organisation Vordel in Verbindung stand.

— 25 —

Im März 1966 fuhr der Angeklagte mit Schütz, Bley und Jensch
nach Kohlhasenbrück an die Staatsgrenze der Deutschen Demokratischen Republik, um die Möglichkeiten für den Bau eines
Tunnels zu prüfen. Im Laufe seiner weiteren Tätigkeit erfuhr
der Angeklagte, daß die Terrororganisation Schütz/Bley bereits unmittelbar nach dem 13. August 1961 begonnen hatte,
Anschläge gegen die Staatsgrenze der Deutschen Demokratischen
Republik durchzuführen, bei denen die Mitglieder der Organisation Schußwaffen mit sich führten. Er wurde auch weiter
davon unterrichtet, daß diese Terrororganisation bereits verstärkt dazu übergeht, Bürger der Deutschen Demokratischen Republik aus der Volksrepublik Bulgarien auszuschleusen, wo-
durch es an der dortigen Grenze zu bewaffneten Grenzprovoka-
tionen kommen kann. Die dafür erforderlichen Waffen erhalten
die Terroristen von einer im Allgäu stationierten amerikanischen Rangereinheit, wie ihm Bley mitteilte. Bley informierte
den Angeklagten auch über die wesentlichen Verbrechensmetho-
den der Terrororganisation. Dabei erfur er u.a., daß die
Schleusungen unter Mißbrauch der Transitwege durch die Deutsche
Demokratische Republik mit eigens zu diesem Zwecke mit Per-
sonenverstecken versehenen PKW und in Ladegut von Lastwagen
durchgeführt wurden, Schütz und Bley über Verbindungen zu
einer Druckerei in Barcelona und Tanger verfügen, die ihnen
Blankodiplomatenpässe zum Menschenschmuggel anfertigt.
Anfang Mai 1966 erklärte sich der Angeklagte bereit, an einer
von Schütz und Bley bereits vorbereiteten Ausschleusung von
DDR-Bürgern über die bulgarisch-türkische Grenze gegen ihm
zugesicherte hohe Bezahlung als Fahrer mitzuwirken. Diese
Aktion sollte unter Benutzung eines als CD-Fahrzeug getarnten
PKW amerikanischer Produktion und gefälschter Diplomaten-
pässe durchgeführt werden.

Auftragsgemäß flog der Angeklagte am 26.5.1966 nach Istambul,
wo er von Schütz und Bley empfangen wurde. Diese erklärten
ihm, daß es ihnen nicht gelungen war, einen zur Schleusung
mit CD-Pässen notwendigen repräsentativen Wagen billig zu
erwerben.

- 26 -

Darufhin wurde beschlossen, zunächst das Kontrollsystem an
der Staatsgrenze zwischen der Türkei und der Volksrepublik
Bulgarien zu studieren. Zu diesem Zweck wurden Bley, Schütz
und der Angeklagte von dem Besitzer des Hotels "Hitit" an
einen türkischen Grenzoffizier vermittelt. Nachdem Schütz
und Bley den Offizier über das Vorhaben informiert hatten,
erklärte dieser in Gegenwart Bäckers, daß es nicht möglich
wäre, auf die geplante Weise Personen aus der Volksrepublik
Bulgarien auszuschleusen.

Bley entwickelte deshalb den Plan, das Vorhaben mit einem
PKW "Opel-Kapitän" zu verwirklichen, in den Personenverstecke
eingebaut werden sollten. Deshalb flogen der Angeklagte, Schütz
und Bley am 28. Mai 1966 nach Frankfurt am Main, wo Bley am
darauffolgenden Tage einen "Opel-Kapitän" mit dem polizei-
lichen Kennzeichen F-KW 22 kaufte. Am gleichen Tage fuhren sie
mit diesem Wagen über Österreich nach Italien. Am 30. Mai 1966
ließen sie sich nach Griechenland übersetzen und reisten anschließend in die Türkei ein.

Der bereits angeführte Besitzer des "Hitit"-Hotels, in welchem
Schütz, Bley und der Angeklagte wohnten, vermittelte auch eine
Kfz.-Werkstatt, in der nach den Instruktionen Bleys drei Per-
sonenverstecke in den genannten PKW "Opel-Kapitän" eingebaut
wurden. Nach diesem Umbau entsprach der PKW nicht mehr den
Sicherheitsbestimmungen.

Am 2. Juni 1966 händigten Schütz und Bley dem Angeklagten
einen Zettel mit den Personalien sowie zwei Paßbilder der
aus Nessebar in die Türkei zu schleusenden zwei Wissenschaftler
der Deutschen Demokratischen Republik aus. Die ihm angebotene
Mitnahme einer Schußwaffe lehnte er ab. Danach reiste er in
dem "Opel-Kapitän" in die Volksrepublik Bulgarien ein, obwohl er noch nie im Besitz einer zur Führung eines PKW be-
rechtigenden Fahrerlaubnis war. Aus Nessebar holte er unter
Verwendung der vereinbarten Losung "Schöne Grüße von Charlie"
die zu schleusenden zwei Wissenschaftler der Deutschen Demokratischen Republik ab und fuhr mit ihnen gemeinsam zurück
zur bulgarisch-türkischen Grenze. Vor dem Passieren des Grenz-

- 27 -

- 27 -

274

kontrollpunktes der Volksrepublik Bulgarien verbarg er sie
in den vorbereiteten Verstecken, obwohl er wußte, daß diese
zum Teil lebensgefährlich waren.

Am Kontrollpunkt wurden die beiden DDR-Bürger entdeckt und
der Angeklagte verhaftet.

Die Angeklagten Hanke und Bäcker haben innerhalb der Terror-
gruppen Wordel/Schramm bzw. Schütz/Bley mitgewirkt, deren in
diesem Verfahren festgestellte Tätigkeit gegen die Grundlagen

- 31 -

- 31 -

278

der Deutschen Demokratischen Republik gerichtet und als
Unternehmen von Staatsverbrechen gemäß §§ 17 und 21 StBG
unter Strafe gestellt ist. Bei diesen Verbrechen werden bereits Vorbereitungshandlungen als vollendetes Verbrechen
bestraft, um derart gefährlichen Angriffen im frühesten
Stadium verbrecherischer Betätigung wirksam zu begegnen.
Der Beitritt zu einer solchen Organisation in Kenntnis
ihrer verbrecherischen Tätigkeit mit der erklärten Bereitschaft zur Mitwirkung ist deshalb als Unternehmen von Verbrechen im Sinne dieser Bestimmungen strafbar.

Beiden Angeklagten war zur Zeit ihres Beitritts die Ziel-
setzung und verbrecherische Betätigung dieser Organisation
bekannt. Sie haben sich deshalb schon damit, ungeachtet ihrer
weiteren Handlungen strafbar gemacht. Hinsichtlich Hanke be-
trifft das das Unternehmen eines staatsgefährdenden Gewalt-
aktes und die Verleitung zum Verlassen der Deutschen Demokratischen Republik (§§ 17 und 21 Abs. 1 Ziff. 1 StBG).

Bäcker unternahm es, ausschließlich Bürger zum Verlassen der
Deutschen Demokratischen Republik zu verleiten (§ 21 Abs. 1
Ziff. 1 StBG), da er die Durchführung bewaffneter Grenz-
provokationen ablehnte.

Der Angeklagte Bäcker ist auch des Verbrechens gemäß § 24 Abs. 1
Ziff. 1 StEG schuldig soweit er die Schleusung von zwei Wissen-
schaftlern der Deutschen Demokratischen Republik über die bulgarisch-türkische Staatsgrenze unternommen hat.

Der Angeklagte handelte vorsätzlich. Das ergibt sich aus seiner
Kenntnis aller Tatumstände und der Abwägung, welche Art von
Verbrechen er in seinem Streben, dadurch zu Geld zu kommen,
ausführen wolle. Dabei entwickelte er in kurzer Zeit eine erhebliche verbrecherische Intensität. Sie zeigt sich deutlich
in der Vielzahl der innerhalb weniger Tage durchgeführten
einzelnen Ausführungshandlungen. Dazu gehören die Teilnahme
an der Beratung mit einem türkischen Grenzzollizier, der Rück-
flug nach Westdeutschland zum Kauf des Schleusungsfahrzeuges
und dessen Überführung auf dem Landwege in die Türkei sowie
seine Einreise nach Bulgarien und die mit der versuchten
Schleusung verbundenen Handlungen, die zur Festnahme des Angeklagten an der bulgarischen Grenze führten.

Wenn er es auch ablehnte, Waffengewalt anzuwenden, führte er
doch zuverlässig und mit vollem Einsatz die Aufträge von
Schütz und Bley aus. Dabei war ihm der Charakter der von diesen
geleiteten Terrororganisation und die von ihnen bereits ausge-
führten und geplanten terroristischen Provokationen bekannt.
Der Senat erkannte auch gegen diesen Angeklagten antragsgemäß
auf eine Strafe von sechs Jahren Zuchthaus.

Die Einziehung des von dem Angeklagten zur Tat benutzten PKW
Opel Kapitän, Pol. Kennzeichen F — M 22, beruht auf § 40 StGB.
Die Anrechnung der Untersuchungshaft bei den Angeklagten Henke
und Bäcker beruht auf § 219 Abs. 2 StPO.

Die Entscheidung über die im Verfahren entstandenen Auslagen
folgt aus § 353 StPO.


gez. Ziegler          gez. Mühlberger          gez. Ermisch

*b) Bericht der Düsseldorfer Tageszeitung „Der Mittag" vom 11. August 1966 über die Urteilsverkündigung im Prozess gegen Günther Laudahn, Hans-Jürgen Hanke und Werner Bäcker*

politik und wirtschaft ... politik und wirtschaft ... politik und wirtschaft ... politik und

Diese drei Bundesbürger wurden gestern in Ostberlin als „Agenten" verurteilt (von links): Die Westberliner Werner Baecker (6 Jahre Zuchthaus) und Hans-Jürgen Hanke (10 Jahre) sowie der Braunschweiger Günter Laudahn (lebenslänglich).

# Eine „Mauer" auch durch die Luft?

**Ost-Berlin: Ein Prozeß und seine Hintergründe**

Irgend etwas führen die Herren in Ostberlin wieder im Schilde. Die Zone dieser Tage kann man durchaus mit Rotchina vergleichen: Peking wie auch Pankow schüren eine Kriegshysterie, die einen Goebbels vor Neid erblassen lassen würde. Jüngstes Sprachrohr Ulbrichts in dieser Hinsicht waren die SED-Richter, die gestern drei Bundesbürger zu den hohen Zuchthausstrafen verurteilten, die der Partei-Staatsanwalt befohlen hatte. Was steckt dahinter?

Schon der Zeitpunkt dieses verlogenen Prozesses und der Termin der Urteilsverkündung lassen erkennen, worauf es der SED ankommt. Sie will den 13. August als „siegreichen Kampftag" feiern und diesen Jahrestag der Errichtung der Schandmauer gleichzeitig dazu benutzen, ihre Politik der weiteren Militarisierung zu begründen.

Ulbricht könnte sich aber — genauso wie vor dem 13. August 1961 — bei den anderen Ostblockstaaten ein neues Alibi für eine weitere Verschärfung der innerdeutschen Situation beschaffen wollen. Einiges deutet darauf hin, daß auf Störungen im Luftverkehr zwischen Berlin und dem übrigen Bundesgebiet hinaus will,

daß er diese letzte freie Verbindung in die Reichshauptstadt unter seine Kontrolle zu bringen versucht.

Eine „Mauer" also auch noch in der Luft, quer durch die Luftkorridore?

Die Verantwortlichen bei uns, vor allem aber in den Reihen unserer Alliierten, sollten hellwach sein! Aufmerksamer jedenfalls und entschlossener als am 13. August 1961!

Nehmen wir den erwähnten Prozeß unter die Lupe. Den drei verurteilten Bundesbürgern wird vorgeworfen, geplant zu haben, sowohl einen sowjetischen Düsenjäger wie eine sowjetische Passagiermaschine — diese mit Flüchtlingen aus der Zone besetzt — in die Bundesrepublik zu entführen.

Staatsanwalt, Richter und auch die Herren in der traurigen Gestalt der Verteidiger nutzten diesen Vorwurf der SED natürlich sofort aus. Sie wetterten gegen den Luftverkehr nach Berlin, sprachen von „Provokationen im Luftraum" und kündigten „schwerste Konflikte" an, wenn dieser Luftverkehr nicht endlich von der Zone kontrolliert werden könnte.

Die Hysterie ging noch weiter. Man sprach davon, daß die NATO-Truppen an der Zonengrenze „bereit zum Einmarsch" seien, daß die Bundeswehr, ⸺ alarmbereit, Sondereinheiten habe, die „in allen Einzelheiten die Besetzung der DDR" geübt haben.

Diese Truppen der NATO so das „Gutachten" eines Zonen-Majors, warteten nur noch auf einen geeigneten Anlaß in Form einer „Provokation", um losmarschieren zu können. Dieses „zweite Sarajewo", so wieder ein Gericht, könne durch eine „westliche Aktion" in den Luftkorridoren ausgelöst werden.

Dieser Prozeß zu diesem Zeitpunkt sollte uns zu denken geben. Hoffentlich begreifen wir diesmal, im Gegensatz zum 13. August 1961 die (möglichen) Zeichen der Zeit!

—ill